우리시대 마지막 志士型 언론인
조 용 중
(1930~2018)

"
권력 앞에 의연할 수 있는 저널리즘,
힘 앞에서 할 말을 다 할 수 있는
저널리즘의 진정한 생명력은 바로 끊임없는
자기반성과 재창조력이라는 것을 보여야 한다.
영원토록 발전해야 할 저널리즘의 내일을 위해
서로가 마음과 손을 맞잡고 나서야 할 때이다.
"

- 후배들에게 남긴 유언 같은 글의 한 대목

박정희 대통령 방미 취재

조선일보 편집부국장 시절 박정희 대통령 방미 동행 취재했다.
(1965.5.16~27)
당시 백악관 환영 행사와 정상 회담 후 미국 존슨 대통령이
한국 기자들과 환담하는 자리 중심에 조용중 기자가 있었다. (사진)
이날 한국군 파월(派越)에 흐뭇해한 존슨 대통령이 저녁 백악관 만찬에
한국 기자들을 모두 초청했다.

사진 왼쪽부터 조상호 의전 수석, 박정희 대통령, 박종규 경호실장, 봉두완 한국일보 특파원,
조용중 조선일보 편집부국장(가운데), 이후락 비서실장, 통역(크레인 전주예수병원장),
존슨 대통령

담론의 달인

조용중 선생은 '담론의 달인'으로
언론 관련 좌담회나 세미나 단골 연사였다.
대한언론인 회지 특집
「대한언론 2011 주제 '위기의 한국' 진단 결산」정담(鼎談)에서
"정치나 경제, 언론 등 분야에서 사회흐름을 선도하는
지도자가 나오는 게 선결과제"라고 주장했다.

정담을 나누는 송복 연세대 명예교수, 조용중 전 연합통신사장, 남시욱 전 문화일보사장
(왼쪽부터) -2011. 11. 14. 프레스센터

'언론·언론인 60년' 특별 사진 전시회에서 축사하는 조용중 선생

산수(傘壽) 축하

8순을 맞은 조용중 선생의 산수(傘壽) 축하모임에는
지난날 언론계를 주름잡던 원로 언론인들이 대거 참석,
화제의 꽃을 피웠다.

앞줄 왼쪽부터
봉두완, 김영수, 한종우, 조용중, 홍순일, 송정숙, 손세일, 김용원
뒷줄 왼쪽부터
문창극, 안병훈, 이억순, 이종식, 장명석, 김윤곤, 신우식, 김은구, 남시욱, 서동구, 정진석, 이광훈
*참석자 가운데 김동익, 김용태, 김종옥은 사진에서 빠졌고, 조천용은 사진 촬영.

8순 축하 건배! (2010. 12. 22 낮 서울 회현동 렉스호텔)

언론계 주요 인사 한자리에

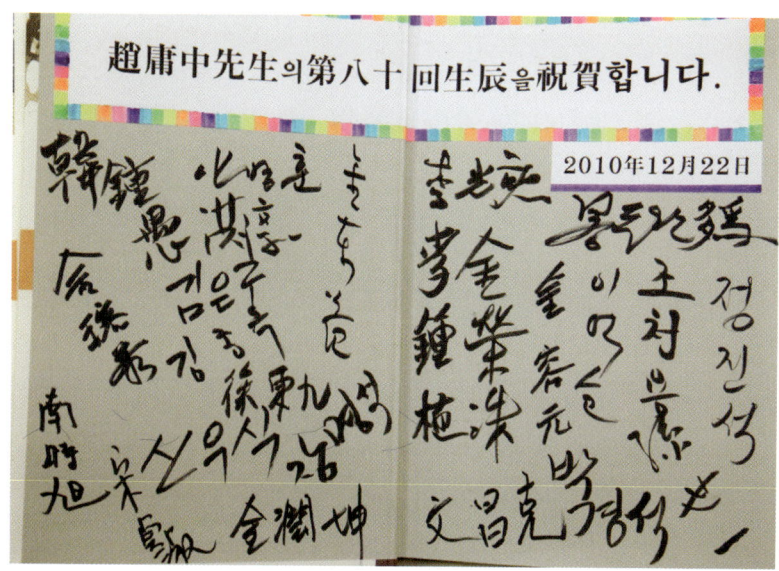

조용중 선생 산수 축하모임 참석 언론계 지인들의 사인

님께

지나고 보니까 그날은 겨울에 낮이 가장 짧다는 冬至였더군요.
이제부터는 낮이 길어지고 봄이 꽃을 피우며 올 겁니다.
모두들 바쁘신 시간을 쪼개서 저에게 감당하기 어려운 감격을
안겨주신 친구 여러분의 好意와 厚誼를 아직도 잊지 못하고 있
습니다.
그 자리는 저뿐 아니라 그 자리에 나가지 못한 저의 가족들에
게도 오래도록 간직해야 할 榮光과 榮譽, 그리고 무엇과도 견줄
수 없는 생애 최대의 보람이라고 깊이 새기고 있습니다.
분에 넘치는 감격의 나머지 평소처럼 자제를 잃고 머뭇었던 그
날의 허물을 깊이 반성하고 있습니다. 너그러이 용서하시리라
믿습니다.
그날의 기념이 될까하여 몇 장의 사진을 보내드립니다.
모두가 緊張하고 奔走했던 올해의 세밑은 어니때와는 달리 어
수선한 것 같군요.
눈이 많이 내렸습니다. 瑞雪이라지만 그러나 눈길은 각별히 조
심하셔야 됩니다.
새해에는 더욱 健勝하시기를 빌며 자주 뵙기를 바라고 있습니다.

2010년 세밑에
趙庸中 올림

조용중 선생의 8순 축하 답례 인사편지

관훈클럽 중추적 역할

관훈클럽 초창기 총무와
정신영기금(鄭信永基金) 2대 이사장을 지낸
조용중 선생은 관훈클럽과 정신영기금의 발전에
중추적 역할을 했으며 많은 관심과 애정을 쏟았다.

관훈클럽 신영기금회관 현판식. -1994. 5. 24
조용중 선생이 고(故) 정주영 회장과 함께 끈을 당기며 현판을 보고 있다.

정신영기금 이사장 지내

정신영기금은 관훈클럽 초창기 회원으로 활동하다 젊은 나이로 타계한
고 정신영(故 鄭信永) 동아일보 기자를 기리기 위해 설립됐다.
기금은 고 정신영 기자의 맏형인 고 정주영(故 鄭周永)
현대그룹 명예회장이 희사한 1억 원으로 출발하여 오늘에 이르렀다.

관훈클럽 정신영기금 창립 30주년 기념식.
신영기금회관 재개관 및 정주영, 정신영 형제의 동상 제막식을 가졌다. -2007. 9.14
역대 정신영기금 이사장 등과 재개관 테이프 커팅 (오른쪽에서 세 번 째 조용중 선생)

정신영 기자 50주기 추모 모임. -2012. 4. 13
앞에 왼쪽에서 세 번 째 조용중 선생, 그 옆이 장정자 정신영기금 이사 (고 정신영 기자 부인)
조 선생은 고(故) 정신영 기자와도 각별한 사이였다. (추모의 글 337-342면)

'언론인의 사표'로

대한언론인회(회장 조창화) 대한언론상 '공로상'을 수상했다.
평생을 올곧은 언론인으로 살아온 조용중 원로 회우가
노년에도 활발한 칼럼과 집필 활동을 계속해 후배 언론인의 사표가 되는 등
한국 언론과 사회 발전에 큰 영향을 준 점을 높이 산 것이다.
- 2009. 12. 16

대한언론상 수상자와 대한언론인회 고문 및 회장단 등 기념 촬영

'言論一路' 한길상 수상

서울언론인클럽(회장 강승훈)은 조용중 선생이 언론 한길을 걸어온
원로 언론인으로 비판적 시각을 일관되게 유지하면서
권력에 대하여 항상 올바른 길을 제시하는 등 정론직필을 높이 평가하여
언론상 '한길상'을 수여했다.

- 2009. 5. 12

수상자와 서울언론인클럽 회장단 등 언론계 인사들과 기념 촬영

공산권과 뉴스 교류 실현

연합통신 사장 시절이던 1989년,
공산권 최대 뉴스통신사인 소련의 타스통신,
중국의 신화(新華)통신 등과 발 빠른 뉴스 교류를 실현했다.
한국이 소련, 중국과의 국교 수립에도 긍정적인 영향을 끼쳤다.

세르비아 TANJUG통신과 뉴스교환계약 체결 (1990)

연합통신 산악회에서는 해마다 3월 둘째 주 일요일에 전국의 유명산을 찾아
첫 산행을 알리는 시산제를 지내곤 했다. 돼지머리 왼쪽 옆에 조용중 사장(1990).

존경의 꽃다발!

경향신문의 레전드!
"축하합니다" "만수무강 하십시오"
경향사우회 이원창 회장이 '원로선배 초대 오찬 간담회'에서
미수(米壽)를 맞은 조용중 원로 회우께 사전 예고 없이 준비한
꽃다발을 증정(사진 위)하자 참석자들이 우레와 같은 박수로
축수(祝壽)~ 건배!
- 2017. 11. 15. 서울 정동 한식당 달개비

미국 언론학의 세례 받아

인디애나대학교 저널리즘스쿨 연수 마치고 동창들과 기념촬영.
조용중 선생(뒷줄 오른쪽부터 3번째)과 함께 유학한
손세일 전 의원(앞줄 왼쪽부터 4번째) 젊은 모습도.

조용중 선생은 30대 후반 서울신문 편집국장에 부임한 지 1년 조금 지나 여러 가지 사내 갈등을 견뎌내지 못하고 사표를 내고 홀연히 미국 인디애나대학으로 유학길에 올랐다.
미 국무성 교환학생프로그램에 참여, 6개월 동안 미국 언론학의 세례를 받고 왔다. (1966)

인디애나 대학교 블루밍턴 교정에서

노년의 교류를 풍요하게

현업에서 은퇴한 뒤 용인 수지 지역 퇴직 언론인 모임인
일목회(一木會) 회장으로 모임을 주도 하는 등
언론계 동료, 후배들과 어울리며 노년의 교류를 풍요하게
분위기를 이끌었다.

말년에 애정 쏟은 원로 모임 '일목회' 회원들과 함께.
왼쪽부터 김문진 전 서울신문 전무, 정기정 전 마산MBC 사장, 권혁승 전 한국일보 상무,
조용중 회장, 문제안 전 원광대 명예교수, 윤임술 전 부산일보 사장,
신동호 전 KBS 총국장, 박근숙 전 MBC 상무, 이한수 전 서울신문 사장,
강한필 전 경향신문 편집국장 (2001)

저술하는 언론인

언론인이자 저술가의 면모를 지닌 조용중 선생은 생전에
다섯 권의 저서를 남겼다.

① 『고련(苦戀): 10억의 정치와 문예… 北京 속사정』(1983)
② 『미군정하 한국 정치현장』(1990)
③ 『저널리즘과 권력, 그 실상과 허상』(1999)
④ 『대통령의 무혈혁명: 1952년 여름, 부산』(2004)
⑤ 『성곡 김성곤 전』(1995)

조용중 선생이 펴낸 저서

금슬지락 (琴瑟之樂)~!

관훈클럽 등 언론단체 국내외 문화유적답사에는 부부동반으로 참여, 내외분이 손을 잡고 다닌다. 부인이 요구하는 건 뭐든지 불평 없이 완벽하게 다 들어 주는 엄청난 애처가이였다. 동료 후배들이 시샘(?)할 정도.

역사문화유적 답사여행지에서 부인 백영숙 여사와 함께

관훈클럽 블라디보스토크·바이칼 문화여행 (2004년). 오른 쪽은 정진석 교수

화목한 가정

적선지가필유여경(積善之家必有餘慶)이라.
착한 일을 많이 하여 선을 쌓은 집에는 반드시 경사가 있다.

선비 가문 조용중 선생의 가훈(家訓)은 충효를 세상에 전하고
근검으로 지조를 지킨다는 충효전세(忠孝傳世) 근검수조(勤儉守操)이다.
부인 백영숙(白英淑) 여사와 사이 자녀는 2남 2녀. 자손들이 번창하다.

조용중 선생의 칠순을 맞아 가족들이 한자리에 모였다. (1999)

언론계 큰 별

영원한 대기자

조용중

『영원한 대기자 조용중』을 펴내며

언론외길 큰 발자취를 남기다

남 시 욱
• 간행위원장

언론인 조용중 선생이 별세한지도 벌써 4년이 되었다. 그는 2018년의 이른 봄, 아직도 날씨가 제법 쌀쌀하던 2월 24일 세상을 떠났다. 우리가 그를 '영원한 기자'라고 부르는 것은 그가 평생 동안 언론 외길을 걸어왔을 뿐 아니라 체질적으로 비판 정신이 강해 취재 일선에서 권력에 영합하지 않고 꼿꼿한 언론인으로 처신해 동료와 후배들의 존경을 받았기 때문이다.

그가 언론인으로 활동하던 1950년대~2010년대의 약 70년간은 한국언론계에도 질풍노도의 시기였다. 6·25전쟁이 휴전으로 마감된 1953년 23세의 혈기왕성한 나이에 세계통신 정치부 기자로 언론계에 입문한 그는 2018년 2월 88세로 세상을 떠나기 직전 까지 일생을 언론인으로 마감했다. 조용중 선생은 작고하기 4년 전부터 몸이 성치 않았으나 세상을 뜨기 얼마 전까지도 건필을 휘둘렀다. 그는 별세 1년 전인 2017년 9월 대한언론인회가 발행하는 월간지 『대한언론』에 "박근혜와 언론 동반 추락"이라는 제목으로 촛불시위 당시 한국언론의 지나친 편파보도를 신랄하게 비판했다.

서울신문과 경향신문 편집국장을 역임한 그는 MBC 경향신문 전무로 승진해 언론사 경영에 참여한 다음 연합통신 사장을 지냈다. 그는 또한 관훈클럽의 총무와 관훈클럽 신영연구기금 이사장직도 맡았으며 말년에는 한국언론연구원장과 한국ABC협회 회장, 그리고 문우언론재단 이사장으로 활동하고, 고려대학교 신문방송학과 석좌교수로 대학강단에 서기도 했다.

이 추모문집은 그가 언론인으로 출발하던 당시 아직 개발도상국이던 이 나라의 어려운 언론환경 속에서 많은 어려움을 무릅쓰고 꿋꿋하게 언론외길을 걸어온 그의 생애를 종합적으로 조명하기 위해 기획된 것이다. 이 책은 한국의 후세 언론인들에게도 귀감이 될 것으로 믿는다.

이 문집을 발행하는데 참여한 발기인 여러분과 원고 집필자들에 심심한 감사를 드리며 이 책의 기획과 원고수집 및 편집을 맡아 크게 수고한 박석흥(전 문화일보 국장) 맹태균(전 경향신문 편집위원) 두 분의 헌신적인 봉사에 특별한 사의를 표하고자 한다. 아울러 이 책을 내는데 재정지원을 해 준 방일영문화재단에 고마움을 드리는 바이다.

목 차

001 화보

018 『영원한 대기자 조용중』을 펴내며 - 남시욱

024 추모시 : 언론계 이끈 거인이시여! - 유한준

'대기자 조용중'을 말한다
• 기자 조용중 인간 조용중

1. 우리시대의 언론인

028 언론인 조용중 - 남시욱

037 언론신념 투철한 '조용중형 기자 모델' - 이종식

045 순수하고 정직한 언론 외길 - 정종식

049 늠름하게 걸었던 기자의 길 - 최서영

056 너그러운 동료이고 선배 같은 '봉우리' - 송정숙

061 한국 언론계는 큰 별을 잃었다 - 문창극

2. 언론현장의 대기자

066 '와! 이런 선배가 다 있어?' - 봉두완

078 "총은 쏘라고…" 4·19 향한 들불 點火 - 이동복

084 정치부 기자 전성기 1950년대의 전설 - 이성춘

096 원칙론자이면서 인간미 넘치는 편집국장 - 최택만

102 직사포 기질… '기자'같은 경영인 - 구월환

109 10여 개 언론사 경력의 '비주류' - 서옥식

3. 자유언론의 길잡이

124 거칠 것 없는 자유인 – 김진배

133 국회 출입기자단 '태평로회' 그 才談 – 박기병

136 언론사 데이터베이스 선구적 안목 – 이종전

140 "고운 것은 더럽고 더러운 것은 곱다" – 이원두

151 서울신문 레벨 업 카드! – 정기정

158 "언론을 욕보이지 말라" 권력에 直言 – 박석흥

4. 저술·학구파 언론인

170 조용중의 열정엔 끝이 없어라~! – 김동익

175 열정적인 漢學徒 조용중 – 이택휘

179 현대사 연구, 언론현장 著書 다섯 권! – 정진석

186 "조용중 씨가 人民日報를 다 읽는단다" – 김윤곤

194 정치부 기자의 열정이 밴 力著들 – 조상호

5. '대기자 조용중'에 대한 斷想

202 경험과 지식 전수에 남다른 소명감 – 성병욱

207 상황에 딱 맞는 그 유머러스한 멘트! – 표완수

211 ABC협회 재정안정·발전에 큰 기여 – 임종건

217 '조용중 선비' 가문의 내력 – 유우봉

목 차

펜은 권력을 이긴다
• 학구파 논객 조용중 논단

226 정치부 기자가 돌아보는 4·19의 파워게임
    이승만을 물러나게 한 '3각 파도'
248 독립 언론, 책임 언론의 길
251 민주화 운동 그리고 언론
263 박근혜와 언론 동반 추락
267 "잊지 말라, 正論은 언제나 政派 위에 있다"
273 신문은 미래를 준비하는가
277 신문은 탄압 속에서 큰다
281 언론과 권력, 때로는 대결도 각오해야
287 저널리즘의 위기

자칭 비주류 풍운기자 방랑기
• 삶과 언론, 이런 일 저런 일

292 미니회고록 (조용중 自敍)
315 언론계 선후배 대화
    "현장을 기록하는 기자로 기억되고 싶어요"
329 정치부 명콤비 일화 ①
    투표로 조선일보 기자가 되다
331 정치부 명콤비 일화 ②
    조용중 & 조세형

337 정신영 기자 50주기 추모사
　　　당신은 큰 꿈을 가진 기자였습니다!

부록 : 왕복 서한집

344 조용중 선생 - 정진석 교수 e-mail 편지

추모문집을 펴내고

384 필연인지, 우연인지… 아름다운 사연 - 맹태균
390 한 분 한 분의 회고… 아버님을 그려 봅니다
　　　- 조재신 (조용중 선생의 장남)
392 『영원한 대기자 조용중』 간행기 - 박석흥

趙庸中 선생 追慕詩

언론계 이끈 巨人이시여!

유 한 준
• 대한언론인회 이사 편집위원 • 시인

庚午年 봄 한밭 고을에 淸音 띄우고
言論一路 줄기찬 巨步
하늘나라 부름에 순종하여
戊戌年 봄 88세로 접은 언론일생
여기 꽃길로 남았소.

자유신문에 첫 등정한 이래
동아 조선 서울 경향 중앙 등 유수 언론
명기자 편집국장 논설위원 전무 사장에
관훈클럽 총무, 한국ABC협회장, 한국언론연구원장
고려대 석좌교수까지 言論과 學界 넘나든
65년 긴 세월 수놓은 원로 언론인의 기품

'감추는 筆力 끌려가는 언론' 질타한 기백
권력도 못 말린 강직한 신념의 春秋文筆
학력 고질사회 두터운 유리천장
투지와 筆鋒으로 뚫고 늠름하게 헤친
님의 언론 외길 취재비화는
한국언론사의 살아있는 교과서.

노오란 국화 꽃망울 타고 왔다가
꽃향기 품에 안고 홀연히 떠난 論客
백만 송이 연분홍 꽃가마 타고
하늘나라에 오르신 님이여,
연초록 미소짓는 생명의 계절
표표히 떠나신 거인의 뒷자락엔
그토록 소망하던 言論 滿開 괴였는데

가신지 4년, 남겨놓은 님의 유지
받들기엔 너무 무거워 우러러 봐도
뜨거운 精氣 참으로 아름다웠는데
소박한 손길 솜처럼 부드러웠는데
그리운 추억 알알이 솟아나고
꿈엔들 잊으리오, 잠결엔들 잊히리오

정도언론에 스스로를 불태운 열정
가슴 설레고 뛰는 심장의 文香
어찌 멈추고 천국으로 가셨는가.
온 세상 삼켜버릴 듯 나대는 無道세력에 맞선
언론시간도 님이 떠난 봄철 피어나니
'정의와 진실 정치 복원' 갈구하며
언론계 이끈 巨人이시여!
천상에서도 봄날을 휘어잡고
촌철 유머 德說 향기 즈려 주옵소서!

- 2022. 맹하지절 추모

01
'대기자 조용중'을 말한다
• 기자 조용중 인간 조용중

우리시대의 언론인

언론인 조용중 - 남시욱

언론신념 투철한 '조용중형 기자 모델' - 이종식

순수하고 정직한 언론외길 - 정종식

늠름하게 걸었던 기자의 길 - 최서영

너그러운 동료이고 선배 같은 '봉우리' - 송정숙

한국 언론계는 큰 별을 잃었다 - 문창극

언론인 조용중

남 시 욱
• 화정평화재단 이사장 • 전 문화일보 사장

野性이 강력한 언론인 조용중은
정권의 횡포 줄기차게 비판하며
'저술하는 언론인' 면모 과시한
'영원한 대기자'이다.

65년 동안 언론인으로 할 것 다해

유난했던 겨울 추위가 채 끝나지 않았던 2018년 초 봄이었다. 계절 탓인지 가까운 언론계 원로들과 친구들이 연이어 별세하더니 조용중 선배 역시 세상을 떠났다. 그는 날씨가 제법 추웠던 2월 24일 분당의 보바스병원에서 눈을 감았다. 나는 그가 별세하기 직전에 입원해 있던 분당서울대병원으로 문병을 갔었는데 며칠 후 그가 보바스로 옮겼다는 기별을 들은 지 얼마 안 되어 갑작스러운 부음에 접했다. 별세 소식을 듣고 그의 유해가 옮겨진 서울 삼성병원 분향소로 향한 나의 정신적 상실감은 이만저만이 아니었다.

조 선배는 별세하기에 앞서 병세가 악화되기 전에는 서울에 일이 있을 때는 거처인 분당자택에서 하루 10만원에 전세를 낸 택시를 타고 상경해서 언론관계 회의에 참석하는 등 하루 종일 일을 보고 귀가하곤 했다. 그가 귀가할 때는 내가 한국프레스센터 정문 입구까지 함께 내려가 그를 배웅한 기억이 지금도 생생하다.

1930년 대전에서 태어난 그는 휴전협정이 체결된 1953년 언론계에 입문해 88세를 일기로 별세할 때까지 만 65년 동안 생애의 대부분을 언론인으로 살았다. 그는 1980년 초 신군부 등장 시기에 잠시 동안 여행사경영에 참여한 시기를 빼고는 언론계를 떠나 본 일이 없다. 조 선생은 일선기자로서, 데스크로서, 언론편집책임자로서, 언론사경영인으로서, 그는 그 후 한국언론연구원 원장(1987)과 연합통신 사장(1989)을 역임하고 한국ABC협회 회장(1995), 문우언론재단 이사장(1998)과 고려대 석좌교수(2001)를 지냈다. 언론인으로서 할 것은 다했다고 하겠다. 그는 ABC협회장 재직시 당시까지 매체 발행 부수에 대한 합리적 기준조차 없던 국내 언론계에 부수 인증 시스템을 안착시켰다.

동아일보 차장과 초년 기자로 처음 인연

필자가 조용중 선배를 처음 만난 것은 1953년 그의 첫 직장인 자유신문사에 들어가 일하다가 세계통신과 조선일보를 거쳐 1960년 6월, 즉 4·19학생의거 직후 필자가 근무하던 동아일보로 옮겨온 다음이었다. 그리고 보니 그가 별세하기까지 58년 동안 그와 인연을 맺은 셈이다. 그가 동아일보의 정경부 차장으로 부임해왔을 때 필자는 입사 2년째의 사회부 초년병 기자였다. 필자는 당시 법조에 출입하고 있었는데 그 때의 일을 지금도 잊지 못한다. 5·16이 일어난 해인 1961년 여름으로 기억된다. 어떤 유력한 야당계 인사가 의문의 테러를 당한 사건이 일어났다. 필자는 출입처인 검찰의 소식통으로부터 그 테러가 모 특수부대원들의 소행이라는 정보를 입수했다. 필자는 젊은 혈기에 겁도 없이 이를 기사화해서 데스크에 제출했다. 그랬더니 사회부 데스크에서는 판단하기가 곤란하다면서 정경부의 조용중 차장에게 이 기사를 넘겼다. 조 차장은 기사를 검토하더니 필자를 불러 이 기사는 출고할 수가 없다는 것이었다. 그 이유는 기사의 취지는 좋으나 기사내용과 뉴스소스가 막연하게 되어있어 기사로서 요건이 부족하다는 것이었다. 물론 필자는 조 차장에게 한마디의 이의도 제기하지 않고 그의 판단에 순순히 따랐다.

나중에 생각해 보니, 조 선배의 판단은 아주 정확한 것이었다. 기사의 줄기는 맞겠지만 구체적인 사항들이 특정되지 않은 불완전 기사였기 때문이다. 만약 당시 조 차장이 잘못 판단해서 출고했던들 군사통치 아래서 어떤 일이 일어났을지 모른다. 역시 선배 기자의 경험과 관록이 중요하다는 사실을 새삼 깨닫게 되었다. 당시는 조석간을 발행할 때여서 야근시간에 조용중 차장은 정경부에서 데스크 일을 보고 있었기 때문에 필자는 출입처에서 돌아와 시국에 관해 그와 가끔 이야기를 나눈 기억이 난다.

서울신문·경향신문 편집국장 역임

조 선배는 1962년 1월 동아일보에서 다시 조선일보로 돌아가면서 정치부장에 임명되어 만 3년 반 동안 근무하면서 편집부국장을 역임하고 1965년에 서울신문으로 옮겨 편집국장과 제작총국장을 지냈다. 필자가 조선일보측에서 들은 바로는 그가 조선일보 재직 시 사주인 방일영 사장은 그를 편집국장으로 임명하라고 지시했으나 그의 아우인 방우영 발행인이 지면혁신을 위해 민국일보 편집부장 출신인 김경환 씨를 편집국장으로 기용하겠다고 주장하는 바람에 인사를 몇 달을 끌다가 결국 조 선배에게는 조선일보 편집국장의 기회가 오지 않았다고 한다.

조 선배는 1966년에는 서울신문 제작총국장 자리를 그만두고 미국 인디애나대학에 유학을 떠났다. 그는 귀국하면서 경향신문으로 옮겨 다시 편집국장이 되는 화려한 언론계 경력을 쌓았다. 그러나 경향에서는 얼마 후 사주가 바뀌게 되어 조 선배는 이 자리에서 물러나지 않을 수 없게 되었다. 당시 경향의 새 사주는 조 편집국장을 그냥 그만두라고 하기가 미안했던지 그를 '주미·주일특파원'이라는 희한한 직책에 임명했다. 언론사에 '순회특파원'이라는 자리는 있어서도 태평양을 사이에 둔 두 나라를 동시에 관할지역으로 하는 이런 식의 특파원은 전례가 없는 일이었다. 당시 필자는 동아일보의 동경특파원으로 근무하고 있었는데 조 선배가 갑자기 동경에 부임(?) 차 나타나 여러 타사 특파원들이 한 자리에 모여 웃음을 나눈 기억이 난다. 그가 또 다른 임지인 미국에도 이런 식으로 부임했는지는 잘 기억이 나지 않는다.

하여간 그는 얼마 후 귀국한 다음 곧 경향신문을 하직하고 동양방송 논평위원과 중앙일보 논설위원 자리를 얻어 일하다가 1974년부터는 문화방송·경향신문 전무이사로 발탁되었다. 조 선배는 이때부터 언론사경영진이 된 것이다. 그러나 이 자리 역시 오래 가지 못하고 신군부 등장 후인 1981년에는 뜻하지 않게 '해직기자' 대상에 포함되는 불운을 맞았다. 그는 사표를 내고 다시 미국으로 건너가 컬럼비아대학에 다녔다. 그는 15년 만에 다시 미국행을 한 셈이다. 미국에서 1년간을 지내고 귀국했다.

학력 콤플렉스… 다른 언론인보다 더 열심히

그런데 그는 그 시대의 적잖은 그의 동년배들과 마찬 가지로 대학을 제대로 졸업하지 못하고 중퇴한 채 언론계에 들어왔기 때문에 학력 콤플렉스를 떨치지 못했다. 그는 이렇게 썼다.

"나는 기자사회의 출신성분으로 따지면 비주류였다. 대학을 마치지 못했고, 공채 몇 기 입사가 아니었기 때문에 대학동창과 입사동기가 없는 외톨이고, 그래서 주류에 낄 수 없는 비주류였다. 여러 군데를 부지런히 옮겨 다녔다는 점에서 잡초였다. 당당한 주류 틈에서 때때로 눈에 안 보이는 업신여김과 흔적 안 나는 짓밟힘을 당하면서 혼자 힘으로 안간힘을 다해 버텨야만 했다.

외톨이고 비주류라는 내 출신성분은 평생을 통해서 나를 짓누르는 콤플렉스였다. 그걸 감추기 위해 실없는 소리로 허세를 부렸고, 나도 모르게 흥분하면 아무데서나, 아무 때나, 아무 한 테나 거칠게 대들고 듣기 민망한 쌍소리를 뱉는 버릇이 생겼다."

이 때문에 조용중 선배는 부실했던 그의 대학교육을 만회하려는 듯 다른 언론인들보다 훨씬 더 열심히 공부를 했으며 저서도 집필했다.

그는 컬럼비아대학에서 중국문제를 연구하고 돌아와 문화혁명을 겪은 중국의 정치와 문예 현황을 다룬 『고련(苦戀)-10억의 정치와 문예』

라는 특이한 성격의 책을 그의 첫 저서로 발간했다. 이 책은 중국대륙에 관한 정보가 거의 없던 한국에서는 중요한 연구저서로 학계에서 평가되었다. 그의 저작활동은 그 후에도 이어져 『미군정 하의 한국정치현장』(1990), 『저널리즘과 권력-그 실상과 허상』(1999), 『대통령의 무혈혁명』(2004)이 순차적으로 발간되어 '저술하는 언론인'의 면모를 과시함과 동시에 후배들에게 자극을 주었다.

언론인 조용중은 야성이 강력했다. 이 때문에 그는 직설화법을 잘 썼다. 연합통신사에서 시사잡지를 발행했는데, 편집진이 그 창간호에 당시 대통령인 노태우의 사진을 표지에 실으려 하자 그는 일갈했다. "표지사진으로서 움직임이 없는 사진인데다가 인기조차 없는 인물이 아니냐?"고 허락하지 않았다.

"노태우? 아니, 엊그제 여론조사에서 꼴찌던데 그러잖아도 안 팔리는 잡지에 그런 인기 없는 노태우를 써요?"

보기에 따라서는 시사잡지 발행인으로서 당연한 판단일수 있지만 이 이야기가 문화공보부와 청와대에 보고되어 그는 사장연임이 되지 않았다. 다음날 최병렬 장관이 전화를 해왔다. "그런 무책임한 말을 할 줄 몰랐다"고 섭섭하다는 말을 했다. 당시의 사정을 조용중 본인은 이렇게 술회했다. "나는 변명도 할 수 없었고, 변명을 해달라고 누구 힘을 빌릴 재주도 없었다. 심지어 어느 국장은 그렇게 잠자코 앉았으면 어떡하냐고 내게 동정을 표했지만 나로서는 한 발도 내디딜 힘이 없었다. 솔직히 말하면 힘도 없었지만, 그런 줄이 없다는 것을 나 자신이 너무 잘 알고 있었다. 그 때문에 1990년 연말에 맞이한 연합통신 10주년 파티는 주무장관이 안 나온 채 치렀다. 그래서 나는 통신사 사장을 파업만 한 번 겪고 물러났다.

두 좌파 정권 때 '논객 조용중의 전성기'

조용중 선배는 일선기자 시절에는 조병옥 박사 등 민주당 구파 쪽을 맡아 취재하면서 자유당 정권의 횡포를 줄기차게 보도했다. 그 중에서도 1958년 12월 24일 이른바 24파동은 대표적인 예였다. 크리스마스이브인 이날 저녁 당시 태평로에 있던 국회의사당은 수라장이 되었다. 여당인 자유당의원들은 의장의 경호권 발동에 따라 무술경위 300명의 포위 아래 야당의원들이 밖으로 끌려 나간 사이에 언론에 재갈을 물리는 국가보안법 개정안을 강행 통과시켰다. 비분강개한 조용중 등 젊은 국회출입기자들은 이날을 영원히 기념하기 위해 매달 24일 낮 12시에 모여 식사를 하면서 회고담 나누기를 60년 가까이 계속해 왔다. '24회 오찬'은 처음 20여명이 모였으나 세월이 흐르면서 하나둘씩 줄어들더니 2017년 초까지만 해도 조용중 전 연합통신 사장, 이형 전 한국일보 논설위원, 김준하 전 동아일보 기자 겸 강원일보 사장, 제재형 전 대한언론인회장 만 남았다. 이제는 한국일보 소속이던 이형 씨만 남게 되었다.

언론인 조용중의 진면목은 김대중 노무현 두 진보좌파 정권 때 여실히 증명되었다. 당시 신문협회 소속 공정경쟁심의위원회를 맡고 있던 조용중 위원장은 2001년 4월 한국신문협회에 공문을 보내 김대중 정부가 신문을 옥죄기 위해 공정거래위원회의 '신문고시' 부활 움직임을 보이고 있음으로 신문협회 차원에서 이에 대한 강력한 저지 활동을 벌여달라고 촉구했다. 그러나 신문협회가 이를 듣지 않자 조 선배가 맡고 있던 공정경쟁심의위원회는 2주일 후 긴급회의를 갖고 위원장 등 위원 5명 전원이 사표를 제출했다.

조용중 선배는 김대중 대통령이 자신에 비판적인 보수계 언론사에 대해 압박을 가하고 끝내 세무사찰을 하자 동아일보에 「권력, 왜 신문시장 흔드나」라는 칼럼과 「신문 욕보이기」라는 칼럼을 연속 기고해 김대중 정부를 정면 비판했다. 노무현 정권 때인 2004년에는 정권이 세계에 유례가 없는 신문부수 상한제와 소유지분 제한제도를 강행하려 하자 조용중은 TV토론 각종 토론회에 나가 이를 저지하는 활동을 활발하게 벌었다. 이 시기는 논객 조용중의 전성기였다.

조용중 선배에 얽힌 이야기로는 2014년 6월 언론인 문창극 씨가 박근혜 대통령으로부터 국무총리 지명을 받은 후 일부 방송이 그를 친일파로 몰아 낙마시키려고 하자 청와대가 그에 대한 국회인사청문회개최를 지연시키고 있을 때였다. 이 때 조 선배 등 원로언론인 14명이 모여 해당 방송사의 왜곡보도를 강력히 규탄하고 청와대에 대해서는 즉각 문창극 지명자의 인사청문회 회부를 요청하는 성명을 발표했다. 그러나 안타깝게도 박근혜 정권은 이에 귀를 기울이지 않았다. 그 때부터 박정권은 몰락의 길로 들어선 것이다.

병마에 시달리면서도 건필을 휘둘러

조 선배는 4년 전부터 병마에 시달리면서도 세상을 뜨기 몇 달 전까지도 펜을 놓지 않고 건필을 휘둘렀다. 그는 작년(2017년) 9월 대한언론인회가 발행하는 월간지 『대한언론』에 「박근혜와 언론 동반 추락」이라는 제목으로 촛불시위 당시 한국언론의 지나친 편파보도를 실랄하게 비판했다.

조용중 선배의 마지막 언론계 공식직책은 문화일보사 지주재단인 문우언론재단 이사장이었다. 조 선배는 1998년부터 이 자리를 지키면서 신생지 문화일보의 안착과 발전을 지원했다. 그는 내가 1995년부터 3년 반 동안 문화일보 사장으로 일할 때부터 열성적인 편집자문위원으로서 신문제작의 향상을 도우다가 나중에는 지주재단인 문우언론재단의 이사장 자리를 맡았다. 공교롭게도 2018년 2월 21일 문우언론재단 이사회에서 그의 이사장직 연임을 결의한지 사흘 만에 세상을 뜨게 되어 관계자들의 슬픔은 더욱 컸다.

* 이 글은 『관훈저널』 2018년 봄호에 실린 필자의 글 「조용중 선배와의 추억」을 일부 수정한 것이다.

언론신념 투철한 '조용중형 기자 모델'

이 종 식
• 전 조선일보 정치부장 • 전 연합통신 전무·국회의원 (2선)

오직 기자를 위해 태어났고
살다간 그의 언론신념~!
"기자는 비판하기 위해 있는 것이지
칭찬하기 위해 있는 게 아니다"

양반골의 '욕쟁이'… 정치인한테도 거침없이

앞을 보지 못하는 헬런 켈러(1880-1968)가 말을 남겼다. "오직 태양만 바라보고 걸어가라 그러면 너는 너의 그늘을 보지 않아도 된다." 조용중의 태양은 기자였다. 그는 오직 기자를 위해 태어났고 살다간 사람이었다. 뒤 돌아보기는커녕 좌고도 우면도 하지 않았다. 그에게 기자는 천직이라기보다 오히려 생명 그 자체인 것 같았다.

50년대 기자에게는 나름의 특징들을 가진 사람이 여럿 있지만, 조용중씨에게도 조용중형 기자 모델을 남겼다. 우선 그는 기자사회에서 욕쟁이로 통했다. 전통적으로 양반골로 알려지고 있는 충남 대덕군에서 이 나라 호족중의 하나인 한양 조씨(漢陽趙氏) 가문에서 태어나 자란 그가 욕을 어디서 배웠는지 시정잡배들이 사숙(私淑)할 정도의 풍부한 욕을 사용한다. 그가 욕을 무기로 사용하는 상대는 가까운 친구사이 뿐 아니라 취재권인 정치인들한테도 거침없이 쓴다.

50년대 말 마감시간을 앞둔 신문사의 편집국은 어수선하고 시끌했다. 그건 주로 사건을 담당하는 사회부에서 연유되는 분위기였지만 조선일보의 경우 가끔은 정치부에서도 일어나는 일이고 그 중심에 조용중 기자가 있었다.

1960년 1월22일 야당인 민주당 대통령후보 조병옥(趙炳玉)박사가 인사동의 민주당 당사에서 기자회견을 했다. 내용은 조박사가 앓고 있는 신병을 진단하기 위해 미국의 월터리드 육군병원에 가서 개복을 해야 한다는 것이다. 조용중 기자가 기사를 썼다. 조박사가 이승만 대통령과 맞붙는 야당의 대통령후보에다가 선거를 앞둔 민감한 시기라 기사는 가감 없이 회견내용을 충실히 전하는 형식으로 쓰여 졌다. 그 첫머리가 "조병옥 박사가 진단적 개복수술을 받기 위해 29일 미국으로 떠난다"로 시작됐다. 그런데 이 기사를 편집한 김창진(金昌眞) 1면 편집자가 "시급한 개장(開腸)수술이 필요"라고 제목을 달았다. 초벌신문이 나오고 조용중의 폭탄성 욕설이 터졌다. "X같이 우리말도 몰라? 배를 열어봐야 병을 진단 할 수 있다고 돼 있잖아 어디에 개장수술이 필요하다고 돼 있어…" 그 고함소리에 넓지 않은 편집국이 긴장했다. 다행인 것은 욕을 먹은 편집자는 오히려 덤덤하다. 그는 귀가 어두워 무슨 일이 있었는지 제대로 파악을 못한 듯 했다. 편집자 김씨는 조기자의 선임자다.

조기자의 말투에는 문장 끝머리에 붙는 존경어가 거의 없다. 상대와 상관없이 '…했어', '…잖아'로 매듭 짓는다. 언젠가 물어봤다. 그 말투가 언어습관이냐 아니면 고의성이냐고, 그랬더니 조기자의 대답이 이 랬다. "정치인이라는 게 본래가 점잖은 직업이 아니다. 시정잡배처럼 대하지 않으면 어느 틈엔가 무시되거나 누르려든다. 욕설은 상대를 긴장시켜 나의 정체를 지키는 방패야" 나의 정체를 지키는 방법이 그 방법 밖에 없는지는 잘 알지 못하지만….

취재상대를 좀 체로 칭찬하지 않는 소신

조용중식 기자모델의 또 하나는 취재상대를 좀 체로 칭찬하지 않는다는 것이다. 그의 소신은 이렇다. "나라의 녹을 먹고 명예를 얻은 사람이 일을 칭찬받을 만큼 잘해야 하는 것은 당연한 것이고 기자는 비판하기 위해 있는 것이지 칭찬해 주기 위해 있는 게 아니다." "그래도 가끔은 칭찬을 해줘야 가까워질게 아닙니까" "정치인이라는 동물은 어차피 기자를 멀리하고는 살아남지 못하는 기라 그들이 기자가 좋아서 가까이 하는 줄 아나 이용하려는 거다 칭찬해주면 좋아하겠지 그러면 가까운 척하고 다음부터는 기자의 혼을 빼가려 할 거다" 나는 반세기 넘게 그와 교우하고 상관으로 모시고 일했지만 단 한 번도 칭찬 받아본 일이 있는 거 같지 않다.

우리말 등초롱 즉 제등(提燈)에는 두 가지 의미가 있다. 앞에서 불을 밝혀 본체가 나가는 길을 밝게 인도 한다는 뜻이 있는가 하면 남을 위해 앞잡이를 한다는 뜻도 있다. 신문에서 이 제등은 주로 부정적인 의미로 쓰인다. 쬬찡(提燈 =ちょうちん)이라는 일본어는 주로 후자의 부정적인 의미로 쓰이는 언론용어다.

조기자는 이 부정적인 의미에 투철한 기자였다. "기자는 본체가 잘

가고 있는 것인지 못가고 있는 것인지 뒤에서 감시하는 역할을 하는 것이지 스스로 역사 속에 들어가면 안 된다."는 것이 그의 언론신념이다.

만년에 펴낸 책의 방대한 자료… 놀라운 '호기심'

조용중 모델의 또 하나로 그의 서체(書體)를 말해야겠다. 그는 달필이고 속필이다. 모양은 초서체인 듯한데 한문뿐 아니라 한글도 쉽게 알아볼 수 없으니 조용중체라 할 수밖에 없다. 어릴 때 시골에서 자라 글을 서당에서 제대로 배웠음직도 하다. 그런데 그의 글을 알아볼 수 있는 이가 많지 않다. 조선일보 공무국의 문선(文選)부에는 조기자의 원고 활자를 골라내는 문선공이 두 사람 고정배치 되어 있었다. 조기자의 원고는 대체로 데스크와 편집을 무사히 통과한다. 이게 무슨 자(字)냐고 일일이 물어볼 수도 없다. 데스크는 그의 기사가 문선이 끝나 게라로 되었을 때 비로소 읽어보는 경우가 많다. 본인의 농담 섞인 변명은 "책에 있는 서체는 아니고 나 외에 아무도 읽어 내지 못해야 내 기사가 살아남을 수 있는 거 아니야"였다.

사실(Fact)을 쫓고 진실을 캐는 일이야 기자가 가져야할 기초적인 자질이다. 그러나 조용중 기자에게 있어 이 작업은 좀 유난스럽다. 회견장을 소란스럽게 만드는 스스로 이름 부친 것처럼 '당돌'한 그이지만 혼자 있을 때는 사색하고 독서하기를 즐겼다. 일기도 내가 알기로 수십 년 써 왔다. 그것이 스스로 말했듯이 자기완성을 위한 것도 아니다.

그가 만년(晩年)에 펴낸 책 1952년의 피난수도 부산 정치파동을 파헤친 『대통령의 무혈혁명』은 거기에 인용된 책(단행본)만도 35권, 논문 25편, 기타 자료 및 구술이 16건 이다. 이 방대한 자료를 다 읽었다는 뜻은 아니겠지만 그래도 그 어느 부분엔 가에 눈이 간 것만은 틀림없다. 이 끈질기고 방대한 작업으로 370쪽의 책을 냈다. 그가 말한 것처럼 본인 아니면 안보여주는 재판기록 말고는 국내외의 자료를 다 뒤졌다. 그것도 느리게 시간 나는 대로 학위논문으로도 손색이 없을 이 책을 그는 순전히 기자의 호기심만으로 작업을 완성했다고 했다.

이 책이 나오고 프레스센터에서 출판기념회가 열렸을 때 그가 한 말처럼 아무 목적의식 없이 그냥 '호기심'만으로 이런 역사의 기록을 만들어 낼 수도 있다는 것에 놀랐다. 그리고 그것이 참으로 조용중답다고 여겼다. 그의 경력 어디에도 학사 외에 석사나 박사의 학위 같은 게 없다.

사람 욕심 많은 조용중 정치부장의 품안에서

나는 조용중 기자를 내 인생에서 운명처럼 만난다. 그리고 오늘의 나의 사회적 좌표가 조용중과 밀접하게 연관되어 있다. 내가 1959년 3월 조선일보 수습기자 2기로 들어갔을 때 처음 만난 사람이 조용중과 조세형 기자였다. 그리고 10개월 뒤 수습기자 8명중 나를 정치부에 배치한 것이 그들 두 사람이다. 그리고 그 뒤의 내 인생은 안이고 밖이던 정치에서 벗어나 있어 본 일이 없다. 참으로 기이한 인생이다. 그 쟁쟁한 8명의 수습기자 중에서 왜 하필 촌스러운 나를 골라 정치부에 앉혔을까. 그 뒤에도 그가 설명해준 일이 없고 나 스스로도 멋대로 짐작은 해봤지만 물어본 일도 없다.

조용중 씨는 여러 신문을 다녔는데 조선일보에만 두 번 있었다. 처음은 정당-국회 출입기자로 내가 처음 만난 시기다. 그리고 그다음은 나의 정치부장으로 다시 왔다. 정치부장 조용중은 사람 욕심이 많았다. 그가 조선일보 정치부에 데리고 온 기자만도 최서영(崔瑞泳) 유한열(柳漢烈) 이자헌(李慈憲) 김용태(金瑢泰) 이종구(李鍾求) 그리고 차장으로 김인호(金寅昊)씨도 데리고 왔다. 그때만 해도 해마다 수습기자를 뽑아 조선일보 사관생도가 줄줄이 있었는데도 그들만으로는 성이 차지 않았던 것이라고 보여 졌다. 나는 올챙이 시절부터 중견이 될 때까지 그의 그늘에서 있었지만 단 한 번도 그가 기자는 이렇게 해야 한다고 말로 가르쳐 준 일이 없을 뿐 아니라 칭찬을 해준 일도 없다. 그러나 내 몸에 기자의 냄새가 묻어 있다면 그건 전적으로 조용중씨로 부터 전수된 것이라고 단언해도 좋다.

50년대 말은 격동의 시기였다. 이승만 정권하의 야당인 민주당은 신구파의 극심한 대립으로 크게 시끄러웠다. 구파를 대표하는 조병옥(趙炳玉)박사와 신파를 대표하는 장면(張勉)부통령 사이의 경쟁은 많은 기사거리를 제공해줬다. 지극히 제한된 인원으로 조석간 하루 두 번의 신문을 만들어낸다는 것은 물리적으로도 견디기 힘든 정도로 힘겹다. 거기에다 일요일에도 신문은 나왔다.

그 힘든 작업을 끝내면 파죽이 된 몸으로 무교동이나 명동의 술집을 찾는 경우가 많다. 그리고 하루 밤에 두세 집을 들린다. 이 순례길에 조기자는 올챙이 이종식을 빼놓지 않고 데리고 다녔다. 술값은 어떻게 처리되는지 알지 못하지만 내가 걱정할 몫은 아니다. 나는 마셔주기만 하면 되니까 가끔은 장면(張勉)부통령의 언론담당 비서관이던 박종률(朴鍾律)씨가 동석한 일이 있다는 기억은 남아있다. 이 술자리에서의 위장된 친밀감 뒤에는 엄청난 서로 상극된 직업의식이 숨어있었다. 이튿날

이들이 혜화동의 장면씨 댁에서 만나게 되면 박비서관의 영락없는 목맨소리가 터져 나온다. "야 잘 좀 봐주라 그렇게 하지 말고" 조기자의 반응은 "잘하면 되지. 당연히 봐주게 되는 거고…" 이런 장면은 무대 위의 대사처럼 수없이 반복되지만 특별히 악의가 있어 보이지 않는다.

조기자에게 매미같이 매달리던 박비서관은 그 뒤 3선(8,12,13대)의 중견 국회의원으로 무게를 자랑했고 조기자는 여전히 천직인 글쟁이로 발품을 팔고 있었다. 지금은 기사 하나하나에 작성자의 이름을 붙이는 시대지만 5,6십년 대 그때만 해도 기사는 신문사의 것이고 쓴 기자는 도구였을 뿐이다. 지면이 만들어지면 책임자인 부장의 공은 인정되지만 그 공에 기사를 쓴 기자가 끼어 들 여지는 없다.

조용중 부장의 표정은 신문을 만들 때와 신문이 나오고 난 다음이 다르다. 기사에 한참 미쳐 움직일 때는 그렇게 일그러지던 얼굴이 신문이 나오고 난 다음은 언제나 화창하다. 취재가 잘못돼도 기자를 나무라는 법이 거의 없다. 저희가 열심히 뛰어 다녔을 텐데 결과가 좋지 않았을 뿐이지 저가 더 잘 알 텐데 그걸 나무란다고 달라지겠냐는 것이다.

모든 언론사가 다 그런 것인지는 알 수 없으나 조선일보 정치부의 경우 술값이나 밥값은 물론 차 한 잔을 같이 마셔도 값은 윗사람이 부담한다. 아랫사람은 선동하고 입만 있으면 된다. 그것을 나는 조용중씨로부터 배웠다. 내가 부장으로 거기에 있는 동안은 당연하고 지금도 버릇처럼 되어있다.

말년에 부부동반 외국여행도… 엄청난 애처가

조용중씨가 간지도 벌써 3년이 넘어섰다. 말년에는 부쩍 많이 만났고 부부동반으로 외국여행도 심심찮게 다녔다. 그때마다 조용중씨는 엄청난 애처가로 바뀌어 있었다. 부인이 요구하는 건 뭐든지 불평 없이 완벽하게 다 들어준다. 동행자들로부터는 '저건 굴종이다. 다른 이의 부인들에게 나쁜 영향을 미친다'고 비판을 받을 정도였다. 그는 어디서 생긴 돈인지 친구들 불러 밥을 사는 일이 많았다.

신문사 시절 술집을 돌아다니다 어쩌면 조용중씨가 집으로 끌고 간 일도 많다. 기와집 군으로 이루어진 동대문 밖 민관식(閔寬植)씨의 저택을 저만치 비켜서며 도랑가에 있던 창신동 조씨의 안거에 우리들을 데리고 들어 닥치면 조금은 떠들썩하고 요란스런 입성(入城)절차를 거친다. 동네가 시끄러운 고함은 세레나데 정도로 여기는 나보다 두 살 아래인 누님 같은 부인이 우리를 반갑게 맞아준다. 그때 고사리 손으로 술상 차림을 도와주던 맏딸이 '현자'다. 그래서 우리가 부르는 부인의 대명사는 '현자어머니'였다.

이글을 쓰면서 문득 생각이 나서 전화로 불러냈다. "현자어머니 어떻게 지냅니까, 없으니 많이 보고 싶겠지요. 도움도 못 받아 많이 불편할 게고…?" "불편한건 맞고 나도 갈 날이 멀지않을 텐데 마중이나 나와 줄 런지…." "현자가 자주 찾아오겠지요, 거기도 이제 환갑 나이일 텐데" "뭔 소리 하는 기여 칠십인데…." 그렇구나 벌써 덧없이 흘러가 버린 세월이.

순수하고 정직한 언론외길

정 종 식
• 전 연합통신 사장 • 전 한국일보 프랑스특파원

그 흔한 자가용도 갖지 않고
만만디로 살던 그가
동료들 '米壽' 축하받고
안타깝게 세상을 떠나……

'관훈클럽에 1억 쾌척 정주영'과의 일화

오늘 아침, 밖에 나갔던 집사람이 급히 뛰어오면서 "조용중(趙庸中) 씨가 돌아가셨다더군요" 하였다. 청천벽력 같은 이 말에 나는 "으-" 하며 그대로 말문이 막히고 말았다.

조용중 씨가 몸에 이상을 느낀다고 하는 본인의 말은 연전에 들었다. 그러나 관훈클럽에 나타나면 언제나 지정석처럼 남쪽 맨 끝자락에 앉아 지나가는 사람들에게 소리치고 있었다. 그는 회의 도중 발언할 일이 있으면 회의장 앞을 응시하면서 충청도 억양이 섞인 말투로 조용하게 대꾸 하였다.

그가 한 말 중에 돌아가신 조세형 씨와 함께 현대의 정주영 씨를 만난 일을 늘어놓은 적이 있다. 옛날 관훈클럽은 회원들의 회비만으로 근근이 살림을 할 때였는데, 정주영 씨는 일약 1억 원이라는 거금을 낸 일이 있었다.

당시 1억 원이라는 돈은 어마어마한 액수였다. 그래서 관훈클럽의 운영위원들은 이 돈을 아껴가며 쓰고 남은 돈이 몇 푼 있어 그 돈을 가지고 정주영 씨를 만난 것이다.

그때 정주영 씨 왈 "내가 돈을 준 것은 쓰라고 준 것인데, 쓰다 말고 남겨 오라고 했느냐?" 하며 일갈했다는 것이다.

정주영 씨의 아우인 정신영(鄭信永) 씨가 서울대 법대를 졸업하고 바로 동아일보에 들어가 국회 출입기자로 일하다 독일로 유학한 일이 있었다.

이 정주영 씨의 막내 동생 (6남매 중 막내)을 기려 (1962년 독일 함부르크에서 영면) 정주영 씨는 관훈클럽에 1억 원을 희사한 것이다. 그 후로 관훈클럽에서는 '돈은 쓰라고 한 것'이란 말이 유행어가 되었다.

관훈클럽은 신영연구기금(信永硏究基金)을 설립, 각종 저서 출판과 언론계, 관계 서적인쇄, 혹은 유학 가는 언론인 뒷바라지 그리고 언론단체에 대한 보조 사업 등을 전개해 왔다.

동아일보에 있던 정신영 씨와 가까이 지내

조용중 씨는 정신영 씨와 1957년 초 한 반 년가량 사귀었다. 정신영 씨는 1957년 법대를 졸업하자 바로 언론계에 투신했는데, 이때 조용중 씨도 기자생활을 하는 중이었다. 정신영 씨는 1962년 독일 함부르크에서 급서했다.

조용중 씨는 언론계 이외의 길을 한 번도 걷지 않고 순수하고 정직한 언론인으로 평생을 살아왔다. 그는 60년대 동아일보 정치부를 거쳐 조선일보 정치부장·편집부국장 등을 역임하였고, 그 후 경향신문으로 옮겨 편집국장을 지냈다. 그는 경향신문에서 옛 MBC의 전무이사도 거치는 등 방송계에도 발을 디뎠다. 조씨는 그 전에 당시(1972~1974) 중앙일보에서 동양방송의 논평위원으로서 이름을 남긴 일이 있었으므로 신문과 방송을 겸하여 언론계에서 활동한 셈이다.

그 후 그는 연합통신의 사장에 임명되어 3년간(1989~1991) 연합의 중추적 역할을 다하였다.

조 씨는 언론계의 각종 위원회에도 관여하여 신문협회 감사를 비롯하여 한국신문ABC협회 회장, 문우언론재단 이사장, 신문 공정경쟁위원회 위원장 등을 역임하였는데, 이런 직책과 병행하여 각 대학의 초빙교수로서도 활약했다. 광주대와 고려대의 신문방송학과의 초빙교수가 그것이다.

그에 따라 그가 받은 언론인 상도 부지기수다. 삼성언론상을 비롯하여 서울언론인클럽 언론상·대한언론인회 언론상 등을 받았다.

그 흔한 자가용 차 갖지 않은 '만만디'

그는 초기에 『고련』(苦戀)이라는 저서를 발간하였고, 뒤이어 부산 피란시절에 이승만 대통령의 압제와 국회의원 납치 사건을 그린 『대통령의 무혈혁명』을 썼다. 미군 주둔하의 정치 현상을 그린 『미군정하의 한국정치현장』이란 저서도 펴냈다. 그 외에도 『저널리즘과 권력』이란 언론인의 권력 대결 현상을 그린 책도 발간하였다.

이런 저서 외에도 각 대학에서 저널리즘에 대한 강의를 했는데, 그중

광주대·고려대가 그 좋은 예다.

조용중 씨는 해외여행을 좋아했다. 관훈클럽이 주최하는 해외여행에는 꼭 따라붙었다. 캄보디아의 서쪽에 있는 프놈펜 유적답사, 러시아의 바이칼호 답사 그리고 중국 서북쪽의 감숙성에 있는 돈황 방문 등을 꼽을 수 있다. 이들 유적지에 갔을 때 조용중 씨가 좋아하던 모습은 지금도 우리 뇌리에 어른거린다.

그러나 조씨가 하지 않았으면 어떨까 하는 것이 꼭 한 가지 있다. 그가 작년 말쯤에 88세 생일을 맞아 친구들이 그의 미수(米壽)를 축하해 준 일이다. 88세의 고귀한 나이에 이르렀을 때 그의 친구들이 축하해준 것은 당연하다. 그러나 내 귀에 들리는 것은 그 미수 자리라는 것이, 일 년 전에도 조선일보의 방 모씨가 미수가 되어 대대적인 축하연을 베풀어 준 일이 있었다. 그러나 그 후 방씨는 건강이 극히 악화되어 미수 해에 세상을 떠나고 말았다.

조용중 씨가 미수 해를 챙기지 않았으면 어떨까 하는 부질없는 생각을 하게 되었다. 미수연과 그의 건강과는 아무 상관이 없다. 나도 내년이면 미수년에 해당되어 누군가가 잔치를 베풀어 줄 것이다. 그렇다고 나의 생명이 이 미수연과 함께 끝나서는 큰일이다. 그런 생각은 아예 말았으리라.

조용중 씨는 그 흔한 자가용, 자동차를 갖지 않았다. 일이 있으면 택시를 불러 타면 되지 하는 만만디였다. 그는 자기가 모는 차 대신에 택시기사가 모는 차로 잡담을 뒤섞어가며 가는 것을 좋아했다. 조용중 씨는 지금쯤 무슨 차를 잡아타고 구천길도 멀다않고 달리고 있으리라. 저승길에서나마 부디 편안하시기를 바란다.   *『관훈저널』 2018년 봄호

늠름하게 걸었던 기자의 길

최 서 영
• 전 코리아헤럴드 사장

취재에 물불 안 가리는 그 열정,
어떤 권력에도 굴건히 맞서는
불굴의 자세, 그 기개
기자 조용중의 중심축이었다.

그가 주인공이 된 몇 가지 에피소드

조용중(趙庸中) 선배가 우리 곁을 떠난 지 어언 4년이 되었다. 세월이 쏜살같다는 말이 있지만 이렇게 시간이 빨리 가는가 하는 느낌을 새삼 하게 된다. 조선일보와 경향신문에서 내가 상사로 모셨던 조 선배와의 깊은 인연을 생각하면 지금도 떠오르는 갖가지 추억들이 주마등처럼 눈앞에 아른거린다. 언론계의 거목 조용중이 어떤 기자였는가를 알려면 구구한 설명보다도 그가 주인공이 된 몇 가지 에피소드를 소개하는 것이 첩경일 것 같다.

"어딜 도망 가! 이 개새끼들!"

#1 : 때는 1965년 6월 22일, 해방 후 20년을 끌어오던 일본과의 국

교 정상화 협상이 마무리 되던 날이었다. 협정 조인을 위해 일본에 왔던 당시 외무장관 이동원(李東元)씨는 이날 주일대사 김동조(金東祚)씨와 함께 도쿄 아카사카(赤坂)에 있는 영빈관 회의실에서 일본 외무대신 시이나(椎名悦三郎)와 협정문을 마지막으로 손질하고 있었다. 회의가 끝나면 그 결과를 취재하려고 한국 기자들이 복도에 늘어서서 서성거리고 있었고, 이 기자들 속에 나도 끼어 있었다.

그런데 어찌된 일인지 회의가 끝나자 복도에 나온 이동원 장관과 김동조 대사가 시간이 없다는 이유로 기자회견을 하지 않고 문 밖으로 나가려 했다. 바로 이때였다. "어딜 도망 가! 이 개새끼들!" 누군가 우레와 같은 소리로 고함치는 사람이 있었다. 바로 조용중씨였다. 당시 그는 조선일보 편집부국장으로 미국 취재 여행에서 귀국길에 일본에 들렀는데, 마침 중요한 협상이 열리고 있는 때여서 여기 와본 처지였다.

개새끼라는 욕을 해대는 바람에 깜짝 놀라 기자들을 향해 돌아서는 이 장관과 김 대사를 향해 조용중은 "지금 서울에서는 굴욕외교니 뭐니 하면서 데모가 나고 정국이 마비상태인데, 내일 조인을 앞두고 마지막 손질을 했으면 가부간 국민들을 향해 무슨 설명이 있어야 하지 않겠는가. 이보다 더 급한 용무가 뭣이란 말인가?"하고 계속 쏘아 붙이고 있었다. 이에 이 장관과 김 대사는 미안하다고 사과 하면서 기자회견을 가졌다. 후일담이지만 이동원 장관과 김 대사는 평생을 통해 기자한테서 면전에서 이런 험악한 욕을 듣기는 처음이라 했다.

국회의장 테이블 밑에 숨어 '도청'
　#２：1959년 4월초, 국회의장실에서는 날카롭게 대립하고 있었던

자유당과 민주당이 정국 정상화를 위한 협상을 막 시작하고 있었다. 국회 출입기자들은 이 협상 내용이 아주 중요해 몹시 궁금했다. 불과 넉 달 전 국회에서는 그 악명 높은 '24파동'이 있었다. 1960년 3월에 있을 정·부통령 선거에서 이길 자신이 없었던 자유당은 조직적으로 부정선거를 획책하기 시작했다. 그 첫 수순이 국가보안법을 고치는 일이었다. 지금까지 '목적범 처벌'로 되어있던 법조문을 '결과범 처벌'로 바꾸자는 것인데, 그 진짜 목적은 정부에 비판적인 언론에 재갈을 물리겠다는 것이어서 언론계에서는 이 법 개정을 언론법파동이라 맹렬히 반대하고 나섰다.

당시 국회는 자유당이 과반수 의석을 차지했으므로 야당인 민주당은 본회의가 열리지 못하도록 의사당을 점거, 농성으로 맞서는 극한투쟁을 펼치는 상태였다. 1958년 12월 24일, 크리스마스이브 징글벨 소리가 명동 일대에 울려 퍼지고 있을 때 국회에서는 의장 직권으로 경호권이 발동되었다. 무술경위 300여명이 동원되어 농성 중인 야당의원 70여명을 짐짝처럼 밖으로 들어내고 자유당 의원만으로 국가보안법 수정안을 단독 처리했다. 이것이 이른바 '24파동'이다. 이런 곡절로 얼어붙은 정국을 녹여보려고 국회의장실에서 여·야 회담이 열렸으므로 국회출입기자들로서는 엄청난 취재거리였다.

그러나 얼마나 보안이 철저 했던지 여야 간에 오고가는 협상 내용이 잘 잡히지 않았다. 그래서 기자단이 택한 취재방법은 회의장에 몰래 숨어 들어 회담 내용을 도청하는 것이었다. 지금은 도청장치가 많이 발달해 무슨 방법이 혹 있을지 모르겠지만 당시에는 기자들이 집에 전화도 없이 발로 뛰던 시대여서 숨어서 엿듣는 길 밖에 다른 수단이 없었다.

협상회담장에 숨어들어 내용을 엿듣는 취재방법은 윤리에 어긋나는 불법수단이었지만 불가피한 '긴급사태'라는 구실로 강행키로 했다. 이때 회담을 엿듣기 위해 잠입할 사람으로 뽑힌 기자가 바로 조용중 이었다. 당시 상황을 그는 뒷날 다음과 같이 글로 남겼다.

"국회의장이 쓰는 테이블 바닥은 사람이 숨기에는 좀 좁았고 더구나 먼지가 켜켜이 쌓여 있었다.

당시 조선일보 기자였던 나는 허리 다리도 못 편 채 그 좁은 구석에 쪼그리고 앉아 버티었다.

숨 쉴 때마다 먼지가 날려 연방 기침이 나왔지만 밖에 들릴까 봐 손으로 입을 막아야 했다. 옆의 안락의자에 앉아 주고받는 정치인의 협상을 몇 시간씩이나 그런 자세로 도청하는 것은 대단한 고역이었다."

앞에 예로든 에피소드는 내가 직접 보았거나 먼발치에서 엿본 기자 조용중의 모습들이다. 기자가 취재를 하려면 물불을 가리지 말고 뛰어들어야한다는 투철한 직업의식, 그리고 옳지 못한 것을 보았을 때에는 어떤 권력 앞에서도 거칠게 맞서야 한다는 불굴의 자세, 바로 이것이 기자 조용중의 중심축이었다.

학구적 열정과 근면성… 화려한 족적 남겨

1930년 충남 대덕에서 태어난 조용중 선배는 2018년 88세로 세상을 떠날 때까지 언론 외길을 걸어온 저널리스트였다. 나는 그가 조선일보 정치부장이던 때 그 밑에서 정당과 국회를 담당했던 기자였고 그가 경향신문 편집국장이었던 때 그를 보좌했던 취재담당 부국장이었다. 오랫동안 내가 겪어 본 조용중 선배의 장점은 보기 드문 학구(學究) 열정과 잠시도 쉬지 않는 부지런한 근면성이었다. 그가 일선 기자로 취재터를 누볐던 1950년~1960년대 초는 우리나라가 낡은 틀을 벗고 근대화로 탈바꿈하던 격변의 시기였다. 언론계도 마찬가지였다.

대학을 갓 졸업한 신진 엘리트들이 기자시험을 거쳐 언론계로 대거 진입하면서 각 신문사는 불꽃 튀는 새로운 차원의 경쟁시대로 들어섰다. 취재기자가 논설위원이 되어 사설과 칼럼을 쓰는 시대가 되었다. 신문 사설을 쓸 사람이 없어 대학교수를 비상근 논설위원으로 위촉해 사설을 써 왔던 낡은 시대를 벗어나게 된 셈이다. 조용중 선배는 대학에 입학하자 곧 바로 6·25전쟁이 일어나 본의 아니게 학업을 중단하게 되었다. 그는 장래를 내다볼 때 자기가 무엇이 부족한가를 알았다. 전쟁 때문에 중단했던 공부를 혼자 계속 해 나갔다. 새로운 주경야독(晝耕夜讀)을 하는 격이다.

새벽에 일어나 개인교습과 사설 학원을 다니기도 했고, 쉬는 날이면 도서관을 찾아 꼭 읽어야 할 책을 읽었다. 외국에서 발행되는 신문 잡지도 부지런히 찾아 읽었다. 그가 6·25전쟁이 휴전되던 1953년, '자유신보' 기자로 언론계에 입문한 후 조선일보 동아일보 기자를 거쳐 서울신문과 경향신문 편집국장이 되었다가 경향신문·문화방송 전무이사, 한국언론연구원장, 연합통신사장, 한국ABC협회장, 방송위원 등 화려한 경력을 갖게 된 것은 끊임없이 공부하는 학구적 열정과 잠시도 쉬지 않고 노력하는 근면성 때문이었다고 나는 생각한다.

그가 남긴 저서도 그가 얼마나 사실관계를 추구하는 저널리스트였는가를 잘 보여주고 있다. 특히 그가 심혈을 기울여 쓴 『미군정하(美軍政下)의 한국정치현장』은 8·15해방에서 정부수립까지의 한국 정치사의 공백기를 메워준 역작이며 노작(勞作)이라 평가해도 좋을 것이다. 그는 이 책을 쓰면서 그 서문에 "해방 후 3년 사이 이 땅을 무대로 벌어진 일련의 사태들이 현대사에서 차지하는 무게를 실감할 수 있었다. 무릇 모든 역사적 사실과 마찬가지로 그것은 힘과 힘이 맞부딪치는 파워게임이요 드라마였다,"고 했다.

또 대한민국 헌법 제정 과정을 추적한 글에서는 "놀랍게도 제헌국회에서 구성된 헌법기초위원회의 활동기록이 아무데도 없다는 믿기 어려운 사실을 확인했다"고 탄식했다. 그는 현역에서 퇴임한 후 몇몇 신문 잡지에 시사칼럼을 꾸준히 썼다. 짤막한 글을 쓸 때에도 사소한 것까지 사실 확인을 게을리 하지 않았고 편견에 사로잡히지 않았는가를 계속 점검 하면서 글을 썼다. 하찮은 테마라 하더라도 글을 쓸 때에는 그 주제에 대한 폭 넓은 지식 없이는 절대 붓을 들지 않았던 일본의 저널리스트 '다치바나 다카시(立花 隆)'를 연상시키는 그런 태도로 글을 썼다. 그 글을 모아 『저널리즘과 권력』이란 표제로 책을 냈는데, 곁에서 본 신문의 실상과 밖에서 본 정치의 허상을 여러 각도에서 조명해 본 평론집이다.

그 기개, 그 열정, 그 성품 그리운 표상

다시 한 번 고인이 된 조용중 선배를 추상 해 보면 권력 앞에 늘 굳건하게 맞섰던 그 기개, 취재를 위해서는 물불을 가리지 않던 그 열정, 머뭇거리지 않고 행동에 나섰던 직정경행(直情徑行)의 그 성품, 어느 것 하나 그립 지 않은 것이 없다. 왕년의 기자들이 가졌던 사회의 목탁이라는 직업에 대한 프라이드가 점점 사라져가는 우리 언론계에 조용중 선배가 남긴 족적은 그래서 더욱 귀한 거울이 되고 있다. 기자의 길을 떳떳하고 늠름하게 걸었던 그는 잊을 수 없는 그리운 표상이다.

너그러운 동료이고 선배 같은 '봉우리'

송 정 숙
• 전 보건사회부장관 • 전 서울신문 논설위원

노년의 교류를 풍요하게,
"조용중이올씨다!!"하고
전화로 이웃을 유인하는
그 목소리가 아직도 그립다.

노년을 함께 보내는 이웃으로

조용중 선배의 부음에 접하면서 문득 '인제 어떡하지?' 하는 생각이 먼저 스쳐갔다. 이미 많이 편찮으신 중이어서 조만간 마지막 소식이 있을 것이라고 각오한 중이었는데, 막상 돌아가시니까 먼저 그런 생각이 들었던 것이다.

조 선배와는 더불어서 노년을 함께 보내는 이웃으로 꽤 많은 세월을 보낸 셈이다. 특히 관훈클럽이니 언론계 모임 같은 것을 함께 할 일이 많았다. 그럴 때면 우리는 그분을 방패처럼 앞세우고 그 뒤에 쓰윽 가려져 있으면서 무난하고 보기 좋게 통과될 수가 있었다.

대표 발언이니 인사말 같은 것, 또는 즉석연설 건배사, 그리고 의외의 사태에 직면했을 때 의논하고 중지를 모으는 일 같은 것이 생기면 먼저 그분을 돌아보았고 그 중심에 그분을 모셔놓으면 일이 술술, 혹은 노련하고 모양 좋게 풀렸고, 그리고 최상의 결과를 전개할 수 있었다.

조용중은 그런 이웃이 되어주신 분이었다.

그래서 그분 부음이 현실이 되어 닥쳤을 때 내게는 '이제 우리 어떡하지? 이분이 안 계시면 이제 누구를 바라보나?' 하는 생각부터 들었던 것이다.

높이가 있으면서 기준도 되어주고

조용중이라는 선배는 높은 산처럼 솟은 분은 아니었다. 엄격하고 위엄 있고 오르기 어려운 험하고 높은 '산'은 아니었다. 그러나 그렇다고 거기거기 모이는 또래들 같은 이웃도 아니었다. 준수하고 높이가 있으면서 키를 재보게 되는 기준도 되어주고, 거기 푸근히 기대면서 마음을 열고 의논을 할 수 있는 너그러운 동료이고 선배 같은 봉우리. 그런 분이었다, 내게는.

아마도 많은 사람에게 그러했을 것이라고 생각한다.

그분이 그러셨던 것은 깊고 풍요한 사려(思慮)의 수원(水源)을 지니셨기 때문이라고 생각한다. 그는 언제 어느 때라도, 또는 어떻게 모인 곳에서라도 발언을 부탁하면 별로 주저하지 않고 일어선다. 그리고는 수월하게 개구(開口)한다. 그런데 그 발언이 특별히 현학적이거나 장식적이지는 않았지만 늘 준비해 놓은 듯이 알맹이도 있고, 잘 숙성시킨 발효식품처럼 뒷맛이 좋은 것이었다.

평소에 계곡이나 산줄기 같은데서 흘러오는 물들을 모아놓은 깊은 수원이 그 분 안에 고여 있었기 때문에 언제라도 두레박이나 종그래기를 들고 퍼 올리기만 하면 되는 것이었을 것이라고 지금은 회고한다.

즐거움 누릴 수 있게 해주었던 '어른'

그분은 90에 이르도록 호기심이 멈추지 않고 차 있는 분이었다. 그래서 노상 인터넷을 뒤지고 활자를 집요하게 더듬어 새로운 정보에 관심의 줄을 대고 있는 것 같았다. 내게는 그분을 중심으로 다달이 또는 격월로 만나는, 구성원이 조금 다른 모임이 몇 개 있었는데 그런 만남이 있을 때면 그런 흔적의 대화가 얼마든지 솟아 나왔고, 책이나 잡지 같은 것을 이 주머니 저 주머니에서 꺼내어 나눠 주곤 하셨다. 세상에서 화제가 된다든지 새로운 흥미의 대상이 되는 것들을 묻고 대답하는 일이 심심할 사이 없이 교환되기도 했고 새로 태어나는 용어, 인물 정보 같은 것이 끊임없이 대두되고 그럴 때의 조선배가 보이는 관심은 고루하거나 퇴영된 것이 아니었다. 그분은 그렇게 신선한 청수(淸水)의 수원을 유지하는 일이 몸에 밴 분이었다.

그런 만남이 좋았으므로 먹새 좋은 날짐승들처럼 가깝고 먼 곳을 찾아다니며 우리는 식도락 비슷한 것도 상당히 즐겼다.

그런 만남과 모임들에서 한 번도 주변을 실망시키지 않는 금도(襟度)를 그는 유지했고 품위를 무너뜨리지 않을 만한 유머와 즐거움을 누릴 수 있게 해주었던 '어른'이었다.

생각해 보면, 무엇보다도 그분의 그런 덕목 덕분에 우리는 노년의 교류를 풍요하게, 좀 과장하면 '아름답게' 보낼 수 있었던 것 같다. 70대는 전혀 늙지 않은 느낌으로 80대는 적당히 이완된 감수성과 숙성된 품격으로 교류했고 국내외 여행을 다녔고 토론도 하고 서로의 요설을 들으며 '기자시절'의 회고를 공통으로 저작(咀嚼)할 수 있었다. 그래서 "80대도 제법 아름다운 인생일 수 있다."는 흰소리도 해볼 수 있는 세월을 우리는 살 수 있었다고 생각한다.

품격, 통찰, 안목… 선비의 흔적을 읽게

개인적으로 나는 그분에게서 좀 진부하지만 '양반'의 흔적 같은 것을 읽게 된 기억이 있다. 언론계에서 잔뼈와 굵은 뼈는 물론 늙은 뼈까지가 굵어져 온 우리에게 술자리는 얼마든지 있어왔고 서로 술병을 기울이는 기회는 거의 매번 이어지는 정말 다반사다. 그런데 조 선배가 내게 절대로 못하게 하는 일이 있었다.

"어허! 여자가 술 따르는 꼴은 못 봐!!"하고 막는 것이다. 처음 그런 말을 들은 것은 젊은 시절이었으므로 좀 어이가 없었다.

이게 뭔 말씀이래? '술 따르는 일'이 남녀의 역할과 관계있다는 생각을 지니는 일은 이미 옛날에 끝난 시절에 동시대의 우리는 신문기자를 시작한 터였다. 지금처럼 '젠더 문제'가 야단스럽지는 않았지만 그래도 여자 동료에게 이런 수작(酬酌)의 구습(舊習)을 고집하는 일은 이미 박물관에 갔을 시기인데, 그것을 밀레니엄 세기의 90까지 고집하며 지키려고 했던 것은 무엇이람. 혹시 그것은 '선비'의 우스운 흔적이 아니었을까 싶다. 나는 그런대로 그 흔적이 재미있어서 웃으며 지켰다. 필시 그는 이 '양반의 각인'을 나름대로 즐기며 사셨던 것인지도 모른다. 말투, 단정한 차림새와 품격. 시대에 대한 통찰. 인간적 교류. 미래를 읽는 안목들에서 선비적 흔적을 양보하지 않은 삶을 읽게 해 주었던 분이므로 그렇게 생각한다.

신문기자가 지닌 무용담이나 개척기의 언론자유를 수호한 숱한 일화 같은 것은 그 분의 '봉우리'안에 무진장 많이 있었다. 그런 중에서도 실패담을 들려줄 때의 서술력이 그분은 더욱 실감났던 분이다.

그랬던 시절이 그립다.
안톤 체홉의 귀여운 여인을 연상시키는 착하고 고운 부인과 분당 언저리의 먹자골목을 누비며 다니다가 괜찮은 곳을 발견하면
"조용중이올씨다!!"하고 전화로 이웃을 유인하는 그 목소리가 아직도 그립다. 편히 쉬소서. 멀잖아 만날 때까지.

한국 언론계는 큰 별을 잃었다

문 창 극
• 전 중앙일보 주필 • 서울대 초빙교수

조용중 선배 같은 지혜 있는
훌륭한 선배를 가졌다는 것은
언론계의 축복이다. 이런 점에서
한국 언론계는 시들어 가고 있다.

관훈클럽 인연… 가까이서 선배로 모셔

조용중 선배님께서 언론계를 은퇴하신 지 오랜 시간이 지난 후에야 나는 그 분을 개인적으로 만날 수 있었다. 물론 그 분에 관해 언론계에서 회자되던 여러 일화를 들어 그 분의 인품을 간접적으로 이미 알고 있었지만 직접 만난 것은 2천 년대 부터다. 내가 관훈클럽 총무, 신영기금 이사장을 맡으면서 인연이 시작되어 돌아가실 때 까지 가까이에서 언론계의 선배로 모실 수 있었다. 그 분도 이미 오래전에 총무, 이사장으로 봉사하셨기 때문에 어려운 일이 생길 때면 많은 조언을 해주셨다.

관훈 클럽에서 해마다 한번 해외여행을 하던 때 일이다. 호치민 시티와 캄보디아 앙코르 와트를 방문 때 조 선배 부부께서도 참석하셨다. 버스에 오르내리면서 여행가방을 두 분이 힘겹게 다루는 것을 보고 도와 드리겠다고 하니 정말로 완강하게 거부하셨다. '나이가 들었어도 내 일은 내가 한다, 할 수 있다' 는 강한 독립심(?)을 가지신 분이구나 라는 것이 첫 인상이었다. 그러면서 유머를 잊지 않으셨다. 어깨에는 결코 적지 않은 배낭을 항상 메고 다니셨다. "무거운 배낭은 왜 그렇게 메고 다니십니까? 차안에 두고 내리셔도 안전 합니다"라고 말하자 "이 안에 우리 집 문서가 있거든!" 하며 웃어 넘기셨다.

조 선배 내외분이 손을 잡고 다니시는 모습이 보기 좋아 "두 분 금슬이 참 좋으시다"라고 하자 멋쩍으셨는지 "안사람이 다리를 다쳐서 그래" 하고 넘기셨다. 그 후 20여 년 동안 사이좋은 두 분의 모습을 지켜보면서 조 선배의 힘이 따뜻한 가정에서 부터 나온다는 것을 알 수 있었다. 두 분을 만날 때면 부모님 같은 생각이 들었다. 따뜻하고 이해심이 많고, 무슨 일을 해도 좋게 보아 주려는 너그러움이 항상 풍겼다. 강단이 있고 소신 있는 언론인이셨지만 내면은 부드럽고 따뜻하고 유머가 넘치는 그런 분이셨다.

총리 후보 지명 철회 · 왜곡보도 호되게 비판

개인적으로 고마웠던 일은, 2014년 6월 내가 국무총리 후보로 지명된 후 언론계의 반응은 다양했다. 많은 사람들은 왜 언론계에서 이런 반응이 나오느냐고 의아해 했다. 심지어는 내가 가깝다고 생각했던 어느 선배가 공개 비난에 가까운 반응을 보이기도 했으니 당혹스럽기도 했다.

그런 분위기에서 조 선배는 대한언론인회를 통해 나에 대한 대통령의 지명 철회를 조목조목 비판하는 글을 실었다. 이미 사퇴한 마당이었으나 그런 조치가 잘못되었고 일부 언론계의 보도 태도에 대해서도 언론의 정도(正道)가 아니라는 점을 호되게 비판했다. 그 당시 나는 한국 언론계에 많은 실망을 했지만 그래도 진실에 충실하려는 조 선배님과 같은 분이 계신 것에 감사했다.

언론인에게 무엇보다 필요한 자질은 판단력이다. 무엇이 옳고 그른지를 분별할 수 있는 능력이다. 그래야만 정의를 이룰 수 있기 때문이다. 우리가 훌륭하다고 존경하는 언론인들 중에는 이 같은 정의감에 바탕을 둔 판단력을 가진 분이 많다. 또 일반적으로 언론인 스스로도 그런 판단력이 남보다 뛰어나다고 믿는다. 그러나 이런 판단력과 함께 가져야 할 덕성이 있다. 그것은 그 판단을 구현하는 실행력이다. 자신이 내린 올바른 판단을 현실에서 구현코자 하는 성격, 혹은 기질이다. 이것을 위해서는 판단력과 함께 용기가 필요한 것이다. 그런데 판단은 하는데 실행이 따르지 못하는 언론인들이 종종 있다. 판단만 있고 실행이 없으면 허공을 향해 소리치는 것이다. 말만 잘 하는 사람이 되는 것이다. 그렇기 때문에 언론인의 제일 큰 덕목을 용기라고 나는 말하고 싶다. 지혜는 판단에만 그치는 것이 아니고 용기를 가지고 그 판단을 실행하는 것 까지를 포함하는 말이다. 이런 사람을 우리는 지혜 있는 사람이라고 존경한다.

조 선배는 이런 지혜 있는 분이었다. 무엇이 옳고 그른지를 판단하고 이를 실현코자 행동하신 분이었다. 지혜자다. 언론계는 자신이 속한 개별 언론사를 넘어 언론 종사자 모두를 같은 동료로 생각한다. 그래서 우리는 타 언론사의 시니어도 선배라고 부른다. 같은 길을 가는 동반자이다. 훌륭한 선배를 가질 수 있다는 것은 언론계의 축복이다. 이런 점에서 한국 언론계는 시들어 가고 있다. 이제는 손으로 꼽을 수 있을 만큼 소수의 선배님들만 아직 우리 곁에 계시다. 그런 점에서 조용중 선배를 떠나 보낸 한국 언론계는 큰 별을 잃은 것이다.

01
'대기자 조용중'을 말한다
• 기자 조용중 인간 조용중

언론현장의 대기자

'와! 이런 선배가 다 있어?' - 봉두완
"총은 쏘라고…" 4·19 향한 들불 點火 - 이동복
정치부 기자 전성기 1950년대의 전설 - 이성춘
원칙론자이면서 인간미 넘치는 편집국장 - 최택만
'기자'같은 경영인…직사포 기질 - 구월환
10여개 언론사 경력의 '비주류' - 서옥식

'와! 이런 선배가 다 있어?'

봉 두 완
• 한미클럽 명예회장   • 11~12대 국회의원

남달리 뛰어난 언변과 필력,
바른말 지독히 잘하는 선배!
내가 움찔 놀란 적이
한두 번이 아니었다.

제일 먼저 생각나는 언론인 조용중

내가 자유당 말기에 신문기자가 되어, 1980년 11월 중앙 매스컴의 TBC(동양방송)가 신군부에 의해 KBS에 통폐합될 때까지 제일 먼저 생각나는 언론인은 바로 바른말을 지독히 잘하는 조용중(趙庸中) 선배였다.

1970년대 후반, 내가 잘 나가던 TBC 앵커맨이었을 때 마침 우리 조용중 선배는 잠깐 실업자 신세로 놀고 있었는데, 당시 막강한 영향력을 발휘하던 김성진(金聖鎭) 문화공보부 장관이 황해도 해주동중(海州東中) 선배인 TBC 사장 김덕보(金德寶)에게 전화를 걸어 일종의 취직 부탁을 한 끝에 내가 한때 조 선배와 함께 일하게 되었다. 우린 그때만 해도 한국에서 생소한 '앵커맨'이라고 이건희(李健熙) 이사가 이름을 붙여줬지만 신문기자 출신들이 방송에 진출한 지 얼마 안 되는 시절이었다.

당시 중앙일보·동양방송에는 편집국장 김인호(金寅昊), 정치부장 김동익(金東益) 등이 과거에 조선일보 정치부장 조용중 밑에서 혼쭐이 나면서 기자생활을 한 언론계 후배들이었다. 나는 조 선배를 모시고 일할 기회는 없었지만 '와! 이런 선배가 다 있어?' 하며 움찔 놀란 적이 한두 번이 아니었다.

1965년 5월 17일 박정희 대통령과 미국의 린든 존슨 대통령이 워싱턴에서 한국군 월남파병 등을 논의하기 위한 한·미 정상회담을 열기로 되어 있을 때였다. 존슨 대통령은 박 대통령의 마음을 사기 위해 온갖 제스처, 행사, 만찬, 의전 등을 전례 없이 대대적으로 펼쳤다. 예를 들면 존슨은 아주 친한 와그너 뉴욕시장한테 부탁하여 전쟁영웅 맥아더 장군 이후 처음으로 뉴욕 5번가 타임스스퀘어에서 센트럴파크까지 이르는 빅 퍼레이드에 온 시민을 다 동원하여 박 대통령의 환심을 사는 제스처까지 동원했다. 물론 그래서 한국군 월남파병은 성공했다.

이후락 비서실장에게 큰 소리 질러

1965년 5월 16일. 박 대통령 일행이 서울을 떠나 미국의 고도(古都) 윌리엄스버그에 도착하여 하룻밤을 지낸 후 그 이튿날 아침 11시 조금 전 박 대통령 일행이 탄 헬리콥터가 백악관 건너편 워싱턴 대통령 기념탑(Washington Monument) 앞뜰에 착륙하여 오전 11시 정각 21발의 예포 소리가 울려 퍼지는 가운데 박 대통령 리무진이 백악관 앞뜰 장미정원(Rose Garden)에 도착하자 존슨 대통령이 특별히 마련한 환영식은 말할 필요도 없고 그 이후의 환영 절차는 내가 보기에도 정말 심혈을 기울여 준비한 흔적이 역력했다. 환영식도 잘 끝났고 회담도 잘 끝나 모두 헤어질 무렵, 존슨 대통령이 큰소리로 한마디 했다.

"한국에서 온 기자 여러분! 한 말씀 드리겠습니다! 내가 오늘 너무 기분이 좋아서 의전에 없는 특단의 조치를 발표하겠습니다. 오늘 저녁 백악관 만찬에 서울에서 오신 기자 여러분 모두를 정식으로 초청하겠습니다!"

이런 일은 흔히 볼 수 없는 일이었다. 백악관 행사가 끝나고 호텔로 돌아오는 길에 모두 웅성거렸다. 우선 어디서 턱시도(만찬 복장)를 갑자기 마련할 것이며, 누구는 만찬장에 가고 누구는 기사를 보낼 것이며, 중구난방 떠들썩한 속에서 나와 함께 풀(pool) 기자로 뛰던 동양통신 김성진 특파원이 한마디 했다. "이봐! 그거 말이야, 여기 있는 봉두완이가 작년 겨울 결혼했는데 그때 우리가 빌려 입은 턱시도 빌려주는 데가 있어…"라고 하자, 모두 안도의 한숨을 쉬면서 왁자지껄했다.

그런 와중에 내 옆에 앉았던 정부 대변인 홍종철(洪鐘哲) 문화공보부 장관이 뒤에 서 있는 청와대비서실장 이후락(李厚洛)에게 큰소리로 한마디 했다. "이봐, 이 실장, 이 기자 양반들 고생하는데, 거~ 가지고 온 돈 좀 주라우!"라고 하자 이후락 실장, 짜증 난 소리로 "돈이 어딨노, 돈이…" 그러자 뒷자리에 앉았던 조용중 조선일보 부국장이 큰소리로, '야, 관둬라…, 치사하게 너희들이나 잘 먹고 잘 살아라, 우리 회사에서 돈 보따리 싸가지고 왔다, 빌어먹을…"

나는 깜짝 놀라 하마터면 뒤로 넘어질 뻔했다. '이거 잘못하다가 나까지 어떻게 되는 거 아니야?' 공연히 혼자 걱정하면서 눈치만 보고 있었다. 그러잖아도 5·16 군사혁명 때 장면 총리실 출입기자였던 나는 태평로 국회(민의원 의사당)에서 있었던 김종필(金鐘泌) 예비역 육군 중령의 기자회견에서 "혁명은 제가 했습니다!" 했을 때, 나는 속으로 '혁명을 네가 했든지 누가 했든지 제발 잡아가지나 말라'고 속으로 기도하던 참인데…. 그 당시 정치부장들, 경제부장들, 선배들이 군 트럭과 스리쿼터로 붙잡혀가던 모습을 봤던 터라 좀 불안감을 감추지 못할 때였다. 다행히 내 옆에 앉은 한국일보 정치부장대우 서인석(徐仁錫) 선배가 너무나도 돌부처럼 의젓하게 앉아 있었기에 불안한 마음을 어느 정도 진정은 했지만 잠시 후 앞에 앉았던 뉴욕타임스 랜돌프 특파원(도쿄)이 일어서 나가더니 큰소리로 한마디 하는 것이었다.

"이봐, 네가 누군지 뭐 하는 놈인지는 몰라도 내가 듣기로는 별 둘짜리가 혁명했대, 무슨 소리 하는 거야!" 나는 또 한 번 움찔 놀랐다. 그랬더니 앞에 앉았던 윤호근(尹浩根) 뉴욕타임스 기자가 나를 향해 눈을 찔끔하는 바람에 그나마 좀 안심할 수 있었다.

이 세상에서 둘도 없는 희한한 왕초 장기영

이런저런 경험을 한 끝에 한참 후 나는 최고회의 출입증을 반납하고 미국으로 갔다. 장기영(張基榮) 사장은 나중에 나를 미국에 보내면서 영어로 말했다. "You know, David…. You are Special Correspondent in Washington!"이라면서 "거기 가면 말이야, 설국환(薛國煥) 씨가 있어. 따라 다니면서 열심히 일하고 공부하고 그래…!" 그게 전부였다. 내 옆에 서 있던 내 연세대 영문과 동문 김중기(金重基) 비서도 그런 식으로 왕초 장기영 사장의 비서가 되었다.

대학 졸업반 때 김중기는 취직할 곳이 변변치 않았다. 그런데 이야기 듣기로는 한국일보에서는 고등학교 졸업생도 기자로 뽑는다는 소문을 듣고 무조건 왕초 장기영 사장을 찾아갔다.

"너 누구야?"

"예, 저는 연세대 영문과 졸업을 앞둔 김중기입니다."

"여긴 어떻게 왔어?"

"네, 저는 평소에 사장님을 존경하고…, 그래서 사장님 모시고 일 좀 하고 싶어서요."

"그래? 자네 영어 좀 하나?"

"네, 잘합니다."

"그래? 그러면 여기서 당분간 일해 봐. 지금은 기자 뽑는 때가 아니니까."

"알겠습니다. 열심히 하겠습니다."

그게 다였다. 우리가 왕초라고 부르는 장기영 사장은 그런 식으로 사람을 구해 썼다. 하다못해 나이가 고작 32세인 홍승면(洪承勉)을 편집국장 시키고 고등학교 졸업을 앞둔 김영희(金永熙) 학생에게, "이봐, 너 말이야, 대학 나온 사람보다 더 우수해. 내가 기억하고 있을 테니까 고등학교 졸업하고 날 찾아와."

그뿐만 아니라 세상을 떠들썩하게 했던 천관우(千寬宇) 씨 등에게 "무조건 얼굴 한번 봅시다" 하고는 논설위원으로 위촉하는 이 세상에서 둘도 없는 희한한 왕초였다.

미국의 2대 통신사인 UPI통신 서인석(徐仁錫) 특파원을 우연히 만나 몇 마디 하던 왕초는 느닷없이 한마디 했다. "우리 한국일보는 젊은 이들의 신문입니다. 우리 신문사로 나오세요." 그게 다였다. 그리고는 회사 현관에 방을 써 붙였다.

'발령 – 서인석(徐仁錫) 정치부장대우에 임함'

이건 우리 몇몇만 아는 이야기지만 집 없는 서인석 기자에게 왕초는 아무도 모르게 삼선교에 있는 집 한 채를 줬다. 5·16 후 김종필 중앙정보부장의 밀봉교육을 받은 서인석 선배는 민주공화당 창당과 함께 초대 대변인이 되었다. 상대방 민주당 대변인은 5·16 며칠 전에 국회의원 보궐선거에서 당선된 김대중이었다.

조용중·서인석·김성진 '언론계 3인방'

좀 장황하게 이야기를 늘어놓았지만 조용중 선배는 이상하리만치 서인석 선배를 좋아했다. 물론 김성진 선배도 예외는 아니었지만 세 사람은 처음부터 끝까지 서로 좋아하고 서로 밀어주는 '언론계 3인방' 같은 존재였다. 이 3인방의 특징은 모두 독특한 판단력과 필력으로 권력층과 맞서 싸우는 3총사였다. 그 가운데 조 선배는 신문사를 7번, 8번 옮기면서까지 정의를 위해, 언론의 정론을 위해, 남달리 뛰어난 언변과 필력으로 많은 사람에게 감동을 주었다. 이에 반해 서인석 선배는 하루 종일 따라 다녀도 몇 마디 안 하는 위인이었지만 행동으로 모든 걸 표현하는 거인이었다. 서 선배가 유정회(維政會) 소속 국회의원일 때 여당에서 유일하게 월남파병에 반대했던 에피소드는 우리 후배들에게 아직도 엄청난 사건으로 기억되고 있다.

그때 모두 전전긍긍할 뿐 박 대통령이 여기에 어떤 반응을 보일지 손에 땀을 쥐고 있었다. 박 대통령은 그 보고를 다 듣고 나서 "서인석이는 그런 사람이야…. 반대하는 사람도 있어야지 뭐" 하고 한마디 하는 바람에 모두 '아이구, 살았다!'고 속으로 함성을 질렀다는 에피소드도 있었다. 이에 반해 조 선배는 오히려 마음이 여린 편이라고 말하는 후배도 있었다.

내가 TBC 앵커맨 때 서인석, 조용중, 김성진 등 세 선배가 역촌동 우리집에 찾아와서 저녁을 함께했다. 허름한 단층집을 물려주고 아버지는 극장을 운영하던 왕십리 쪽으로 이사하셨다. 조선일보 사옥 5층에 '시네마 코리아'를 운영하던 중 내가 1968년 한국일보 외신부 차장으로 귀국하게 되자 그 허름한 집을 물려주고 이사하셨다. 그래서 세 분 선배를 모시고 저녁을 하는데 화장실을 다녀온 조 선배는 식탁에 앉자마자 한마디 하는 것이었다.

"이다음엔 이 집에 와서 사워를 해야겠어!"

"사워?"

사실 화장실에 임시조치로 물이 흘러내리게 했는데 탱크에 물이 넘치는 바람에 앉아 있는 사람 머리 위로 물이 흘러내리는 걸 보고 우리 조 선배는 참지 못하고 한마디 하는 것이었다. 워싱턴 버스 안에서 이후락 비서실장에게 "야, 우리도 재벌회사에 다닌다. 여기 올 때 돈 잔뜩 싸가지고 왔다. 치사하게…. 관둬라, 관둬…"하던 생각이 났다. 연합뉴스 사장 때 시사 월간지에 실을 표지 사진에 '노태우 대통령'을 싣겠다고 실무 책임자가 건의하자 조용중 사장은 공연한 한마디 했다. "야, 원 세상에 사람이 그렇게 없냐? 노태우 같은 걸 표지에 싣게…." 한마디 하는 바람에 이를 전해들은 노태우 대통령은 당장 조용중 사장을 파직시키라고 대노했다고 한다.

이렇게 당당하게 언론인의 모습을 보이는 고인과 쫀쫀하게 굴던 대통령을 생각하면서 나는 때때로 '아, 나는 행복하다. 어쩌다가 나는 시험이라는 시험은 다 떨어지고 견습기자 시험에 겨우 합격해가지고 이렇게 미수(米壽)까지 살고 있나? 기자생활이 뭐가 좋다고 우리집 아이까지 기자 노릇을 하고 있는지…!

"이봐, 봉카이트! 조용중씨 잘 알지?"

하루는 TBC 사장(김덕보)이 전화했다. "이봐, 봉카이트!" 당시 미국의 유명한 TV뉴스 앵커맨 월터 크롱 카이트(Walter Cronkite)를 빗대어 나를 부르던 이름이었다. 김덕보 사장은 내가 중앙청 출입기자 때 국장급 관리였다. 그러다 TBC 상무로 왔다가 사장 자리까지 올라간 호인이었다.

"조용중씨 잘 알지?"

"네, 잘 압니다."

"그 사람 우리가 여기 데리러 오기로 했으니까 함께 일하면서 이것저것 좀 잘 챙겨 줘! 그 방은 꽤 넓으니까."

"알겠습니다."

내가 1969년 가을 한국일보에서 중앙일보로 옮길 때 당시 이건희 이사는 나에게 희한한 직위를 주면서 말했다.

"엉터리 봉가(奉家)도 나하고 워싱턴에 같이 살 때 우리 다 같이 보고 느꼈지만, 앞으로는 방송의 영향력이 대단할 거요. 그래서 여기 와서 논설위원실에 방도 하나 따로 마련해 줄 테니 우선 방송부터 배우며 공부 좀 하세요." 하더니 인사발령장에도 '중앙일보 논설위원 겸 동양방송 논평위원' 어쩌구 하는데 나는 깜짝 놀랐다. '그렇다면 날 더러 여기 와서 뭘 하라는 거야?' 나는 은근히 화도 나고 걱정도 되었다. '마이크라고는 생전 한 번도 잡아본 적도 없는 놈더러 무슨 방송을 하라고? 그리고 미국처럼 '앵커맨'이라고? 웃기네!'

그런데 그 당시 좀 어두운 세월 속에서 마음이 울적했던 국민들은 아침 8시부터 진행하는 라디오 시사정보 프로그램 'TBC 뉴스 전망대'라든가 저녁 7시, 10시에 방영되는 TBC 석간(夕刊)에 엄청난 애정과 관심을 보여서 역사상 처음 보는 시청률로 공전의 히트를 치게 되었는데 그 이유는 간단했다. 그 당시 TV 방송사가 정부 소유 KBS-TV, 5·16재단 소유 MBC-TV, 그리고 삼성그룹 소유 TBC-TV 3개사였는데 아무래도 완전 민방인 TBC-TV야말로 국민의 가슴을 후련하게, 서민들의 애환을 대변하는 민방 동양방송(TBC)이야말로 공전의 히트였다. 가끔 삼성의 이병철(李秉喆) 회장은 사장단이 모인 자리에서 한마디 하곤 했다. "봉두완이 점마 방송하는 시간에 맞춰 출근 한다"라고 한다든가, "니, 방송해서 번 돈 갖고 중앙일보 월급 준다." 등 은연중 나를 감싸주는 발언을 하곤 했다.

"술 처먹는 놈들 다 그랴…!"

이런 와중에 난데없이 조용중 선배가 나타난 것이다. 아침 라디오나 저녁 TBC 석간 시간 때, 우리는 하루 건너씩 자리를 바꾸어 마이크를 잡았다. 내가 당번이 아닌 날은 친구들과 어울려 술을 마음껏 마시며 돌아다녔다. 조 선배도 그랬다. 하루는 화요일 저녁이었는데 조 선배의 호출이 왔다.

"아니 조 선배, 방송 준비할 시간인데 음식점에 앉아 계시나요?"

"이봐, 데이빗! 지랄 말고 빨리 이리와!"

"알겠습니다. 금방 갈게요."

그날 저녁때 방송 준비하는 시간인데 조 선배는 근처 식당에 앉아 이미 반쯤 취한 상태였다. 나는 불현듯 걱정되어 한마디 했다.

"아, 조 선배! 좀 취하신 것 같은데. 그냥 계속해서 한잔 더 하시겠어요, 아니면…."

"야, 임마! 내 걱정 말고 술이나 마셔! 지랄하지 말고…"

"알겠습니다. 워낙 선배께서는 백전노장이니까, 뭐…."

"야 임마, 백전은 무슨…. 방송 초년병이다!"

나는 좀 걱정이 돼서 그날은 일찍 집에 들어가 TBC 석간을 처음부터 보기 시작했다. 그런데 아니나 다를까 앵커맨의 눈동자와 발음이 영~ 시원치 않게 들려왔다. 더욱이 오늘의 초청 손님은 건설부 주요 건설책임자여서 진행 중인 주요 간선도로 건설 내용을 우리가 처음으로 시청자들에게 소개해 주는 순간들이었다. 그런데 오늘 앵커맨의 눈동자와 목소리는 거의 딴사람의 것이었다.

"그래서 다시 물어보겠는데…, 지금 정부에서 진행하고 있는 고속도로 건설 현황이…." 하고 다그치자 참고 또 참았던 출연자도 맞받아치며 소리를 좀 높였다.

"좀 전에도 자세히 설명드렸습니다만…."

"아니 그러니까, 시청자들이 좀 알아듣기 쉽게 설명을…."

"그러니까요. 아까도 상세히 설명 드렸듯이…."

"아니 그러니까, 우린 잘 모르는 일이니까, 모든 국민이 좀 알아듣기 쉽게…."

"좀 전에도 상세히 말씀드렸듯이…."

나는 그때부터 가슴이 뛰기 시작했다. '이거 큰일 났구나…. 이를 어쩌면 좋지…. 내일 아침에 틀림없이 벼락 칠 텐데….' 잠이 안 왔다. 별도로 무슨 방법이 없었다. 그냥 앉아서 벼락을 맞는 수밖에…! 아니나 다를까 아침 출근하자마자 호출이 왔다. 홍진기(洪璡基) 회장이었다. 나는 그 방에 들어서자마자 무슨 변명 같은 걸 할까 했는데 홍 회장이 고래고래 소리 지르는 바람에 앞이 캄캄해지고 말았다.

"그런 게 아니고, 그날…"

"그런 게 아니고 뭘 이야기하려는 거야!"

어찌나 귀청이 뚫어져라 소리 지르는지 내가 오히려 뒤로 나가 넘어질 뻔했다. 이렇게 된 바에 무슨 변명의 여지가 있으랴. "알겠습니다. 술 좀 안 처먹도록 주의하도록 하겠습니다." 하고는 일어나 밖으로 나와 버렸다. 하는 수 없이 조용중 선배께 간단히 상황설명을 했다.

내 이야기를 듣고 앉았던 조 선배는 남의 말 하듯이, "술 처먹는 놈들 다 그랴…!" 정말 남의 말 하듯 한마디 던지는 것이었다. 조 선배 태도로 봐서는 어젯밤 일은 자기와는 별로 상관없고 남의 말을 그냥 내뱉듯이 하는 것이었다. 반성의 여지나 미안한 생각이나 얼굴색은 조금도 변함이 없었다. 오히려 고래고래 소리를 지른 홍 회장의 모습이 좀 황당할 뿐이었다. 그러면서 생각했다. '혹시 나의 워싱턴 특파원 후임이었던 조세형(趙世衡) 선배였으면 어땠을까? 아마 본인 스스로 홍 회장을 찾아가 이러쿵저러쿵 상황설명 끝에 홍 회장의 마음을 사로잡아 한마디 들었을 게다.'

"이봐, 기자들이란 게 술도 먹도 사고도 치고 그런 거지, 뭐 그런 걸 가지고 나한테 와서 무슨 변명하고 그러나?" 아마 그랬을 게다. 그 생각하다가 잠자리에서 나는 후다닥 일어나 앉았다. '아하…, 이제 알겠다. 그렇구나! 그래서 조용중 선배는 끝까지 언론계에 남아서 고고한 자세로 살다가 갔고, 조세형 선배는 정치랍시고 하다가 고생만 하다가 생을 마감했고….

두 선배는 내가 총무로 일했던 언론인의 연구·친목 단체인 관훈클럽을 만든 선배들이었고 대한민국을 이만큼 자유스럽게, 민주적으로, 그리고 정의롭게 만드는데 공헌한 훌륭한 언론인들이었구나' 하고. 마음속에 각인시키며 오늘도 그리운 두 선배의 명복을 빈다.

*『관훈저널』 2022년 여름호(통권 163호) 게재

"총은 쏘라고…" 4·19 향한 들불 點火

이 동 복
• 전 한국일보 정치부 기자 • 15대 국회의원

조 선배의 취재노트 파장!
필자 질문에 나온 뜻밖의
이기붕 회견의 총기 발언
대대적 보도의 불씨 되어…

국회 출입기자 중 가장 깊은 인상 준 분

1958년 11월 견습기자 8기 합격자 14명 가운데 한 사람으로 한국일보에 입사한 필자는 아직 재학 중이던 대학과 언론을 겸업(?)하겠다는 당치않은 욕심으로 한국일보 본지에 배정하겠다는 회사 방침에 굳이 저항하여 3명의 견습 동기들과 함께 한국일보 영자(英字) 자매지 The Korea Times 정치부에서 국회와 정당 출입 기자 생활을 시작했다.

정치부 기자로서 필자의 국회 출입은 한국 현대 정치사의 대표적 사건의 하나였던 「24 보안법 파동」을 취재하는 '행운'(?)으로 그 막을 올렸다. 1958년의 시점에서 2년 앞으로 박두하고 있는 1960년의 제4대 대통령선거(정·부통령선거 동시 실시)에 대한 자신감을 상실하고 있던 당시 여당 자유당의 강경파 세력은 불리한 상황의 반전을 위해 '국가보안법' 개정이라는 카드를 꺼내 들었다. 이들은 자유당이 선거에서 불리한 원인이 언론의 반정부 보도 성향에 있다고 보고 이에 대처할 방법으로 '국가보안법'의 '목적범 처벌' 조항을 '결과범 처벌'로 바꿈으로써 언론에 재갈을 물리려 한 것이다. 당시 언론에서「24 보안법 파동」을 '언론 파동'이라고 지칭한 소이가 여기에 있었다.

이 같은 자유당의 움직임에 대해 당시 233석의 국회 의석 중 79석을 보유하고 있던 야당인 민주당이 국회본회의장을 점거하고 국가보안법 개정 저지를 위한 농성 투쟁을 전개하기 시작했다. 이에 대하여 자유당은 크리스마스 전야(前夜)인 12월 24일 저녁 300명의 '무술 경위'들을 동원하여 본회의장에서 농성 중인 야당 의원들을 짐짝처럼 강제로 들어낸 뒤 자유당 소속 의원들만으로 본회의를 열어서 '국가보안법 개정안'을 강행 통과시키는 활극 아닌 활극을 연출했다.

크리스마스 날인 12월 25일 아침「24 보안법파동」관련 기사로 1, 2면이 가득 메워진 The Korea Times가 번역하여 게재한 같은 날짜 한국일보 제1 사설 제목이 '언론의 자유와 책임'이었는데 공교롭게도 이 사설의 하단(下段)에 발췌하여 수록한 1858년 12월 25일자 영국의 The Times 사설 제목이 'Press Freedom versus Responsibility(언론의 자유와 책임)'이었다는 사실은 우연치고는 기가 막히는 우연이었다. 필자는 이때 "영국과 한국 사이에 최소한 100년 이상의 '언론 자유'의 시차(時差)가 있구나"하는 자괴감을 절감했던 기억이 지금도 생생하다.

「24 보안법 파동」의 어수선한 분위기 속에서 약관 22세의 병아리였던 필자는 대부분이 연상(年上)이었던 다른 언론사의 국회와 정당 출입 기자들과의 취재 경쟁에 빠른 속도로 함몰되어 갔다. 당시 한국일보는

1954년 창간 때부터 매년 춘추(春秋) 2회에 걸쳐 매회 30명 내외의 견습기자를 공채(公採)하여 필자가 1958년 견습 8기로 입사했을 때는 이미 200명 이상의 견습기자들이 양산(量産)되어 있었다. 이와는 달리 대부분의 다른 언론사에서는 1958년까지 견습기자제도가 시행되지 않아서 당시 활동 중이던 대부분의 현역 기자들은 공채 아닌 방법으로 언론에 입문해 있었다. 다른 언론사에서는 동아(東亞)와 조선(朝鮮)을 선두로 하여 1959년부터 견습기자 제도가 보편적으로 시행되기 시작했다. 이 무렵 한국일보가 배출한 기자들 중 상당수는 곧 '보다 많은 월급'을 위해 다른 언론사로 전직(轉職)하는 것이 다반사(茶飯事)가 되어서 한국일보에게는 "기자 양성기관"이라는 별칭이 붙기도 했다.

1958년 필자가 국회와 정당 출입을 시작할 무렵 각 언론사의 일선 출입기자들은 비 견습 출신이 대부분이었다. 지금 기억을 더듬어 보면 동아의 김준하(金準河)·이만섭(李萬燮)·이웅희(李雄熙), 조선의 한남희(韓南喜)·조용중(趙庸中)·조세형(趙世衡), 경향(京鄕)의 이환의(李桓儀), 합동(合同)의 정용현(鄭龍鉉) 씨 등의 면면(面面)들이 떠오른다. 한국에는 이형(李馨)·이원홍(李元洪) 씨 등이 있었다. 이들 대부분은 이미 고인이 되었고 이원홍, 이형 씨가 생존해 있는 것 같다.

조용중 선배는 이들 가운데 필자에게 가장 깊은 인상을 준 분이었다. 조용중 기자는 무엇보다도 요란한 기자였다. 조 기자는, 필자가 기억하는 이름이 정확한지 자신이 없지만, 동화통신의 김환영(?) 기자와 더불어 국회 출입 기자 중 대표적 "욕쟁이" 기자였다. 이 두 기자는 기자들 상호간의 대화 때는 물론 취재 대상인 국회의원들과의 대화 때도 '욕질'이 끊어지지 않았다. 심지어는 국회 의사당 메인 홀 같은 공공의 장소에서 국회의원들을 상대로 취재 목적의 대화를 할 때도 이들 두 기자가 입을 열기만 하면 고성(高聲)의 '욕설'이 끊기는 적이 없었다. 그런데 신기한 일은 이들의 '욕질'의 대상이 되는 정치인들 모두가 이들의 '욕질'을 불쾌감 없이 들어 주는 것이었다. 오죽했으면 '병아리' 기자인 필자가 이들 두 선배 기자의 기자 생활 경력이 5~6년이라는 사실을 알고 나서는 때때로 "아, 나도 앞으로 6년쯤 후에는 저 선배들처럼 국회의원들에게 막말을 해도 되겠구나" 하는 엉뚱한 기대(?)를 품어 보는 적도 있었으랴 싶다.

「3·15 부정선거」 와중에 함께 겪었던 일화

필자의 경우, 조용중 선배에 관해서는 1960년 3월 15일 실시된 「3·15 부정선거」의 와중(渦中)에서 함께 겪었던 일화(逸話)가 특히 기억에 남아 있다. 「3·15 부정선거」의 압권은 전국적으로 경찰 주도로 자행된 '4할 사전투표'였다. 전국적으로 등록된 유권자의 4할에 대해서는 투표 번호표를 배부하지 않고 이들 투표지에 이승만(대통령)과 이기붕(부통령)으로 미리 기표하여 사전에 투표함에 투입한 것이다. 이 같은 조직적 부정 투표는 개표 과정에서 많은 문제 상황을 빚어냈을 뿐 아니라 특히 경남 마산 같은 곳에서는 투표 당일 투표 진행 도중에 투표 번호표 배부를 요구하는 유권자들에게 경찰이 발포하여 사상자들이 발생하는 사고가 일어나기에 이르렀다.

마산에서의 총격 사건의 충격파에 놀란 자유당의 이기붕(李起鵬) 부통령 당선자가 선거 개표 결과가 발표된 당일인 3월 17일 오후 2시 서대문 그의 자택에서 기자회견을 열었다. 정원에 마련된 등의자에 좌정한 이기붕 앞에 20여 명의 자유당 출입기자들이 잔디밭에 앉아서 회견을 진행했다. 맨 앞줄의 중앙에 조용중 기자와 필자가 자리 잡았었다. 그런데, 이때 이기붕의 건강 상태가 말이 아니었다. 단독 거동이 불가능할 정도였던 그는 발음(發音)이 정상적으로 이루어지지 않아서 그가 하는 '말'은 그의 입술이 움직이면 그의 옆에 서 있는 한희석(韓熙錫) 자유당 중앙위 부의장이 "의장님 말씀은 이런 내용"이라고 '통역' 아닌 '통역'을 해 주는 식의 '기자회견'이 되었다.

이때 필자가 이러한 내용의 질문을 했다. "최근 불령(佛領) 알제리에서 일어난 외인부대에 의한 무장 반란으로 정계에 복귀한 프랑스의 샤를 드골(Charles de Gaulle) 대통령이 알제리 수도 알지에를 포위한 프랑스 군으로 하여금 발포 없이 수주일 동안 포위망을 좁혀감으로써 반란군의 항복을 받아냈는데 마산에서는 투표 번호표를 달라는 유권자들을 경찰이 2시간도 참아내지 못하고 사격을 가하여 사상자를 발생시켰는데 이 사태를 어떻게 수습 하려느냐"는 것이었다. 그런데, 이 질문에 대해 이기붕의 입으로부터 천만뜻밖의 반응이 튕겨져 나왔다. 회견에 참가했던 모든 사람이 알아들을 수 있었던 분명한 어조로 "총은 쏘라고 준 것이지 가지고 놀라고 준 것은 아니다"라고 말한 것이다. 이 충격적 발언으로 기자회견장은 그 순간 쑥대밭이 되고 말았다. 다른 기자들과 함께 현장을 떠나는 필자에게 한 명의 지면(知面)이 있는 정보 경찰관이 귓속말을 건넸다. "댁이나 신문사로 가지 마십시오. 아마도 경찰이 이 기자님을 찾을 것입니다."

필자는 출입처인 국회의사당으로 가서 며칠 동안 그곳을 떠나지 않았다. 그런데, 그동안 이기붕의 충격적이었던 총격 관련 발언은 어느 언론 매체에도 보도되지 않았다. 자유당 쪽에서 경찰을 통하여 모든 언론 매체에 재갈을 물렸던 것이다. 그러나 그것은 3일 천하였다. 그로부터 나흘 뒤 국내의 모든 신문과 통신 그리고 방송이 문제의 이기붕 발언을 일제히 대서특필 보도한 것이다. 이 사건이 보도되는 것을 계기로 칩거했던 국회의사당으로부터 철수한 필자는 수일 뒤 그 기사가 보도된 경위를 알게 되었다. 당시 자유당 출입기자로 3월 17일의 회견 때 필자의 바로 옆에 자리하고 있었던 조용중 기자가 그의 취재 노트를 민주당 출입 조세형 기자에게 넘겨주었고 조세형 기자로부터 이것을 전달받은 조재천(曺在千) 민주당 대변인이 「'총은 쏘라고 준 것인지 가지고 놀라고 준 것이 아니다'라는 망언(妄言)에 관하여」라는 제목의 장문(長文)의 성명을 발표하게 되자 국내의 언론 매체들이 이를 대거 보도한 것은 물론 주간지 TIME을 비롯한 외신들도 "Guns Are Given for Shooting, Not as Toys"라는 제목으로 대대적으로 보도하는 사태가 전개된 것이다.

3·15에서 4·19로 가는 길목에는 또 하나의 결정적인 사건이 수면(水面) 아래서 대기하고 있었다. 3월 15일 마산에서 경찰이 쏜 총류탄이 머리에 박힌 상태로 수장(水葬)되었던 김주열(金朱烈)의 시신이 4월 11일 마산 앞바다에서 수면 위로 떠오른 것이다. 이미 이기붕의 '총기' 관련 발언으로 경북 대구에서 고등학교 학생들에 의하여 점화된 뒤 들불처럼 전국으로 번지고 있던 '3·15 부정선거 규탄' 시위는 김주열 군 시신 등장으로 타는 불에 기름을 끼얹은 꼴이 되어서 4·19를 향하여 광풍노도(狂風怒濤)처럼 확대되어 나갔다.

정치부기자 전성기 1950년대의 전설

이 성 춘
• 전 한국일보 논설위원 • 전 고려대 석좌교수

헌정 시련기 진실캐기 열정,
정의파 조용중 기자라 하면
여야 수뇌부들도 겁을 먹는
입지전적인 비주류 언론인!

"공부를 열심히 한 사람만이 시험을 잘 치를 수 있다는 것은 초등학생들도 아는 상식 아니오. 언론도 마찬가지야. 기자는 늘 대비하고 있어야 해요. 언제 어떤 상황에서 무슨 일이 터질지 모르잖소. 평소에 책과 자료 신문을 열심히 읽고 관련자들과 진지한 인간관계를 유지하면서 틈틈이 상황파악을 해야 하지요. 특종도 좋지만 정확하고 탄탄한 기사를 쓰는 기자가 진정한 기자라 할 수 있지요."

20여 년 전인가. 언론재단 주최로 지방에서 열린 「정치개혁과 언론의 역할」이란 주제의 세미나에서 특별연사로 초빙된 조용중(趙庸中) 전 연합통신사장이 강조한 말이다.

이날 참석한 전국 언론사의 정치부장들은 저마다 "오늘의 언론사 사장으로 보다 왕년에 명성(名聲)을 날렸던 대 기자(大 記者)에게 경험담을 곁들여 듣고 싶다"며 질문을 던졌다.

주로 "정치부기자가 성공적인 활동을 할 수 있는 방법은 무엇인가" "어떠한 자세를 갖춰야하나" "정치인과의 인간관계를 바르게 유지하는 방법은?" 등등의 물음이 쏟아졌다.

이에 조 사장은 "나는 1950~70년대의 어지럽고 복잡한 정치적 사건 상황들을 주로 구경만 했지 기자로서 기여한 게 별로 없어요. 훌륭한 기자들이 많았지요."라며 고개를 저었다.

그러나 중요사건 때 마다 앞장서 뛰면서 진실을 파헤쳤던 '정치부의 선배 대 기자'에게 경험을 듣고 싶다는 잇단 주문에 입을 열기 시작했다.

"정치가 어지러울 때마다 국민은 단 한 줄의 진실보도 바른 보도를 원합니다. 자기 공부라고 할까. 책 많이 읽으세요, 실력이 최고의 무기예요. 정치권(圈)은 과장과 허세, 허풍과 거짓소문이 무성한 동네 아닙니까. 인쇄 직전까지 최대한 사실 확인하는 습관을 길러야 합니다."

정치부 기자들 사이에서 명성과 평가

한국의 근대적 민간신문의 효시는 1896년 4월7일 창간된 순 한글의 독립신문.

그로부터 지금까지 126년 동안 언론 (여기서는 '신문' 지칭)이 걸어온 길은 국운(國運)과 함께 질풍노도(疾風怒濤)속에 파란만장한 고난의 연속이었다.

시대적 발전에 따라 신문 제작의 중심적인 역할도 변화를 거듭했다. 구(舊)한말에는 기울어져가는 나라를 지키려고 우국(憂國) 호국(護國) 항일(抗日)을 외쳤던 논설부(班)가, 일제강점시기에는 주로 사회부와 학예부(문화부)가 중추적 역할을 했다.

8·15해방과 함께 국토분단이 된 후 미군정의 해방공간 시기에 신문은 좌우익의 대결, 그리고 이승만(李承晩) 김구(金九) 김규식(金奎植) 소위 3거두 중심의 주도권 경쟁에 따른 혼돈과 멍에에서 벗어나지 못했다.

신문이 오늘처럼 정치 경제 사회 문화 체육 국제 과학 등으로 제작체제(편집국)를 세분화해서 운영한 것은 대체로 건국 후부터, 정확히는 정전협정 후부터라고 할 수 있을 듯하다. 물론 일제하 해방공간 부산피난시절에 일부 신문들이 세분화 운영을 시도한 적이 있었다.

1950년대 (1950~1960년 초까지)는 북한의 기습남침에 의한 국란(國亂)의 시기이자 안으로는 권력자의 장기집권 야욕과 독재로 민주주의가 만신창이(滿身瘡痍)가되는 어두운 시기였다. 권력의 독선 독주 독재와 이에 대한 저항 속에 굵직한 정치적 사건들이 줄줄이 발생했다.

1951~52년 부산 정치파동사건은 제외하더라도 3~5대 정부통령선거와 국회의원선거를 비롯해 사사오입(四捨五入)개헌, 신익희(申翼熙) 국회의장과 조소앙(趙素昻)의 뉴델리밀회소동, 불온(不隱)문서 투입사건, 민주당 창당. 신익희 대통령후보의 급서(急逝), 진보당 창당 등등.

1958년 말 무술경위를 동원한 국가보안법안의 날치기통과, 1959년 자유당은 이승만의 대통령 4선과 이기붕(李起鵬) 부통령 만들기 사전부정선거운동, 민주당은 신구파(新舊派)대결과 조병옥(趙炳玉)과 장면

(張勉)의 치열한 대통령후보 경쟁으로 정가를 뜨겁게 달궜다.

1960년에 들어서서 85세 고령인 이 대통령을 내세워 영구집권을 꿈꾸던 자유당정권은 사상초유의 3·15부정선거를 자행했다가 4·19민주학생혁명에 직면해 자멸의 길을 걷는다.

이승만대통령의 하야와 망명-이기붕일가의 자살-허정(許政)과도내각 출현-국회서 내각제개헌안 통과-제5대 민의원 초대 참의원의원선거-내각제에 의한 장면정권 탄생-전국 지방선거로 지방자치 시행 등으로 실로 오랜만에 전개된 자유와 민주주의 시대를 맞게 된 것이다.

이처럼 나라 전체가 혼란과 격동 속에 전진하면서 언론(신문)은 기지개를 펴게 된다. 모든 제작부서가 저마다 바쁘게 움직였지만 가장 활기 있게 가동됐던 곳은 정치부와 사회부였다.

때문에 민주헌정의 대 시련기인 1950년대를 정치부기자들의 전성기(全盛期)라고 했다던가.

필자가 당시의 파로라마같이 펼쳐지는 민주주의의 주로 흑(黑)사건들을 새삼 나열 한 것은 바로 대부분의 현장에 조용중 정치부기자가 정의감과 의식 있는 동료들과 함께 진실캐기에 열정을 다해 뛰었음을 지적하기 위함이다

이 시절 중앙 각 신문사 정치부의 경우 구성원 수는 부장 차장(데스크)을 포함해 적게는 4~5명 많은 곳은 7~8명 정도. 부·차장들은 일제 때의 언론계 경력자가 극소수, 대부분은 해방 이후와 부산피난 시기의 경력자들이 주를 이루었다.

그러나 급박하게 움직이는 정계를 커버하는 주력(主力)은 휴전이후에 입문한 20대 초에서 30대 초반에 이르는 소장 청년 기자들이었다.

국회 정당 각 복잡한 파벌과 인맥(人脈) 나름대로의 막후 밀협(密協)이 어우러지는 정치현장을 취재했던 이들은 젊고 재기발랄하고 역동적이다 보니 경쟁 또한 치열했다. 특종도 빈발했지만 시간이 지나면서 공정하고 정확한 기사-보도가 평가되기 시작했던 것이다.

이토록 어지러운 상황 속에서 조용중 기자는 정치부 기자들 사이에서 비교적 단기필마(單騎匹馬)식으로 맹활약, 정확하고 충실하게 취재 보도로 명성과 평가를 받았던 것이다.

굵직한 정치적 사건 현장에는 빠짐없이…

대학시절부터 한국의 근대사 특히 해방-건국 이래 한국정치사에 관심이 있었던 필자는 1963년 언론계 입문이후 틈틈이 신문사 선배들에게 1950년대의 정치적 사건들에 대해 궁금한 점에 대해 물었다.

그때마다 선배들은 "기억이 아리숭하다" "일부만 취재해서 잘 모르겠다"면서 얘기해 줄 수 있는 인물들 가운데 그때마다 '조용중 기자' '조용중씨'가 어김없이 들어가 있지 않은가.

견습 때 선배기자를 따라 태평로 국회의사당 (현 서울시의회)을 둘러본 후 길 건너 동양다방에 갔다가 송원영(宋元英)의원과 인사를 처음 나눴다. 필자가 대화에 끼어들었다.

필　자 "의원님은 과거 경향신문 정치부장을 지내셨다고 알고 있습니다. 언제 시간을 내주시면 1950년대 정치적 사건 취재에 관해 듣고 싶습니다."

송의원 "아이고 생각만 해도 골치 아파요. 경무대 자유당의 압력이 심했어요. 쟁쟁했던 선배들한테 들으세요. 조용중 김준하(金準河) 이형(李馨)씨 등 여러 사람이 있잖아요. 그분들 당시 민주당의 신구파는 물론 자유당까지 꽉 잡았었어요."

박준규(朴浚圭) 김재순(金在淳) 등 몇몇 소장의원들도 같은 얘기였다. 조용중 기자에게 관심이 쌓이기 시작했다.

1965년 연말께인가. 옛 한국신문회관 3층 강당에서 열린 행사장에서 조용중 기자 (당시 서울신문 편집국장)와 처음으로 인사를 나누었다.

조국장 "이성춘씨. 한국일보의 초년병 기자시라구. 늦었지만 언론계 입문을 환영합니다. 나한테 옛날정치얘기를 듣고 싶다고 들었어요."

필　자 "과거 정치부의 명 기자로 활약하셨다는 말씀 많이 들었습니다. 당장은 아니고 앞으로 시간이 나실 때 자유당과 민주당의 경쟁, 민주당 신구파 간의 대결, 또 여야 정치지도자들에 관해 말씀 들려주셨으면 합니다."

조국장 "무슨 정치특집을 하려는 거요? 그쪽 한국일보에 편용호(片鎔浩) 정성관(鄭成觀) 씨 등 쟁쟁한 분들이 많이 있는데 말석의 구경꾼한테 무슨 얘기를 들을 수 있겠소. 누가 허풍을 쳤구먼, 나는 잘 몰라요. 별로 기사 쓴 것도 별로 없고…"

필 자 "특집 아닙니다. 저 개인적으로 그 당시 상황에 대해 정확하게 알고 싶습니다. 언젠가 말씀 들을 수 있는 기회를 기다리겠습니다."

조국장 "초임기자로 의욕이 많을 텐데. 시간 낭비하지 말고 공부 열심히 하세요."

그 뒤 조 선배님이 경향신문(편집국장, 전무) 중앙일보 논설위원 겸 TBC(동양방송) 시사앵커, 언론연구원장 시절에 몇 차례 조우(遭遇), 생각나는 대로 옛 사건에 대해 물었지만 소득은 없었다.

조 선배님과 취재관련 대화를 나누기 시작하게 된 것은 연합통신 사장과 한국ABC협회 회장을 역임하시고 필자도 현역을 떠난 후 주로 관훈클럽 등 언론계 모임이나 행사 때였다.

어느 날 조 선배님이 필자와 마주치자 대뜸 물었다.

선배님 "이 위원 참으로 끈질기군. 나에게 옛날 정치에 대해 물어보려는 생각 변함없소? 나는 그때나 지금이나 언론계의 비주류(非主流)요. 당시 기라성 같던 주류기자들이 지금도 큰 소리치고 있는데 그 사람들한테 들어야 하지 않겠소?"

필 자 "조금도 변함없습니다. 선배님이야 말로 1950년대의 굵직한 정치적 사건들을 빠짐없이 현장에서 직접 취재하고 기사를 썼던 대표기자의 한분 아니십니까. 이제는 말씀을 해 주셔야 합니다."

선배님 "대단한 고집쟁이구먼. 아 일부신문과 잡지 그리고 TV와 라디오에서 현장에 있지도 않았고 보지도 않았던 교수와 작가들이 멋대로 각색하거나 소설화해서 쓰고 방송하는데 그거 재미있지 않아. 핫 핫 핫…"

필　자 "그것이야 말로 진실을 호도한 역사왜곡 아닙니까. 그대로 방치하면 버젓이 역사가 되는 것 아닙니까. 현대정치사를 바로 잡는 의미에서 말씀해 주십시오."

오래전부터 언론계 인사들의 공사석(公私席)에서 조 선배께서 자신은 '언론계의 비주류'라고 술회하는 것을 여러 차례 들은 적이 있다.

처음에는 지나가는 조크로 생각했다. 하지만 몇 차례 되풀이되자 필자가 물었다.

"아니 언론계도 주류 비주류가 있습니까. 신문사를 분류하신 것 입니까. 언론인들을 가르시려는 것 입니까"

선배님은 미소를 지으면서 천천히 답변했다. "언론에 발을 디딘 이래 지금까지 스스로의 소신과 자세 행동을 나름대로 나를 분류한 것이지. 비주류라는 생각에는 변함이 없어요."

더 이상 설명이 없던 차에 언젠가『관훈저널』에 실린 글을 읽고 조금은 이해할 수 있었다.

비주류론(論)의 요지는 대체로 첫째 전쟁으로 대학을 중퇴해서 소위 학벌이 없다는 것. 둘째는 언론계 진출도 공채가 아닌 소개와 자천 형식으로 입사한 것 이어서인지 출발 때의 동기(同期)동창과 같은 끈끈한 연대의식이 없다는 것이다.

셋째는 한 언론사에 적어도 10년 이상 근무하지 않아서일까. 굳이 어느 신문사도 본가(本家)나 친정 같은 애정을 느끼지 못한다는 것.

끝으로는 언론계에서의 입지(立志)와 성장은 명망 높은 사부(師父)나 신문사 사주(社主)줄잡기가 아니라 거의 자력(自力)으로 달성했다는 자부심 때문이 아니었었나 하는 점이다.

누구도 밀어주고 끌어주는 사람도 보이지 않는 집단과 세력도 없이 홀로 서기위해 선배님은 독서와 자료 읽기에 열중한 것으로 소문이 나기도 했다. 실력축적에 전력투구하다 시피 했다.

언젠가 필자가 "비주류라는 용어는 정치권에서 많이 썼으니 '독립파(派)' '독립부대'라는 게 어떠한가라고 운을 떼자 선배님은 "그것도 그럴 듯한데"하며 웃었다.

비주류론의 발로인가. 옆에서 보니 선배님은 자주 언론인들에 관해 몇 가지 싫어하는 점을 느낄 수 있었다. 출신대학 별, 특정 언론사별, 그리고 지역별 어울리기를 심히 못마땅해 한 것이다.

필자는 나란히 20대 초반부터 온갖 열정을 쏟았던 1950년대 10년간 절친 이면서 치열한 경쟁자였던 작고한 동아일보 김준하(金準河, 전 윤보선대통령 공보비서) 선배님으로부터 조 선배님에 관해 이따금 들을 수 있었다.

"성질 고집 모두 대단했어. 정치적 상황 사건에 대해 일단 생각하면 후퇴나 양보는 어림도 없었어. 나와는 함께 민주당 구파(舊派) 담당이었지만 조병옥 장면 김도연 곽상훈 등 민주당 수뇌는 물론 자유당의 고위층들도 조용중 기자하면 겁을 먹고 어려워했어. 경우에 어긋나면 참지 못하는 정의파였어, 특징은 다른 기자와 술도 잘 마셨지만 책을 열심히 읽은 거야…"

"그런데 당시의 취재 경험담을 후배들에게 들려주기를 꺼려하는 이유는 무엇인가요?" 김 선배님은 "그것도 자부심의 일종이라고 볼 수 있지 않을까"라며 고개를 저었다.

"잦은 신문사 이동은 얻은 게 더 많았어"

언젠가 회식자리에서 민주당 신구파의 총수인 장면과 조병옥의 장단점에 관한 얘기가 오갔다. 필자 또래들은 동석한 당시의 몇몇 선배기자들의 눈치를 슬슬 보며 의견을 개진했다.

줄곧 경청만 하던 조 선배님이 "당시 구파담당 기자로서 한쪽만을 두둔할 생각은 없다"고 전제한 뒤 입을 열었다.

"단점도 많지만 어떻든 조병옥은 포용력 있고 통이 크고 리더십을 갖춘 지도자인데 난세(亂世)에 아깝게 급서하셨지요. 장면은 교육자 종교인으로 훌륭한 분이지만 정치의 길을 택한 것은 개인도 나라도 불행한 일이었어요. 포용력 결단력도 없을뿐더러 정치적 리더십을 갖추지 못했어요. 주변의 재사(才士)한테 끌려 다녔다고나 할까요.

3·15부정선거와 4·19 학생혁명 후 이승만과 자유당 정권의 붕괴가 보이는 상황임에도 느닷없이 부통령직 사퇴를 선언한 것은 중대한 오판이자 최악의 선택이었다고 지적했다. 물론 머뭇거리는 이승만 이기붕의 거취에 대한 압력이라고 하지만 잘못된 처사였다는 것.

이승만대통령의 하야로 부통령인 장면이 권좌(權座)를 계승한 후 민간인들이 대거 참여한 무게 있는 거국내각을 구성해 3·15 뒤처리 등 각종개혁의 틀을 잡았어야 했다.

과도 대통령인 장면은 국민각계의 분출하는 민의 요구와 거국내각이 100년 대계(大計)의 새 헌법제정과 공정한 총선거를 치를 수 있게 과도내각의 큰 병풍 방어막 역할을 했다면 정치사, 한국의 역사는 달라졌을 것이라는 게 선배님의 지론이었다.

1956년 이래 자유당의 온갖 방해와 천대 속에서도 전 국민의 압도적인지지 속에 자리를 버텨온 부통령으로서, 또 조병옥이 급서로 민주당과 재야의 대표가 된 장면은 부통령유지-대통령직 승계로 무너진 민주주의 재건에 당연히 몸을 던졌어야 했다는 논리다.

장면의 부통령사퇴 오판론은 2020년 관훈클럽이 주관한 「4·19민주혁명과 언론의 역할」 세미나에서 있은 주제발표에서도 선배님이 거듭 강조한 기억이 있다.

물론 반론(反論)도 만만치 않다. 이승만 장면 정부통령의 임기가 5월 15일로 불과 한 달도 남지 않았지 않은가. 그 후 허정과도내각이 비교적 무난하게 국정을 이끌지 않았는가. 하는 의견들이었다.

이에 맞서는 조 선배님의 재(再)반론 또한 만만치 않다. 여기서는 이 정도로 그치려한다.

조 선배님은 1953년 자유신문을 시작으로 연합통신까지 9개 신문사 통신사에서 근무했다. 1950~1960년대는 언론인들의 이동근무가 잦았던 시기다. 5~6개 언론사에서 근무하는 것은 흔한 일이고 누구도 나무라지 않았다.

수년전인가. 지방 문화탐방이 끝난 저녁자리에서 후배들이 9개 언론사 근무가 화제에 오른 적 이 있었다.

"그토록 여러 언론사에서 근무할 수 있으셨던 비결이 무엇입니까.

언론사 이사를 자주하신 주된 이유는 무엇이었습니까?"

무척 궁금해 하는 후배들에게 선배님은 빙그레 웃으며 화답했다.

"떠난 이유가 뭐였는지 기억이 나지 않아. 요즘 하라면 못하지. 잦은 신문사 이동으로 잃은 것보다 얻은 게 더 많았어. 다양한 성격과 스타일을 지닌 선배 동료 후배들을 사귈 수 있었던 것은 큰 행운이었어."

1950년대를 풍미한 비주류 언론인인 조용중 대 정치부기자가 우리의 곁을 떠난 지 4년이 된다.

이제 필자는 흑백(黑白)의 혼돈 상황으로 아직도 한국 민주정치사에서 이역(異域)처럼 취급받는 1950년대 정치의 진상을 누구한테 제대로 들을 수 있을까.

원칙론자로서 인간미 넘치는 편집국장

최 택 만
• 대한언론 논설위원 • 전 서울신문 논설위원

"신문은 탄압 속에서 큰다"
권력의 무자비한 횡포에 빗댄
그의 꿋꿋한 항변을 읽으니
옛 편집국장 모습이 떠올라

"신문은 탄압 속에서 큰다"

조용중 국장의 말이다. 조 국장은 2002년 4월 『주간 동아』에 "러시아의 유일한 민간 TV인 NTV의 소유권이 친 정부 인사에게 넘어간 것은 NTV의 대주주인 블라디미르 구신스키(Vladimir Gusinsky)의 반정부 성향 때문이었다."고 기술했다.

"국영회사로 하여금 NTV를 인수하게 한 데는 구신스키의 재산 운영에 관계된 비리가 핑계였으나 그 바닥에는 구신스키가 전직 대통령인 옐친을 대통령으로 만드는 데 크게 공헌했다는 정치색이 깔려 있었다. 누가 보아도 푸틴의 정치보복인 것이었다. …

올해 초 김대중 대통령이 언론개혁의 필요성을 제기한 데서 시작한 일련의 언론 목조르기는 대표적인 신문사주인 동아의 김병관 전 명예회장, 조선의 방상훈 사장 등 2명을 구속하는 것으로 한 고비를 넘겼다. …

구속 이전부터 세금포탈이라는 혐의 사실을 흘려 인민재판식 성토를 벌인 끝이라 앞으로의 수사를 통해서는 더욱 부도덕한 범법자로 만드는 작업이 치밀하게 계속될 것은 뻔하다.

개명한 문명국가가 대표적인 신문의 사주를 '도주와 증거인멸의 위험이 있다'는 이유로 구속 수사하는 것으로도 모자라, 법적·도덕적으로 용서받을 수 없는 무뢰한쯤으로 단죄하는 짓을 과연 생각해 낼 수 있겠는지. 참으로 권력의 무자비한 횡포에 전율을 금할 수 없다."

- 조용중/ 언론인, 고려대 석좌교수

"시민의 명예나 권리 침해 말라" 지론

위 글을 읽으면서 유혹과 폭력에 흔들리지 않은 언론인은 조용중 국장이라는 생각이 떠올랐다. 바로 조용중 편집국장이다. 조 국장이 1967년 서울신문 재직 때 나는 사회부 차장 겸 법원 출입 팀장이었다.

그 해 7월 작곡가 윤이상 선생과 서독 유학생이 관련된 속칭 '동백림 사건'이 국내 언론이 크게 보도되고 있었다. 이 사건을 수사한 중앙정보부(현 국정원)는 이 사건을 각사 편집국장에게 먼저 브리핑을 하고 법원 기자실에 와서 보도 자료를 배포했다. 중앙정보부는 1967년 7월 8일부터 17일까지 7차에 걸쳐 보도 자료를 내놓았다. 그러나 조 편집국장은 사회부장이나 법조팀에게 한 번도 그 사건에 대해 "어떻게 보도하라"는 말이 없었다.

조 국장은 각종 회의에서 "공정보도 못지않게 시민의 명예나 권리를 침해하지 않는 것"을 강조했다. 의사 표시의 자유나 언론 보도의 자유는 절대적 자유가 아니라고 강조했다. 특히 보도의 자유를 내세운 나머지 시민의 명예나 권리를 침해해서는 결코 안 된다는 것이 그의 지론이다.

특히 법조팀 기자는 대법원이 확정 판결이 나지도 않았는데 입건된 피고인을 죄인 취급해서는 안 된다고 말했다. 법조팀 기자는 "죄는 미워해도 사람은 미워하지 말라" 법어를 항상 생각하면서 기사를 쓸 것을 당부했다. 조 국장은 원칙론자이면서 인간미가 넘치는 대기자다.

사회부 기자는 사건을 쫓다 보니 밤과 낮이 없다시피 한다. 그러자니 피로가 풀리질 않는다. 그런데도 누군가 한 잔하자고 하면 그 유혹에 쉽게 손을 드는 편이다. 서울신문 뒤 무교동은 술집이 많다. 생맥주를 주로 팔던 '일번지'는 사회부 단골 술집이다.

법원 검찰청 출입기자와 경찰서 출입기자가 떼를 지워 가서 맥주잔을 비우고 있으면 가끔 조 국장이 합석해 푸짐하게 안주와 술을 시켜주곤 했다.

"기자는 회사의 얼굴" 특종상 제도화

조 국장은 부임하자마자 편집국 운용에 관한 지침을 만들었다. 지금도 기억나는 것 중 하나는 특종상 제도다. 특종을 하면 상금을 주고 말던 것을 1급 2급 3급으로 특종을 나눠 1급은 호봉을 한 급 올려주는 조치를 취했다. 업무국장들은 이를 반대했으나 기자는 '회사의 얼굴'이니 후한 상을 주어도 된다고 주장해서 관철했다고 한다. 또한 야근비와 출장비도 대폭 올렸다.

조 국장은 기자들은 항상 공부해야 한다며 관훈클럽 등 각종 단체가 지원하는 출판 지원과 유학 지원 제도를 최대한 이용해서 해외로 나가 지식과 견문을 쌓으라고 당부했다. 국장의 권고에 따라 본인도 관훈클럽의 지원을 받아 인디애나대학에 1년 동안 연수했다.

해마다 수습기자들이 들어오면 각부 부장들로 하여금 교육을 시키도록 제도화 했고 일본어 강사를 초빙하여 일어 교육을 시켰다. 그 당시 일본 요미우리신문이나 아사이신문을 보면 일본에서 일어난 사회적 사건이 우리나라에서도 얼마 뒤에 발생하곤 했다. 일본 각급학교에서 일어난 왕따 현상이나 폭력 등이 한국으로 전이되는 시간은 길지 않았다. 아니 아주 빨랐다. 그래서 일본 신문을 읽어야 한다.

경호실 직원 비밀영장 사건 보도로 수사받아

청와대 경호실 보안과 통신계 직원이 뇌물을 받아 구속된 사건을 법원이 영장을 발부하면서 비밀 영장으로 처리한 사건이 있었다. 경호실이 법원 영장담당 판사에게 부탁해서 비밀 영장으로 처리한 것이다. 비밀 영장으로 처리하면 구속자 대장(臺帳)에 이름이 없다. 장부에 이름이 빼는 것은 법원 출입 기자들이 모르게 하기 위해서다.

해질 무렵 영장계 사무실에 가니 직원들은 자리에 없고 비밀 구속영장을 넣는 캐비닛은 열려 있어 이 맨 위에 있는 비밀 영장을 읽어 볼 수 있었다. 특종기사 자료였다. 이 사건이 보도되자 청와대 경호실이 난리가 났다.

청와대 경호실 보안과로 오라고 해서 갔다. 조사관인 듯한 사람이 다

짜고짜로 그 기사를 어디서 어떻게 취재했는지 말하라는 것이다. "말하지 않으면 신상에 좋지 않을 것"이라고 협박했다.

기자가 취재원을 보호하는 것은 하나의 불문율이다. 필자가 입을 열지 않으니 사회부장과 조 국장까지 불렀다. 조사는 오후 늦게까지 계속됐다. 다행스럽게 그 당시 장태화 서울신문 사장은 5·16혁명 공약을 인쇄한 출판계 인사이다. 이 거사에 민간인으로 유일하게 참여했다. 장 사장은 국장과 사회부장 그리고 기자가 경호실 수사를 받고 있는 것을 알고 이후락 청와대 비서실장에게 선처해 달라고 부탁해서 풀려 난 것이다. 풀려날 때 경호실 수사관이 "당신 참 운 좋다"고 한 말이 아직도 귀에 생생하다.

사회부 금주령… 해제하는 날 2차까지

조 국장이 재직할 때 일어난 에피소드 하나를 소개한다. 그 당시 일과 후에는 무교동 술집으로 퇴근하는 경우가 많았다. 그 때 기자들은 술을 많이 마신 것 같다.

어느 부(部)나 저녁에 술 먹기는 거의 같았다. 어느 날 밤 술 먹고 회사로 들어가던 사회부 기자 한 명이 술을 먹고 편집국이 있는 3층으로 올라 가다가 계단에서 미끄러져 크게 다친 사건이 발생했다. (계단의 경사도가 높았다)

이 사건이 나자 조 국장은 사회부에 금주령을 내렸다. 한 달 쯤 지나 금주령을 해제를 하면서 "그동안 술을 마시지 못해서 힘 들었지"하면서 2차까지 간 일이 추억으로 남아있다.

당시 기자생활에서 가장 고통스러운 일은 정정보도 기사를 쓰는 것이다. 지금 기자도 마찬가지 이지만 정부부처나 사회단체는 신문사가 자신들에게 마음이 안 드는 기사를 쓰면 신문윤리위원회에 제소를 한다.

만약 정정보도 판정이 나면 신문에 그 내용을 소상히 보도해야 한다. 이런 문제가 나도 조 국장은 해당 기자를 나무라지 않는다. 정정 기사를 쓰는 기자가 의기소침해 하고 있으면 "힘내라"며 격려해 주곤 했다. 반면에 일부 선배는 꾸짖기도 했다. 조 국장은 역시 대 기자였다.

* 『관훈저널』 2022. 6월호

직사포 기질… '기자' 같은 경영인

구 월 환
• 전 연합통신 상무 • 전 관훈클럽 총무

> 여러모로 일가견 있고
> 기자정신이 투철한
> 이런 분이 연합통신 사장을
> 오래 했어야 했는데…

1989년에 연합통신 사장으로 부임

연합통신이 생긴 이후 여러 명의 사장들이 외부에서 들어왔는데 조용중 사장은 상당히 특이한 편이다. 그에게서 먼저 떠오르는 것은 '기자'다. 그가 얼마나 열심히 뛰었는지는 알지 못하지만 그의 언행과 표정에서 느껴지는 것은 언론사 경영자 보다는 기자 또는 편집국장이다. 그의 논평은 항상 날카롭고 중심을 찔렀다. 관훈클럽에서 최고 원로로 있을 때도 입을 열 때 면 어떤 직사포가 나올지 주목하는 분위기였다. 그의 직사포 기질은 연합통신에서 사장을 단명하게 마친 원인이 되기도 해서 더욱 그의 기자기질을 돋보이게 한다.

거기 비하면 초대 김성진 사장이나 정종식, 이광표, 김종규 사장은 조금씩 다르다. 정종식 사장도 기사에 비상한 관심을 보이는 언론인이었지만 말수가 적고 항상 존대 말을 쓰는 습관이 있다. 무더운 한여름에도 와이셔츠 단추를 풀지 않고 넥타이를 매는 젠틀맨이다. 김종규 사장도 언행이 진중한 젠틀맨인데 기자 냄새가 나기 보다는 경영인 스타일이 몸에 배어 있어 첫 눈에도 상대가 조심해야 하는 카리스마가 있었다. 하긴 카리스마라고 한다면 김성진 사장이나 이광표 사장이 한결 더했던 것 같다.

조 사장이 우리 회사에 부임한 것은 1989년인데 그때 나는 런던특파원으로 있었다. 내가 87년에 떠날 때는 이광표 사장 때다. 정치부장을 끝내고 노래방에 가서 재미있게 놀다가 헤어졌는데 영국에 간지 몇 달도 못돼서 서울신문 사장으로 가고 김종규 사장이 새 사장으로 부임했다. 김 사장도 처음 보는 분이라서 궁금했는데 89년 어느 날 갑자기 런던에서 만나게 되었다. IPI 참석 길에 들른 것이다. 서로 말이 잘 통해서 많은 얘기를 나누었는데 서울행 비행기를 타려고 히드로 공항으로 가는 차중에서 김 사장은 갑자기 "나 이번에 들어가면 그만 둡니다"고 말하는 것이었다. 워낙 입이 무겁고 어조가 단호해서 뭐라고 입을 열기도 어려운 분위기였다. 6·29의 여파로 언론노조들이 생겨서 언론계가 시끌시끌할 때였다. 김 사장이 많이 시달린 것 같았다.

그 후임으로 온 분이 조용중 사장인데 개인적으로 만난 적이 없었고 그저 언론계에서 유명한 분이라는 정도만 알고 있었다. 내가 사회부기자를 하던 시절인 70년대 초중반에 그가 문화방송·경향신문 전무를 할 때 신문에서 보았다. 한군데도 어려운데 두 군데 전무를 하다니 부럽기도 하고 대단하다는 인상을 받았던 기억이 났다.

그런데 마침 특파원 임기가 거의 끝나가던 90년 중반인가 평소 가깝게 지내던 조세형 선배가 런던에 왔다. 내가 80년 서울의 봄 때 조 선배는 DJ의 언론특보를 맡고 있었고 나는 신민당 동교동 출입기자단의 간사를 맡고 있어서 자주 만났다. 특히 5·18 전날 송태호 기자(경향신문, 전 문화부장관)와 셋이서 점심을 먹다가 역사적인 큰 사단이 일어났다. 즉 이화여대에 모여서 비상계엄철폐 시위대책을 협의하던 전국 각 대학 학생회장 회의장에 계엄군들이 쳐들어간 것이다. 이것은 그 시국에 가장 우려하던 사태였다. 나는 식사 중간에 이 소식을 접하고 조 특보에게 말했더니 DJ에게 급하게 전화를 걸었다. 요지는 "지금 피하시는 게 좋을 것 같습니다"고 했더니 "내가 가면 어디로 가겠나"하면서 대화가 끝났다는 것이다. 그날 밤에 야당정치인 수배령이 내렸고 동교동 DJ집에도 계엄군이 들이닥쳤다. 조 선배도 그 자리에서 바로 피신하여 오랫동안 숨어 다니느라 고생을 많이 했다. 그 후 이런저런 사정으로 뜸하게 지내다가 런던에서 만나게 되니 할 얘기들이 많았다.

정치부장까지 지낸 회사간부가 자기 회사 사장을 모르는 일은 연합통신 같은 데서 지내보지 않은 사람은 상상하기 힘들 것이다. 그때만 해도 회사가 생긴 이래 김성진 사장을 제외하고는 다 외부에서, 그것도 신문사 출신들이 왔고 나와는 연조가 워낙 차이가 커서 나의 20년 기자생활 동안에도 같이 마주칠 기회가 없었다. 외부에서 오는 사장과는 서로 모르는 것이 오히려 자연스런 일이었다.

귀국을 앞두고 다소 불안하기도 하여 조 선배에게 넌지시 "조용중 사장을 잘 아세요?" 했더니 "암, 잘 알고 말고. 나하고 친해." 하는 것이었다. "걱정 마. 들어가자마자 전화할게"라고까지 하는 바람에 적이 안심이 되었다. 그 후 조 선배는 직접 손편지로 런던에서 고마웠다는 말과 함께 "조 사장에게 잘 얘기했으니 그리 아시오"라고 답장을 보냈다. 드물게 자상한 분이었다.

조 사장이 舌禍로 떠나니 존재 아쉬워

얼마 후 3년여의 영국 근무를 마치고 회사에 돌아와 사장실 문을 두드리고 조 사장을 만났다. 그러나 차 한 잔 하는 동안 영국에 관한 역사 문화 관계만 몇 마디 물어보고 아무 반응이 없었다. 단둘이서 만난 자리였기 때문에 조세형 운운하는 말이 한마디라도 나올 법 한데 아마 잊었는지 아무 멘트가 없었다. 그러다가 한주일인가 지나서 전화가 왔다. 오늘 점심이나 하자며 누구 한사람하고 같이 나오라고 했다. 명동 일식집 다이에 앉아 셋이서 식사를 했지만 평범한 얘기만 오갔다. 그러나 여러모로 일가견이 있고 해박함을 느끼게 했다. 하기는 영국에 있을 때 회사에서 사장님 부탁이라며 '권력과 책임'(?)인지 하는 책을 구입해서 보내달라는 요청을 받은 적이 있어 독서도 열심히 한다는 느낌을 받았다.

다만 지금 확실히 기억나는 것은 점심 먹고 돌아오는 차 안에서 "앞으로 한국은 잘될 것 같습니까. 선진국이 된다든가…"하고 묻자 망설이지 않고 "아니야, 나는 비관적으로 봐"하는 것이었다. 사실은 나도 마침 영국근무를 하고 온 터라 그곳에 비하면 우리의 민주주의 의식이라든가 교양이 많이 못 미친다고 생각했고 더구나 90년 당시의 시국은 학생과 노조의 과격행위로 혼란 상태였다. 87년 떠날 때도 화염병과 최루탄이 멈출 날이 없었는데 3년 후에도 변한 게 없어 나의 심정도 우울했다.

나는 조 사장이 다른 것은 그렇다 치고, 기자정신이 투철한 언론인이라는 생각에 이런 분이 오래 사장을 했으면 좋겠다는 생각을 하고 있었다. 조세형 선배의 부탁에도 일체 반응을 보이지 않은 것도 기자라면 당연히 그래야 하는 것이어서 섭섭한 마음은 없었다.

김종규 사장이 임기중반에 물러나 얼마 안 되는 잔여임기를 했기 때문에 어지간하면 91년 봄 주총에서 연임되는 게 상식이었다. 그런데 결과는 그렇게 되지 못했다. 설화(舌禍)를 입었다는 소문이 퍼졌다. 회사에서 발간하는 월간잡지의 표지에 노태우대통령 얼굴을 올렸는데 조 사장이 임원회의에서 잡지의 표지를 가리키면서 "그거 올려서 되겠어? 인기도 없는데…"라고 했고 이것이 청와대까지 직보 되어 그렇게 됐다는 말이 돌아다녔다. 그 외 다른 이유가 없었기에 더욱 그러했을 것이다.

'대담 프로' 역풍… 조 사장이 있었다면

조 사장이 떠난 직후 내가 당한 일련의 우울한 일들은 만약 그가 사장에 계속 있었다면 당하지 않을 수 있는 일들이었다. 그래서 더욱 조 사장의 존재가 아쉬웠다.

즉 예를 들면 이런 것이다. 조 사장은 91년 3월에 떠났고 4월 26일 명지대생 강경대 폭생치사사건이 일어났다. 과격시위 중 경찰이 강군을 잡아 폭행해서 죽게 되자 대학생들의 과격시위는 타는 불에 기름을 부은 듯 서울시내 전역으로 퍼져나갔다. 정부와 KBS는 혼란을 수습하고자 그 일환으로 부랴부랴 각사 논설위원·정치부장들을 초청하여 노재봉 국무총리와의 대담을 주선했는데 나도 거기 참석하게 되었다. 대담이 있기 전날 손주환 청와대 정무수석이 전화를 걸어 내일 그 자리에서 노재봉 총리의 차기 대권설에 관해서 물어달라는 주문을 해왔다. 그러마고 했는데 바로 내 옆에 앉아있던 모사 논설위원이 그 질문을 던지는 것이었다. 아마 손 수석이 재직했던 신문사라서 그쪽에도 주문을 한 것 같았다. 공교롭게도 바로 다음이 내 차례인데 적이 당황스러웠다. 그래서 마침 특정지역에 편중된 정부 요직인사 문제에 대해 말들이 많을 때여서 한마디 짚고 넘어가야겠다고 생각했다.

"시중의 불만 중에는 특정지역 편중인사도 있는데 좀 시정할 의향이 있는가"라고 물었다. 그런데 노 총리가 대뜸 얼굴을 붉히며 "나는 TK가 아닙니다"고 받아치는 것이었다. 그것도 팔을 들어 휘저으면서 큰소리로 했다. 나도 국회와 총리실 출입을 해봤지만 통상 그럴 때는 사실과 다르다거나 오해라거나 또는 사실이라면 생각해 보겠다… 정도로 지나가는 것인데 그는 아주 강경한 태도로 나왔다. 그래서 나도 "총리도 영남이잖아요?"라고 대꾸했다. 총리가 그 다음 말을 못하는 바람에 어색한 분위기가 되었다. 이날 대담프로는 민자당회의에서도 거론이 되었는데 총리 태도가 전반적으로 고압적이어서 시국수습에 도움이 되지 않았다는 비판이 주류였다. 여당에서는 아직 김영삼 대표의 후보여부가 불투명해서 상도동계의 신경이 날카로운 때였고 노 총리 등 잠재적 경쟁자들에 대한 견제작용이 강할 때였다. 하여튼 내외의 압박을 견디지 못하고 노 총리는 그 다음 달에 물러났다.

사실 이 시기에는 정부요직의 특정지역 편향인사와 회전문 인사가 기타 지역의 소외감을 자극해서 불만의 요인이 되었고 월계수회니 실세니 해서 노태우 청와대에 대한 평가가 좋지 않을 때였다. 나는 추호도 골탕 먹일 의도는 없었고 이런 비판을 공론의 장에서 거론함으로써 오히려 시국안정이나 국정운영에 도움이 될 것이라는 생각이 있었다.

그 후 역풍이 거세게 불어왔다. 노태우 대통령은 이날의 대담프로를 지켜보면서 몹시 화를 냈다는 것을 한참 후에 들었다. 만약 기자정신이 충만한 조용중 사장이 있었다면 오히려 "아니 언론이 그 정도 질문도 못하나! 자알 했어"하면서 막아줬을 것 같기도 하다.

하여튼 그를 생각하면 아쉽다. 나도 술을 좋아하는 편이라 맥이 통했을 것 같은데 깊은 대화를 나누지 못했다. 관훈클럽 행사나 역대총무 여행 때도 그럭저럭 지나갔다. 김종규 사장은 더 그랬지만, 아마도 그가 언해피(unhappy)하게 회사를 떠났기 때문에 뭐라고 말을 꺼내기도 껄끄러웠을 것이라는 생각도 든다.

10여개 언론사 경력의 '비주류'

서 옥 식
● 전 연합뉴스 편집국장 ● 전 한국언론진흥재단 상임이사

'학력콤플렉스' 극복하기 위해
새벽에 학원 다니며 영어공부
미국 유명대학서 두 차례 연수
안간힘으로 화려한 경력 쌓아

"기자 사회의 출신 성분으로 따지면 나는 언제나 비주류였다. 대학을 마치지 못했고, 공채 몇 기 입사가 아니었기 때문에 대학 동창과 입사동기가 없는 외톨이고, 주류에 낄 수 없었다.

난 언론사 여러 군데를 부지런히 옮겨 다닌 '잡초'였다.

당당한 주류 틈에서 때때로 눈에 안 보이는 업신여김과 흔적 안 나는 짓밟힘을 당하면서 혼자 힘으로 안간힘을 다해 버텨야만 했다.

그래서 일선 기자시절 새벽이면 학원에 나가 이를 악물고 영어 공부를 했다.

결국 영어 실력이 인정돼 두 차례에 걸쳐 미국 유명 대학들에서 연수를 했고 주미특파원 발령을 받은 것 아닌가 생각한다."

'전임사장' 많은 일화 취재한 식사대담

필자가 연합통신 (1998년 12월 연합뉴스로 개칭) 출신이면서도 저희 회사 사장을 역임한 원로 언론인 조용중 대기자를 직접 뵌 것은 딱 두 번이었다. 한번은 1990년 봄 동남아 특파원으로 방콕에 있던 중 집안 일로 일시 귀국해 서울 본사를 들렀을 때였고 또 한 번은 2009년 가을 한국언론진흥재단 상임이사 시절 조선일보 논설위원 출신 고학용 이사장과 함께 프레스센터로 조 전 사장을 초청, 저녁 식사를 함께하는 자리였다. 조 전 사장은 1989년 7월 연합뉴스 사장으로 부임해 1991년 3월까지 계셨고 필자는 이보다 앞선 1987년 6월부터 동남아에서 특파원으로 일하다 1991년 6월 귀국했기 때문에 조 전 사장을 만나 뵐 기회가 좀처럼 없었다.

하지만 반주를 곁들이며 두 시간을 훨씬 넘긴 저녁 식사 자리는 조 전 사장에 대해 많은 것을 물어보고 들을 수 있는 소중한 기회였다. 자유당 정권 시절 조병옥 박사의 민주당 구파(舊派)를 취재하던 경험담, '학력 콤플렉스'를 극복하기 위해 일선 기자시절 이를 악물고 새벽에 영어학원을 다녔던 일, 쌍용그룹 창업주인 거물정치인 성곡(省谷) 김성곤 동양통신사 회장과의 인연, 언론연구원장 재직 시 카인즈(KINDS)라는 국내 초유의 세계적인 신문기사 검색 장치를 개발했던 일, 연합통신 사장에서 물러나게 된 배경 등… 필자는 조 전 사장과의 식사 대담을 메모해 뒀고 내용 일부는 내가 연합뉴스 사우회장을 맡고 있던 2018년 그가 향년 88세로 별세하자 「연합사우회보」의 오비추어리(obituary)에 소개 한 바 있다.

신문사 7, 통신사 2, 방송사 1, 언론단체장 4

조 전 사장은 1953년 서울 환도와 함께 자유신문 사회부 기자로 언론계에 입문했다. 1945년 10월 해방 공간에서 창간된 이 신문은 중도적 성향으로, 한 때 신익희 전 국회의장이 사장을 맡기도 했다. 그때 조 전 사장과 함께 입사한 사람은 신동준(전 국회의원), 이웅희(전 문화공보부장관)였다. 그는 이후 국내 뉴스통신사로서는 최초로 영국의 로이터와 뉴스 수신 계약을 체결한 종합 뉴스통신사인 세계통신을 비롯해 평화신문, 동아일보, 조선일보, 서울신문, 동양방송(TBC), 중앙일보, 경향신문, 연합통신 등과 언론 유관기관인 한국언론연구원, ABC협회, 문우언론재단, 신문공정경쟁심의위원회, 성곡언론문화재단으로 자리를 옮기면서 언론인으로서 '화려한' 경력을 쌓았다. 그가 언론에 남다른 열정을 쏟은 것은 동아일보 정경부차장과 조선일보 정치부 기자·부장·편집부국장 때였다. 그 후 서울신문, 경향신문 편집국장 때도 마찬가지였다.

조 전 사장은 그의 다양한 언론사 경력에 대해 신문사 일곱 군데, 통신사 두 군데, 방송사 한 군데에서 기자, 간부, 중역, 사장으로 근무했다면서 그 가운데 조선일보에는 두 번, 경향신문에는 세 번 들어갔으며 언론단체도 네 군데의 장을 지냈다고 했다. TBC 때는 잠시 앵커로 활약하기도 했다. 성곡언론문화재단에서는 별세하기 전까지 이사를 역임했다.

'駐 美·日특파원'… 전례도 없는 황당한 발령

조 전 사장은 먼저 그의 다양한 언론사 경력을 전하면서 한국 언론사에 길이 남을 일이라며 자신이 '駐 美·日특파원'으로 발령 난 사실을 소개했다. 경향신문 편집국장을 역임한지 겨우 1년 남짓 지난 뒤인 1969년 '駐 美·日특파원'이라는, 언론사상 전례도 없고 황당하며 코믹하기까지 한 발령을 받았다는 것이다.

"도대체 어디에 베이스(base, 본거지) 두어야 한단 말인가. 순회특파원이란 말인가" 조 전 사장은 "아무도 정답을 낼 수 없는 이 발령에 대해 당시 동양통신 김규환 편집국장은 '그만큼 창피 당했으면 당장 사표 쓰고 나와 버려! 내가 (대신해 사표) 써줄까…'하는 것을 고민도 않고 거절했다"고 전했다. 너무 자주 언론사를 옮긴 것에 대한 핀잔 같기도 했지만 딱히 갈만한 자리도 없는 것도 사실이었다고 당시를 회고했다. 그러는 사이 사장이 신진자동차 김제원 회장으로 바뀌었다. 김 사장은 일단 일본에 가 있으라고 권했다. 하지만 혼자 몸으로 일본에 가서 미처 인사도 끝내지 못했을 때인 그해 말 두 번째 편집국장 발령이 나 귀국했다는 것이다.

조 전 사장은 두 번이나 미국에 유학한 경험이 있다. 한번은 1966년 서울신문 편집국장과 제작총국장을 그만두고 미 인디애나대학 저널리즘스쿨에서 언론학을 공부했다. 또 한 번은 신문제작 일선에서 물러나 경향신문 전무로 경영에 참여했다가 1981년 사표를 내고 중국문제 공부를 한다며 미 컬럼비아대학 동아시아연구소에서 1년간 수학했다. 조 전 사장은 "당시는 6·25전쟁에 북한을 위해 참전한 중국이 한국과 미수교국으로 폐쇄적인 공산국가여서 중국어나 중국문제를 공부하기 위해 중국을 갈 수 없는 상황 이었다"며 미국 선택 이유를 설명했다.

조 전 사장은 이에 앞서 1971년 경향신문의 최치환 사장으로부터

'주 미·일특파원'이 아닌 '주 미특파원'을 정식 발령받고 워싱턴 근무를 10개월가량 하게 된다. 이러한 그의 미국대학 연수와 특파원 근무는 그의 영어 실력이 널리 인정받았기 때문일 것이다. 조 전 사장은 남들처럼 대학 졸업장이 없었다며 기자시절 이를 악물고 학원에 다니며 영어공부를 했다고 했다. 학습서로는 미국인 메들리(Austin William Medley)가 쓴 영문법 영문해석 영작문 위주의 『3위 일체(The Threefold Path to English)』라는 방대한 분량의 영어책인데 일본어 번역판을 한국에서 재번역한 것을 "끼고 살 정도였다"고 털어놨다. 그뿐 아니다. 영어사전으로는 당대 최고의 영문학자이면서 서울대 총장을 지낸 권중휘 박사가 쓴 『포켓 잉글리시 딕셔너리』를 때론 호주머니에 넣고 다니며 한 페이지 한 페이지를 씹어 삼킬 생각이 들 정도로 단어 공부를 했다고 회고했다.

"주류라고 티를 내면 부아 치밀어 독설"

조 전 사장은 자신이 기자 사회의 출신 성분으로 따지면 언제나 비주류였다고 했다. 대학을 마치지 못했고, 공채 몇 기 입사가 아니었기 때문에 대학동창과 입사동기가 없는 외톨이고, 그래서 주류에 낄 수 없는 비주류였다는 것이다. 실제 조 전 사장은 동국대 전신인 혜화전문학교를 중퇴했다. 그는 자신이 언론사 여러 군데를 부지런히 옮겨 다녔다는 점에서 '잡초'이자 '부초(浮草)'였다고 했다. 당당한 주류 틈에서 때때로 눈에 안 보이는 업신여김과 흔적 안 나는 짓밟힘을 당하면서 혼자 힘으로 안간힘을 다해 버텨야만 했다고 했다.

"외톨이고 비주류라는 내 출신성분은 평생 나를 짓누르는 콤플렉스였습니다. 그걸 감추기 위해 실없는 소리로 허세를 부렸고, 나도 모르게 흥분하면 아무데서나, 아무 때나, 아무한테나 거칠게 대들고 듣기 민망한 쌍소리를 뱉는 버릇이 생겼습니다.

1965년 6월 박정희 대통령의 미국 방문을 취재하고 귀국길에 도쿄에 들러 한일 국교정상화 조인을 하루 앞둔 이동원 외무장관과 김동조 주일대사를 만나 현지 한국 특파원들과 함께 코멘트를 요청했으나 이 장관이 시이나 에쓰사부로(椎名悅三郎) 일본 외상 주재 만찬 약속을 이유로 거절하고 떠나자 '저런 개새끼들! 가긴 어딜 가? 잘 먹고 오래 살아라. 나야 애비 잘못 만난 죄로 기자질 하고 있지만 당신 같은 놈들 땜에 나는 평생 기자 할란다!'고 욕설을 퍼부었습니다.

하도 말을 고약하게 해 정치권에서는 말을 험하게 하는 기자를 보면 '요즘 조용중씨와 자주 어울리느냐?'고 물을 정도였다는 것입니다. 나는 그만큼 독설의 대표 주자였습니다. 힘깨나 쓴다고 기자쯤 깔아뭉갤 듯이 까부는 권력층, 주류라고 티를 내면서 으스대는 같은 (동료)기자들을 보면 괜히 부아가 치밀어서 같은 말이라도 비비 꽈야만 직성이 풀리는 것은 나도 못 말렸습니다.

실제 내 주변 기자들의 80% 이상은 잘나가던 S大 출신으로 기억합니다. 천관우(문리대 사학과) 김규환(문리대 정치학과), 조세형(문리대 영문과), 박권상(문리대 영문과), 김성열(문리대 정치학과), 신동준(미대), 남재희(법대), 최병렬(법대), 이웅희(공대), 서기원(상대) 등이 모두 S大 출신입니다."

"조선일보 편집부국장 때였습니다. 하루는 외무부를 출입하는 정치부 리영희 기자가 전화로 불러온 기사를 받아 편집에 넘겼습니다. 북한이 유엔가입을 신청했다는, 3급 비밀쯤 되는 특종이라는 것이었습니다. 1면 편집을 맡은 최병렬 기자가 큼직한 제목으로 처리한 이 기사는 그러나 즉각 필화사건으로 번졌습니다. 리 기자와 선우휘 편집국장이 검찰에 불려가고 나도 최 기자와 함께 검찰 조사를 받았습니다. 그러나 문제는 사건의 본질과는 다른 데 있었습니다. 조사하던 서울지검 검사가 엉뚱한 질문을 던진 것입니다. '보아 하니 조용중 당신은 학력도 그렇고 다른 신문에서 왔는데 무슨 연고로 부국장이라는 중책을 맡게 됐느냐. 조선일보 사주하고 특별한 인척관계가 있는 거 아니냐'는 것이었습니다. 참기 힘든 모욕이었지만 그 자리를 벗어났던 것은 검찰이 두려워서 일 것이었습니다."

재치 있는 솜씨로 중국 문예 분야 다룬『苦戀』

조 전 사장이 컬럼비아대 연수를 마치고 돌아와 쓴 책이『苦戀-10억의 정치와 문예』이다. 제목 자체로 보면 苦戀(고련)이란 '짝사랑'이란 뜻이다. 이 책은 소설이 아니라 중국의 정책과 문예계의 갈등을 조명해 중국의 현재와 미래를 진단하는 문화평론이다. 원래「苦戀」은 중국의 시나리오 작가 빠이화(白樺)가 쓴 시나리오이다. 이것이 영화로 만들어졌는데 중국에 큰 파문을 일으켰다. 그 영화가 마오쩌둥(毛澤東)을 비판한 것이냐 아니냐를 놓고 당과 군의 의견이 갈리기도 하고 빠이화는 끝내 하방(下放)됐다. 조용중의『苦戀』은 이 사건을 중심으로 중국의 문화정책을 분석했다.

이 책에 대해 당시 미 코네티컷대 정치학 교수였던 김일평 박사는 서평에서 이렇게 썼다. "중국을 이해하는 데 정치·경제·외교 부문에는 저서도 많이 나왔고, 전문가도 많다. 그러나 문예정책을 분석하고 지식인의 역할을 연구하는 사람은 극히 드물다. 언론인으로서 연마한 재치 있는 솜씨로 중국의 문예 분야를 다룬 조용중씨의 『苦戀』은 중국 사회를 이해하는 데 큰 도움이 될 것을 확신한다."

그는 이처럼 저널리즘뿐 아니라 아카데미즘 영역까지 욕심을 내 저서를 몇 권 남겼다. 1990년대에는 『美軍政下의 한국정치현장(1990)』 『省谷 金成坤(1995)』 『저널리즘과 權力 -그 실상과 허상(1999)』을 출간했다. 2004년엔 부산정치파동을 다룬 『대통령의 무혈혁명』을 썼다.

省谷 김성곤의 언론관 담은 평전 펴내기도

『성곡 김성곤』은 얼마 전 별세한 성곡언론문화재단 한종우 이사장의 요청으로 발간된 평전이다. 조 전 사장은 이 평전에서 김성곤의 언론관을 두 가지 일화를 들어 설명했다. 하나는 동양통신을 창간하면서 정관에 명문으로 밝힌 김성곤의 경영 철학이다. 이 정관 16조에는 '주주총회는 본 회사에서 출판 발행하는 통신과 그밖에 기사·언론에 관하여 간섭할 수 없음'이라고 되어 있다. 아직 자본과 경영의 분리가 궤도에 오르지 않았고 언론사에서 편집권 독립이 논의되기 이전인 당시 상황에서, 이런 규정은 김성곤의 언론관을 웅변하는 예라는 것이다.

또 하나는 김성곤이 인수한 '연합신문' 54년 4월 26일자 사설이다. 이승만 대통령에 대한 자유당의 3선개헌 추진을 강력히 비판한 성곡의 언론관을 높이 평가했다.

1958년 경북 달성에서 자유당 민의원 의원에 당선, 정치를 시작한 SK(김성곤의 별칭)는 4·19로 잠시 정계를 떠났다가 1963년 민주공화당에서 정치를 재개한 뒤 단숨에 실력자로 떠올랐다. 단순히 '4인체제' 중 한 명이 아니라 공화당의 리더였다. 그 원동력은 기업(쌍용그룹 창업주), 언론(동양통신 창업주), 교육(국민대 인수), 체육(대한유도협회장) 분야를 아우르고 있던 SK의 능력과 인품이었다. 여당은 물론 야당까지 그의 손길이 닿지 않은 곳이 없었다. 행정부에도 그에게 물질적으로 신세 진 사람이 수두룩했다. 그런데 단순히 돈을 좀 쓰는 수준이 아니라 입이 떡 벌어질 정도였다. 어쩌다 미국에서 힘들게 공부하는 한국 유학생을 만나면 호주머니에 있는 돈을 다 털어 줄 정도였다.

조 전 사장은 필자와 저녁 식사 자리에서 "민주공화당 재정위원장을 역임한 SK는 배포가 큰 정치인이다. 단순히 공화당 '4인체제' 중 한 명이 아니라 통 큰 행보로 그는 야당까지 휘어잡는 정치력을 지닌 빅샷(big shot, 거물)"이었다면서 "상대방이 100만원이 필요하다고 생각해서 SK를 찾아오면 그는 여야를 가리지 않고 500만원이나 1000만원을 내줬다"고 했다.

카인즈(KINDS) 개발은 최대 업적 중의 하나

조 전 사장이 언론연구원장일 때 개발한 카인즈(KINDS, Korean Integrated News Database System)라는 뉴스 검색 사이트는 신문 뉴스에 관한한 '구글'보다 강력한 검색 사이트란 평가를 받는 한국 언론 사상 획기적인 개발품이자 조 전 사장의 최대 업적 중의 하나인데도 아쉽게도 널리 알려지지 않고 있다. 카인즈는 지금은 언론연구원의 후신인 한국언론재단이 운영하는 공익적 성격의 기사 검색 사이트다. 현재 전국 종합일간지와 경제지 및 영자지는 물론 지역신문의 기사 원문 검색은 물론 인터넷이 활발하게 보급되기 전인 1990년대 이전 신문은 물론이고 더 오래된 독립신문과 대한매일신보 등의 옛날 신문의 기사도 검색이 가능하다.

카인즈는 일반인의 일상적인 기사검색은 물론, 특히 언론을 연구하거나 사회, 문화 분야를 학문적으로 연구하려는 목적으로 활용할 수 있도록 주제별, 면종별, 복합 검색 기능 등을 제공하고 있다.

연합통신 사장 시절 많은 경영업적 남겨

대기자 조용중이 글 기자로서 명성과 함께 큰 족적을 남긴 것은 카인즈만이 아니다. 그는 훌륭한 언론 경영자였다. 연합통신 사장 시절 그의 경영 수완은 이전 사장들의 그것에 절대 뒤지지 않았다. 그의 재임 기간은 1989년 7월 1일부터 1991년 3월 27일 까지 1년 9개월 정도로 짧았지만 적지 않은 경영 업적을 남겼다.

그는 사장 취임사에서 연합통신의 발전을 위해서는 뉴스 도매상으로서의 연합통신의 기능과 역할을 거론하면서도 무엇보다 경영 내실화와 신문·방송사 등 고객사들에 대한 서비스 개선이 우선돼야한다고 강조했다. 이를 통하여 대외적으로 공신력을 확보하는 한편 대내적으로 전사원의 일체감을 조성하겠다는 경영목표를 세웠다. 평생 기사만 쓰던 그가 경영을 이야기 한 것이다.

이 같은 경영목표를 실현하기 위해 조 사장은 첫 사업으로 취임 두 달 후인 1989년 9월 서울 종로구 수송동 일대 주변의 말썽 많은 금싸라기 땅 200평을 한국일보로부터 매입하는 과감한 조치를 취함으로써 오늘의 연합뉴스 신사옥을 마련케 한 부지 일부를 확보했다. 한국일보와 2년에 걸친 지루한 '밀당' 매입 협상을 조 사장이 타결 지은 것이다.

연합뉴스가 당시로서는 공산권 최대의 뉴스통신사이자 AP, 로이터, AFP, UP1에 이은 세계 5대 뉴스통신사의 하나인 소련의 타스통신과 뉴스 교류를 실현한 것도 조용중 사장 시절이던 1989년 이었다. 조 사장은 고르바초프 당시 소련 공산당서기장에 의한 페레스트로이카(Perestroika, 개혁)와 글라스노스트(Glasnost, 개방) 정책과 함께 공산권이 대변혁의 물살을 타면서 타스통신이 1989년 3월 16일 연합통신과 뉴스 교류 계약을 체결함에 따라 그해 7월 20일부터 뉴스 교환을 하는 역사적인 과업을 이룩했다.

연합통신은 조 사장 취임 1개월여 앞서 1989년 5월 16일엔 세계 6대 뉴스통신사인 중국의 신화(新華)통신과도 기사 및 사진독점 전재 계약을 체결했다. 타스통신은 당시 전 세계 100여국에 지국 및 4백여 명의 특파원, 그리고 소련 내 410개 도시에 지사를 갖고 해외에 영어 등 8개 국어로 뉴스 서비스를 하고 있었다. 신화통신도 당시 전 세계 93개국에 350여명의 특파원을 두고 영어 등 6개 국어로 외신 서비스를 하고 있었다. 조 사장은 연합통신의 발 빠른 세계 2대 공산권 국가들과의 뉴스교류는 한국의 소련, 중국과의 국교수립에도 긍정적인 영향을 끼쳤을 것이라고 말했다. 한·소(韓·蘇) 수교는 그로부터 1990년 9월 30일, 한·중(韓·中) 수교는 1992년 8월 24일 이뤄졌다.

조 사장이 취임한 첫해는 연합뉴스로는 노조가 추진한 전임 김종규 사장 퇴진운동과 파업으로 회사가 어수선한 시기였다. 하지만 조 사장은 노조와 협의를 거쳐 편집국장 복수 추천제, 52세인 평사원 정년의 55세 연장, 주 46시간 근로시간 지키기, 파업 참여자에 대한 보복인사 금지, 장기근속 휴가 신설, 퇴직금 누진제 실시 등 단체협약안을 노사 합의로 타결 지었다. 그뿐 아니다. 조 사장은 1990년 12월 19일 연합뉴스 창사 10주년을 맞아서는 '보도대상'을 신설했다. 이는 빠른 뉴스와 정확한 보도를 생명으로 하는 뉴스통신사의 사명을 재인식시키고 언론을 향도하는 기자들의 정신을 고양하기 위해 창사 이래 최초로 제정한 것이다.

누군가 고자질로 연합통신 사장에서 물러나

대기자 조용중이 연합통신 사장이 된 것은 과거 조선일보에서 함께 일했던 최병렬 문공부 장관의 도움이었다. 서울신문 사장 출신의 전임 김종규 사장이 연합통신 노조파업 와중에서 물러나면서였다.

그런데 김종규 사장의 잔여 임기를 마치고 후임 선임이 가까워올 무렵 코믹한 해프닝이 벌어졌다. 아침 중역회의에서 회사가 발행하는 월간화보 『연합』의 표지에 당시 노태우 대통령 사진을 쓸 것이라는 말을 듣고 조용중 사장이 가볍게 핀잔을 준 것이 화근이었.

"노태우라니요? 아니, 보도를 보면 엊그제 여론조사에서 꼴찌던데 그러잖아도 안 팔리는 잡지에 그런 인기 없는 사진을 표지에 쓴다고요?"

다음날 최 장관은 조 사장에게 전화를 걸어왔다. "그런 말을 할 줄 몰랐다"고 섭섭하다는 뜻을 전해 왔다는 것이다. 조 전 사장은 직감했다. 누군가 자신의 중역회의 발언 내용을 청와대에 전달했고, 기분이 언짢은 청와대는 그 내용을 다시 최 장관에 알리며 장관이 결자해지 차원에서 해결하라고 '하달'한 것으로 받아들였다한다. 당시 연합통신은 100% 정부소유 공영방송인 KBS가 지배 주주로 참여하고 있었기 때문에 연합통신 인사권은 실제로 정부가 행사하고 있었다. 사정이 이렇게 전개되자 조 사장은 변명도 할 수 없었고, 변명을 해달라고 누구 힘을 빌릴 재주도 없었다고 회고했다.

"심지어 어느 국장은 그렇게 잠자코 앉아 있으면 어떡하냐며 내게 동정을 표했지만 나로서는 한 발도 내디딜 힘이 없었습니다. 솔직히 말하면 힘도 없었지만, 그런 줄이 없다는 것을 나 자신이 너무 잘 알고 있었습니다. 이 일 때문에 1990년 연말의 연합통신 창사 10주년 파티는 주무장관(최병렬 장관)이 안 나오고 치렀습니다. 그래서 통신사 사장을 물러났습니다. 결과론으로 말하면 연임 안 되기를 잘했습니다. 어차피 나 같은 비주류, 소수파에게는 어울리지 않는 벅찬 자리였습니다."

연합통신 사장에서 물러난 후 유력 신문사 사장들의 합의에 따라 ABC협회장을 맡은 조용중씨는 매체 발행 부수에 대한 합리적 기준조차 없던 국내 언론계에 처음으로 부수 인증 시스템을 도입, 안착시켰다.

별세 직전까지도 정파적 언론인에 대해 질타

2000년대 중반에 이르러 걸음이 불편할 정도로 건강이 좋지 않음에도 불구하고 그는 여전히 바빴다. 대한언론인회, 관훈클럽, 프레스클럽 같은 언론인 단체의 행사에는 거의 빠짐이 없고, 언론 관련 좌담회에도 열심히 다녔다.

2018년 2월 26일 조 사장의 빈소가 마련된 삼성서울병원에서 대한언론인회 주도로 언론인장이 엄수될 때 남시욱 전 문화일보 사장은 조사를 통해 조 전 사장은 동아일보 시절 젊은 기자들에게 "취재과정에서부터 무엇이 사실이고 진실인가에 대한 검증 노력을 적극 기울여야 한다"고 불호령을 내리면서 아무리 경천동지할 기사라 하더라도 소스(취재원)가 분명치 않으면 쓰레기통에 던져 버렸다고 회고했다.

　그는 별세 직전까지도 대한언론회가 발행하는 월간 『대한언론』과의 인터뷰에서 저널리즘이 맞고 있는 위기의 하나로 특정 정파를 대변하는 기자들과 시대착오적인 좌파이념에 매몰된 언론인들을 들기도 했다. 그는 이 인터뷰에서 유석 조병옥 선생과 같은 집안이고 어른들끼리 가까이 지내서 정치부 기자 시절 민주당 구파를 담당하게 된 인연도 있지만 요즘처럼 특정정파를 위해 기사를 쓰지 않았다고 했다.

01

'대기자 조용중'을 말한다
• 기자 조용중 인간 조용중

자유언론의 길잡이

거칠 것 없는 자유인 - 김진배

국회 출입기자단 '태평로회' 그 才談 - 박기병

언론사 데이터베이스 선구적 안목 - 이종전

"고운 것은 더럽고 더러운 것은 곱다" - 이원두

서울신문 레벨 업 카드! - 정기정

"언론을 욕보이지 말라" 권력에 直言 - 박석흥

거칠 것 없는 자유인

김 진 배
• 전 동아일보 국회출입 기자　• 전 경향신문 논설위원　• 국회의원(2선)

거의 본능적인 비판정신
깐깐한 선비의 생태적 野性
언론인 가운데 조용중 만큼
속필, 달필을 보지 못했다.

국회 출입 기자 시절 늠름한 모습 지금도 선명

　조용중 (趙庸中 1930-2018)은 기사를 잘 쓸 뿐만 아니라 입으로도 한몫 너끈하게 해냈다. 발이 빠르고 꾸준히 공부하는 그런 분이었다. 가방 짧은 것을 숨기지 않았다. 그렇다고 전쟁 때문이라거나 집안 형편을 탓하지도 않았다. 지금은 없어진 세계통신이나 평화신문 같은 회사의 초년병 시절은 모르나 1959년 조선일보 국회 출입 기자 조용중의 늠름한 모습은 지금도 선명하다.

　조용중 기자를 처음 본 것은 1959년 초겨울 지금 서울시의회가 자리 잡고 있는 태평로 국회 기자실 언저리였다.

　"어이, 김진배씨. 조선일보 조용중이라고 아주 글 잘 쓰는 자네들 선배네…"

조선일보에서 같이 국회에 나오는 조세형씨가 이렇게 내게 소개했다. 나를 힐끗 쳐다보다 말고 조세형에게 느닷없이 쏘아부쳤다.

"야, 너 그런 말버릇이 어디 있어? 내가 처음 보는 저 친구한테는 깍듯이 씨를 부치고 나한테는 그냥 조용중이야?"

나는 어안이 벙벙했지만 정작 조세형씨는 아무렇지도 않은 듯 바삐 어디론가 가버렸다. 조용중씨는 조그마한 목소리로 내게 물었다. "그래 어디서(어느 신문사에서) 나왔소? 세형이랑 김제 한 고향인가, 같은 전주 북중이고?"

아니라고 하자 더 묻지 않았다. 그때 조 선배는 흔히 경찰 기자들이나 쓰는 까만 캡에 검정색 훌렁한 외투를 걸치고 있었다. 거기에다 구두도 뒷목이 단화보다 조금 올라간 반장화 같은 '아미아게구쓰'(編上靴)가 인상에 남는다.

국회의장실 책상 밑에 잠입 취재 祕話

나이와 관계없이 척척 걸치고 보는 건 출입처 친구나 선배들에 그치지 않았다. 3·15선거 전에 종로 1가 지금 교보빌딩 동쪽 한 30여 미터 떨어진 곳에 아주 아담한 다방이 생겼다. 한 50평은 됨직한 그때로 보면 엄청나게 넓은 다방인데다 통로에 색동비단까지 깐 단 하나의 호화 다방이었다. 기쁠 희자 囍 다방. 민주당 신파의 맹장 이석기 원내총무가 계산대가 있는 프런트 위에 걸쳐놓은 전화대 옆에 몸을 기대고 어디론가 전화를 걸고 있었다.

"대통령 선거만 하면 야당이 집권할 것 같아? 신문에 좋게 나야 당신들 집권해. 전화통만 들고 그래 장면 부통령 운동이나 하면 그만인가!"

한번 쏟아진 폭언은 수화기를 든 팔꿈치를 연신 잡아당기며 취재 좀 하자는 거였다. 조용중씨의 취재 욕심은 나이고 고향이고 따질 것 없이 남들이 하는 그런 정규전이 아니라 게릴라전이오, 백병전이었다. 두 사람은 같은 충청도다. 하지만 부여 국회의원을 진잠(鎭岑) 선비가 어찌 알랴는 투다.

"허 허, 조동지 내 곧 자리로 돌아갈게, 전화 좀 걸게 해주소. 소매 잡지 말고."

"허 허, 이 양반이 나를 신파 만들어? 내가 당신 동지야?"

도청할 거 뭐 있나, 이렇게 해서 조 아무개 기자는 특종을 한두 번 한 게 아니었다고 한다.

1958년 12월 24일 이른바 새 국가보안법을 통과시키기 위해 자유당이 무술 경위를 동원, 본회의장에서 농성 중인 야당 의원들을 하나하나씩 번쩍번쩍 들어 의원 휴게실에 몰아넣고 자유당 의원만으로 통과시킨 이른바 '24파동' 때 (흔히 2·4파동이라 쓰나 이는 잘못이다. 12월 24일에 일어난 자유당의 폭거를 2월 4일로 알기 쉽다.)

조선일보 조용중 기자는 동아일보 이웅희 기자와 함께 의장실 큼직한 테이블보가 덮인 테이블 밑으로 미리 잠입, 회담을 엿들었다. 24파동 수습에 담판을 지을 이른바 이기붕 국회의장과 조병옥 민주당 대표최고위원이 머리를 맞대고 24파동 수습책을 논의한 '이조회담'(李趙會談) 취재비화는 언론계의 신화였다.

도도한 안동 양반이 모시는 '우리 대장'

조용중씨는 저돌적이고 부지런한 기자, 거기에다 남이 별로 알지 못하는 또 하나의 무기를 가지고 있다. 신문기자들은 흔히 한번 기사를 쓰고 나면, 스트레이트든 기획기사든 사설이든 휙 던져 놓고 다시 보지 않는다. 하지만 조 선배는 기자 이전에 학자적 소양을 차곡차곡 쌓았다. 한자든지 영어든지 심지어 중국어까지 나이에 관계없이 자신을 옥을 다듬듯이 갈아 연마했다.

도도하기로 하면 이광훈씨가 1등, 조용중 선배를 2등으로 쳤다.

폐암에 걸려 고향인 부안 월명암이라는 절에서 혼자 전화고 책이고 텔레비전이고 할 것 없이 밥 먹고 잠자는 것이 일과였다. 벌써 석 달째 한겨울이었다. 핸드폰 벨이 여러 번 울리고서야 귀에 댔다. "누구세요?"하기 전에 상대 쪽에서 억센 악센트에 우렁우렁한 말이 쏟아진다. 안하무인의 이광훈씨, 들이당짱 하는 소리가 "아니, 김선배가 언제부터 내 전화를 이렇게 안 받게 됐소! 두말 말고 다음 주 금요일 날 저녁 시간 좀 내소, 내가 저녁 거판 하게 낼 꺼요. 참석하는 걸로 그렇게 알고 있겠어요. 김선배가 알만한 분 몇 분 모시고 우리 대장 팔순 잔치를 해 드리기로 돼 있으니까."

"여기가 깊은 산중 암자요, 내 몇 달 전에 오른쪽 폐를 7센티나 잘라내고 방사선 치료다, 약물치료다, 해봐야 신통치 않아서 아예 변산 월명암에 와 있단 말이오. 그래, 어떻게 하지?"

"어떻게 하기는 뭘 어떻게 해요. 그까짓 놈의 폐암, 수술했으면 그만이지, 중도 아닌 사람이 암자에는 왜 가요? 병원에 안 갈 정도면 다 나은 거지! 두말 말고 바로 오소."

몇 분을 초청했든 그가 누구든지는 관계할 바 아니다. 하지만 '우리 대장'의 팔순이라는데 도대체 '꼬붕'들이 '대장'으로 받들어 모시는 사람이 누구란 말인가, 궁금하지만 어차피 가지 못할 일 그냥 덮어두고 대낮인 데도 언듯 잠들고 말았다. 또 전화가 왔다. 벌떡 깨 전화를 받자마자,

"아 참 아까 말을 못 했는데, 조용중 이사장 팔순이오. 중이 제 머리 못 깎는다고 당신이 그걸 챙길 처지도 아니고 알다시피 현직에서 떠난 지 오래 되지 않았소. 몇몇 동료들이 모시자 해서 연락 한 건데 아직 시일이 있으니까 잘 조리하고 꼭 올라오기를 다들 바라고 있소."

그런 후배의 간절한 청을 들어주지 못한 채 서너 달 뒤에 나는 웬만큼 몸을 움직이는 것이 자신이 생겨 산에서 내려왔다. 그 며칠 뒤 이광훈씨가 세상을 떴다는 소식을 듣고 빈소로 달려갔다. 아직 빈소도 제대로 차려지기 전 강남성모병원 영안실 고인의 영정 앞에 엎드려 엉엉 큰 소리로 울었다.

"몇 달 전에 그렇게 큰 소리로 호통 치던 자네가 어찌 먼저 갔는가! 내 큰 절 받으려고 먼저 갔는가!"

목소리만 걸지고 세 살 때부터 키우던 안동 양반의 기만 쎘지 실상 췌장암에 시달렸다는 말을 빈소에서 유족으로부터 듣고서야 나는 그 전화 속에서 꽝꽝 새어 나오던 '그까짓 놈의 폐암'이란 의미를 알고서야 새삼 고개를 숙였다.

그런 사람이 조용중씨 한 테는 불 불 기었다. 조선배나 이광훈씨는 어떤 친구가 좋은 학교 나왔다고 미국서 공부했다고 똑똑하다고 박학다식하다고는 물론 사람이 좋다거나 고향이 같다거나 어디 동창, 어느 신문사에서 같이 밥을 먹은 것으로 관계를 짓지 않았다.

조병옥 박사 떠나던 공항에서 최인규의 귀에…

야당 민주당의 대통령 후보 유석 조병옥 박사가 선거를 앞두고 신병치료차 미국 월터리드 육군병원으로 떠나는 김포공항에는 수백 명의 민주당 사람들에 섞여 자유당 강경파의 최고 수뇌라 할 장경근 의원이 나왔다. 그는 한일회담 대표의 한사람으로서 조 박사와 같은 비행기, 동경으로 가는 노스웨스트를 기다리고 있었다. 공항 귀빈실엔 최인규 내무장관의 얼굴이 보였다. 감히 접근하는 기자가 없었다. 최인규는 어떻든 제헌국회와 2대 국회에서 내리 국회의장을 한 해공 신익희와 경기도 광주 국회의원 선거에서 대결했던 사람이다.

조용중은 최 장관의 귀에 바짝 대고 소곤거렸다. 관용차 넘버 7번의 주인공, 경찰을 좌지우지하는 아니 그 몇 달 뒤 3·15 정부통령 부정선거로 사형대의 이슬로 사라질 만큼 세도 당당하던 그의 귀를 간지럽힌 말은 무엇이었을까.

"호! 내무장관이 민주당 조박사 환송을 다 나오시고…"

"그게 아니고 장경근 의장(자유당 정책위원회)이 떠난다 해서"

"겸사겸사 나오신 건가?"

기자가 장관의 귀에 입을 댈 권리도 없지만 그렇다고 아니라고 사래사래 손을 흔들 처지도 아니지 않겠는가.

그 몇 달 전 자유당의 조 순 의원이 원내총무에 이어 선전부장이 됐다. 보성의 부정선거가 시빗거리가 되고 광주에서의 민주당의 자유당 규탄대회가 무산된 때다. 한마디 해달라는 조용중의 말에 조 순 의원은 "허 이거 뭐라고 말해야 하나, 족장이 잘 생각해서 한마디 써주시오." "허, 조부장이 조씨라, 그렇다고 족보를 따질 수도 없고 다시 전화 할 테니 잘 생각해서 한마디 해주시오."

우체국 전화통 차지하려 500m 질주 1등!

벌거벗은 기자였다. 1959년 자유당의 황성수와 민주당의 이정래가 맞붙은 보성재선거 때 이씨가 부정선거를 이유로 사퇴 성명을 냈다. 중앙에서 내려간 여러 기자들이 이씨의 사퇴 성명을 받아쓰자 번개같이 뛰었다. 부슬비가 내리는 진흙탕 길을 여럿이서 냅다 뛰었다. 100미터 지점에서 동료 한 사람을 따돌리고 우체국 바로 앞에서 또 한 기자를 뒤로하여 500미터 뛰기 1등! "통화권 한 장 주슈!" 뛰는 놈 위에 나는 놈은 없었다. 한발 빠르면 특종이오, 한발 늦으면 다음 판으로 넘겨야 한다. 피를 말리는 경쟁 속에서 속도 경쟁에서 조용중은 챔피언이 되었다. 보성-서울 간 전화 회선은 겨우 한 개 회선뿐이었다.

내가 본 기자 선배들 가운데 조용중만큼 속필, 거기에다 달필을 보지 못했다. 아마 그 무렵 법조 출입하던 경향의 윤양중이나 합동의 심상중을 빼고는.

조 선배는 한문의 획을 정확하게 익혔다. 영어 스펠링도 마찬가지다. 정규교육의 부족을 옥편이나 콘사이스로 메웠다. 오른손 검지가 입술에 갔다 싶으면 당장 상형문자고 꼬부랑글씨고 눈 깜짝할 사이에 잡히는 장면을 나는 여러 번 보았다.

언젠가 이 어른이 내게 한 말이 생각난다.

"내가 초년에 신었던 구두가 '핸죠까'(編上靴) 라고 그랬던가, 김형 말이 맞아, '아미아게구쓰'(編上靴)야, 그런데 나는 그걸 수십 년 동안 '핸죠까'로 알고 있었어.…"

불치하문, 수하 사람에게도 스스럼없이 물어보고 또 자기 모르는 것을 감추려 하지 않는 자세, 나 같은 사람부터 허세가 뼈에 박히기 쉬운 기자로서는 보기 드문 자세다.

그에게 비판정신은 거의 본능적이었다. 나는 조 선배를 기분 좋을 때면 '유학'(幼學)이라고 불러드렸다. 평생 벼슬에 연연하지 않고 공부에 열공하는 그런 아그똥한 자세가 80넘어 까지 자기이름으로 글을 쓰는 원석이 되었다. 지금은 많은 사람들이 유행처럼 무언가 매고 다니지만 그때 90년대엔 희한한 큼직한 배낭을 짊어지고 신문회관이며 관훈클럽이며 광화문의 교보서점이며 인사동의 통문관을 출입했다. 서재 놓아두고 사무실 놓아두고 책과 노트 사전 필기구를 노인의 '구급 약통처럼' 짊어지고 다닌 그 오기가 어디서 나왔을까. 학문의 길을 이렇듯 신들린 사람처럼 좇을 것인가. 거인유학(巨人幼學)이 그립다.

한국ABC협회장 연임 도운 친구들

언젠가 아마 1990년대 중반이었던 듯하다. 전화를 들자 조용중 선배는 한두 마디 자기 처지를 이야기하다 불쑥 박권생이, 조세영이가 그럴 수가 있어? '이 자들'이 이럴 수가 있느냐고 분개하고 있었다. '이 자들' 이라 하든 '이 양반들'이라 한들 호칭 가지고 내가 신경 쓸 일은 아니었다. 화난 것은 이분들한테 몇 번 전화했는데 통할 수가 없다, 나를 뭘로 보고 이런 투였다.

"아니 조 선배를 보기를 '뭐얼'로 보아요. 도대체 전화를 누가 받는데! 비서가 받은 전화 전할 만하면 전하고 그렇지 않으면 안 전하는 것이 상례인데… 저야 상대방이 조 선배 전화인줄 알면서 콜백을 안 했는지 아니면 아예 그런 전화가 온 것 자체를 모를 수도 있으니까 뭐라 말하기 어렵지만 그렇게 자기를 무시한 것으로만 생각할 건 아닌 것 같은데, 어떻든 용건이 뭐였소? 혹 제가 조 선배의 뜻을 전할 만한 계제가 되면 전할 수도 있겠고…"

내가 보기로는 기분이 좋고 나쁜 건 문제가 아니었다.

"목구녕이 경각에 달려 있다고 당신한테나 이야기하는 거요."

거기에 덧붙였다. 조세형이 집권당의 부총재요, 박권상이 KBS 사장인데 내가 이 자리에서 밀려나면 남들이 나를 김대중 정권으로부터 쫓겨난 사람으로 알 거 아니오."

당신 입으로 하기 어려운 목구녕 문제라고 하던 ABC협회 회장 연임문제는 결국 당신의 오랜 친구, 이들 도움으로 해결됐다고 들었다.

따르는 꼬붕들은 많아도 끌어주는 선배는 없었고 더구나 같이 딩굴던 왕년의 쟁이들은 저 살기에 바빴다. 그런데도 별세하기 얼마 전인 여든여섯 살까지 붓을 놓지 않고 외길 언론의 길을 60년 이상 지탱한 것은 그의 타고난 재주와 함께 각고의 노력 탓이 아닐까. 한 시대를 떳떳하게 살아온 기자로서, 지성인으로서 배울만한 선배라는 생각이 든다.

국회 출입기자단 '태평로회' 그 才談

박 기 병
• 대한언론인회 회장 • 6·25참전언론인회 회장

격동기 한국 언론계를 이끈
조용중 선배와 나란히 앉아
태평로의사당 2층 기자석서
취재하던 그 시절이 그립다

일편단심 言論一路 가꾸어온 巨步!

옛일을 되돌아보며 생각해 보니 벌써 수십 년의 세월이 흘러갔다. 조용중(趙庸中) 선배와 나의 첫 만남은 지극히 우연한 기회가 아니었을까. 나는 언론계에 입문해서 처음 국회 출입기자로 활동했다. 지금은 국회 의사당이 여의도에 거대한 전당으로 그 위용을 떨치지만 초창기엔 광화문 태평로에 둥지를 틀고 헌정사(憲政史)의 초석을 다지고 있을 때였으니 참으로 격세지감(隔世之感)을 느낀다.

제3대 국회인 1958년 5월, 내가 대한통신 정치부 기자로 국회를 출입할 때, 당시 국회 출입기자는 중앙언론사 44명이었고, 기자석도 본회의장 2층 뒤편 양쪽에 있었는데, 본회의장을 바로 내려다 볼 수 있는 위치였다.

1958년 7월 당시 조 선배는 조선일보에서 목사균 기자와 함께 출입했고, 그해 12월엔 조 선배와 조세형 선배가, 1961년 4월엔 조 선배와 김인호 선배가 출입하다가 1962년에 출입기자가 21개사 82명으로 늘어나면서 동아일보로 옮겨가는 바람에 국회 출입이 중단되었다.

조용중 선배와 나는 국회의사당 2층 기자석 옆자리에 앉아 취재하면서 언론계의 선후배로 인연을 다져나갔다. 태평로 국회의사당 2층 기자석에 조 선배와 나란히 앉아 취재하던 그 시절이 새삼 그립다.

혈기왕성하던 젊은 시절, 1958년 당시 국회 출입기자 가운데 생존자는 한국일보 이원홍(李元洪)과 이형(李馨), 경향신문 정종식(鄭宗植), 대한통신 조광현(曺匡鉉)과 필자뿐이니, 많은 세월이 흘러갔다는 것을 새삼 실감하게 된다. 조 선배는 언론계에 진출해서 자유신문, 세계통신 기자로 필력을 다지고 동아일보 조선일보에서 민완기자로 정치부 차장·부장, 서울신문 경향신문에서 편집국장 전무를 지내고, 연합통신 사장으로 춘추필봉(春秋筆鋒)을 펴면서 격동기의 한국 언론계를 이끈 거인(巨人)이었다.

"진실은 완행열차처럼 늦게" 그 말씀 떠올라

'감추는 필력(筆力) 끌려가는 언론(言論)'이라 일갈한 조 선배는 1981년 신군부에 의해 해직되자, 홀연히 도미(渡美) 인디애나대학 저널리즘스쿨과 컬럼비아대학에서 신문학을 연수했고, 관훈클럽 총무, 한국ABC협회 회장, 한국언론연구원 원장을 역임하는 등 언론창달에 큰 족적을 남겼다.

조 선배는 관훈클럽 총무로 활동하실 때, 내가 취재 일선에서 물러나 한국기자협회 회장과 재외동포신문방송편집인협회 이사장으로 재직할 때에도, "정의(正義)와 진실(眞實)은 완행열차처럼 항상 늦게야 도착 한다"는 말씀으로 일깨워 주시던 일이 새삼 떠오른다. 그리고 사실(事實)에는 여러 개의 얼굴이 있지만, 진실은 오직 하나뿐인데 제 모습마저 감추려 한다던 조 선배의 명언이 다시금 새롭게 다가온다.

인자한 성품, 해박한 지성인이었던 조 선배는 사실에 입각한 투명한 기사를 엮어내던 명쾌한 문필가(文筆家)였다. 우연한 자리에서 김은구(金銀九) 형과 조 선배와 만나 술잔을 나누며 언론인의 기개를 펼치고 재담(才談)을 나누던 일이 주마등처럼 스쳐 지나가는데 두 분은 물론, 국회 출입기자단으로 동고동락하던 태평로회(太平路會) 여러 분들도 먼저 타계(他界)하여 인생무상(人生無常)함을 느끼며 옛 정이 더욱 그리워진다.

조 선배가 가신지 어언 4년, 후진들이 님의 거보(巨步)와 유지를 받들어 추모문집(追慕文集)을 엮는다며 추모의 글을 쓰라기에, 뜨거운 정기(精氣)로 정도언론(正道言論)에 스스로를 불태운 열정, 일편단심 언론일로(言論一路) 가꾸어온 거보(巨步), 그리운 옛 추억들이 알알이 솟아난다.

"꿈엔들 잊을까 잠결엔들 잊힐까. 천계(天界)에 드신 님이여! 가슴 설레고 뛰는 심장으로 영겁의 세월 휘어잡고 지상에서 뿌린 독설(毒舌) 천상에선 덕설문향(德說文香)으로 듬뿍 피어 주시옵기 바랍니다."

언론사 데이터베이스 선구적 안목

이 종 전
• 전 경향신문 논설위원 • 호스피스 모임 대표

자유인 조용중의 세계는
조직과 전문성에서도 자유인.
언론연구원에 자리한 후
새로움과 변화가 동시에~

떠나면서 남겨준 모습은 '자유인 조용중'

간행위원 박석흥 경향신문 사우의 원고청탁전화를 받은 것은 지난 3월 28일 아침이었다. 조용중 선배 4주기 추모집 간행계획과 함께.

마침 이날 아침은 장명석 전 경향신문 사장의 별세소식으로 전화통은 슬픔의 소리가 끝없이 이어지고 있는 와중이었다. 경향사우들이 씨줄 날줄로 슬픔을 토해내고 있었다.

요양병원에서 힘든 마지막 순간을 보냈을 장 사장을 생각하면서 나는 자연스레 분당서울대병원에서 마지막 순간을 보내던 조용중 선배를 떠올렸다.

마침 환자들을 돌보는 봉사자모임의 대표를 맡고 있는 때여서 입원에서 중환자실을 거쳐 떠나는 모습까지를 모두 가까이에서 지켜볼 수 있었다.

떠나면서 그가 남겨준 모습은 자유인 조용중 이었다.

장기의 일부를 몸 밖으로 끌어내 달고 다니는 고통 속에서도 그는 어느 음식하나 싫은 내색 하지 않았다. 후배들이 찾는 음식점에 스스럼없이 동행하는 자유인 이었다. 걱정하는 후배들을 오히려 다독이며 앞장서 걸어 들어갔다.

자유인 조용중의 기상은 80년대 엄혹한 때에도 분명하게 드러났었다.

언론연구원은 군인들이 정권을 장악한 후, 이른바 언론통제하에서 만들어진 새로운 단체였다. 당시의 문공부를 상전으로 모시고 군사정권의 당위성을 선전하는 기수 역할을 부끄러워하지 않았고 앞장서기를 자임하던 때였다.

자유인 조용중을 언론연구원으로 영입한 것은 그가 친구회사이름만 명함에 적어놓고 있을 때였다. 당시 연구원 조사연구이사가 중병으로 자리를 비웠고 그 후임 자리에 온 것이었다. 그는 자신의 경력을 내세우지 않고 연구원 끝자락에 있는 이방에 말없이 자리했다. 얼마 뒤 원장이 되었다.

자유인 조용중이 언론연구원에 자리한 후 새로움과 변화가 동시에 일어났다.

미국 정보화기술을 우리의 것으로 구체화

데이터베이스의 탄생은 당시의 정보환경에서 상상조차 하지 못한 획기적인 사업이었다. 정보통신회사에서 연구원으로 옮겨온 한 직원이 중심이 되어 시작된 언론 데이터베이스 구축사업은 컴퓨터라는 용어자체가 낯선 당시로서는 컴퓨터가 타자기의 역할만하던 시대상황에서는 획기적인 일이었다.

새로움과 새로운 바깥세상을 추구하는 자유인 조용중의 기질은 여기에서 불을 뿜었다. 미국의 샌프란시스코, 산호세 등에 기술직원들을 대거 보내 미국의 정보화, 정보화기술들을 보고 익히게 하였을 뿐 아니라 이를 갖고 들어와 묵히지 않고 바로 우리기술로 바로 우리의 것으로 구체화 한 것이다.

이렇게 하여 한국의 언론데이터베이스가 탄생한 것이다,

한국 언론 사상 첫 언론데이터베이스 구축이고 국내 언론사들이 데이터베이스를 만드는 길잡이가 된 것이다.

직원들을 대하는 조용중의 태도 역시 자유인이었다.

당시 연구원직원 구성은 언론과 무관한 인물도 많았다. 이른바 신군부들이 밀어 넣은 인물들은 언론과 무관한 일거리들을 만들어 마찰과 잡음이 일기도하였고 신문기자를 지향하여 연구원에 취업한 신문방송학과 출신들과는 물과 기름이었다.

반목과 잡음없는 언론연구원으로

자유인 조용중은 물과 기름을 함께 뭉치게 했다. 때로는 물과 함께 무교동 막걸리집에서, 때로는 기름과 함께 무교동 육개장집에서 원장이 아닌 자유인 조용중으로 식사를 함께 하면서 반목과 잡음 없는 연구원으로 뭉치게 했다.

자유인 조용중의 세계는 조직과 전문성에서도 자유인이었다.

경향신문사가 문화방송과 통합되기 이전 정치부기자출신 조용중은 소공동 경향신문의 편집국장이었다.

국장석에 앉은 자유인 조용중의 입은 거침이 없었다. S로 시작되는 거친 소리가 때로 온 편집국을 들썩이게 했고 여기자들이 있는 구석진 문화부에서도 명확히 들렸다. 그의 거친 불만의 목소리는 신문기자답지 않은 행태에 접한 뒤에는 더욱 거리낌 없이 표출되곤 했다. 예상하지 못한 해외주재특파원 발령이 있는 날에도 역시였다.

정치부 출신이면서도 오히려 사회, 문화부 기자들과의 대화가 잦은 자유인이었다. 당시 사회부장은 경찰기자중의 경찰기자라는 어임영 부장이 사건기자들을 향해 사건 톱을 내놓으라고 쪼아대는 상황에서도 자유인 조용중은 경찰, 검찰기자들에게 다가와 사건 배경에 대한 질문과 대화를 끊임없이 시도하는 자유인이었다.

새카만 후배와도 초년병과도 거리두지 않는 자유인이었다. 그리고 아껴주고 사랑해주는 자유인이었다. 휴일, 관악산, 청계산 등을 등산, 밥을 지어먹고는 설거지 등 뒤처리에 앞장서는 자유인이기도 했다.

눈을 감고 떠나기 직전, 자유인 조용중은 병실을 찾은 후배를 향해 "나는 자유 찾아 떠난다"고 말하면서 희미한 미소를 보내는 듯 했다.

"고운 것은 더럽고 더러운 것은 곱다"

이 원 두
• 전 경향신문 편집 부국장 • 전 파이낸셜 뉴스 주필

내 가슴 깊이 자리 잡고 있는
그분의 위로편지 말미에 警句!
맥베스에 나오는 '마녀의 독백'
당신이 거기에 꽂힌 까닭은?

조용중 선생과 우여곡절 50년

조용중 국장과 첫 만남은 1968년 이른 봄, 돌아가신 것이 2018년 2월. 못난 수하인 나와의 관계가 50년이나 이어졌다. 그 50년간 조 국장은 단순히 직장 상사만이 아니라 많은 것을 몸으로 가르쳐 준 스승이기도 했다.

나는 1970년 대 중반, 신문사에서 등 떠밀려 나온 이래 이곳저곳, 이 일 저 일로 흘러 다녔다. 80년대 들면서 일본 동경서도 5년을 살았다. 그 무렵의 조 국장 역시 마음이 편하지 않은 시기였던 것으로 기억한다. 그러면서도 내게 위로의 편지를 자주 보내주셨다. 당신의 가르침은 대개 말이 아니라 행동 또는 선문답의 은유였다. 그 가운데 아직도 가슴 깊이 자리 잡고 있는 '경구(警句)'가 있다

Fair is foul foul is fair

편지 말미의 이 구절이 함축하고 있는 뜻이나 어디서 따온 것인지 짐작도 가지 않는, 낯선 '경구'였다. 하필이면 영어인가라는 생각과 함께 세상사가 마음에 들지 않더라도 인내로 기다리면 권토중래(捲土重來)할 날이 올 것이라는 위로의 말로만 이해했다. 그 무렵 캐나다 공보관 근무를 마치고 귀국 길에 동경에 들린 전 동료에게 이 경구의 출전을 물어보았다. 대학 때 셰익스피어 3천 라인을 외웠다던가, 못 외었다던가 푸념을 늘어놓던 영문학 전공자였다. 그는 보자마자 맥베스 1막 1장, 마녀의 독백이라고 알려주었다.

그러면서 한국어 번역본은

'아름다운 것은 더럽고 더러운 것은 아름답다'일 것이라고 설명해주었다. 나중에 확인한 것이지만 민음사 세계문학 전집은 '고운 건 더럽고 더러운 건 곱다'였다.

조 국장이 하필이면 마녀의 '독백 예언'에 꽂힌 까닭을 지금도 알지 못한다. 예언의 가치는 적중 여부에 있지 예언자 신분에 있지 않다고 생각한 것일지도 모른다. 적어도 당시의 나는 '마녀의 독백'에 많은 위로를 받을 정도로 코너에 몰린 심정에서 헤어나지 못하고 있었다.

서릿발 고고함으로 일생을 흔들림 없이

조 국장은 평소 행동을 통해 '윗분(권력자)에게 예의는 지키되 원칙을 굽히거나 굴종하지는 않는다'는 꼿꼿함을 보여주었다. 감히 따라가지 못하더라도 옷깃을 여미면서 항상 되새기고 있다. 조 국장은 호탕한 웃음과 비속어로 자신을 얼버무리는 겉모습과는 달리 속 깊은 곳의 서릿발 고고함으로 일생을 흔들림 없이 산 분이다. 그런 '고고함'과 '예의는 지키되 굴종은 없다'는 자세 때문일까, 생애는 평탄한 것이 못 되었다. 편집국장에 이어 주일·주미 특파원이라는 우스꽝스러운 보직에도 묵묵히 워싱턴으로 부임했다. 임기를 마치고 귀국한 뒤에는 TV 해설자로, 문화방송이 경향신문을 병합하자 신문담당 전무로 복귀했다. 그러나 1987년 언론연구원장으로 다시 언론계와 연을 이으면서 연합통신 사장, 한국 ABC 회장을 거쳐 고려대학교 신문방송학과 석좌교수로 여생을 즐겼으나 그 중간 중간 조금은 엉뚱한 '잡역'으로 소일하기도 했다. 동경에서 만난 것 역시 아마도 그런 '잡일'에 매여 있을 무렵이었던 것으로 기억한다. 이처럼 언론인 조용중 일대기에는 풍파가 그치지 않았다.

  2017년 가을인가, 분당 병원에 입원, 수술했다는 전화를 받고 달려간 것이 이승에서의 마지막 만남이었다. 2009년 큰 수술을 받은 나를 격려하려고 고 이광훈 국장과 셋이서 점심을 한 것을 계기로 부정기적인 점심 모임이 시작되었다. 그러니 이광훈 국장이 급작스럽게 세상을 떠나자 자연스럽게 없어졌고 조 국장이 별 약속 없이 시내로 나온 날이면 '5분 대기조'인 나와 점심을 했다. 그러나 2017년 여름 이후 격조했던 것은 사실이지만 그처럼 건강이 좋지 않은 줄은 몰랐다. 수술 이후 출입이 여의치 않다는 소식을 풍편에 들으면서도 문안 문자를 몇 번 드렸을 뿐이었다.

'야근 없는 신문사' 경향 옮기며 첫 만남

  생면부지의 조용중 국장을 소개해 준 분은 1968년 당시 조선일보 편집부를 맡고 있던 고 이우세 전 서울신문 사장이다. 야근을 마친 새벽이면 자주 찾았던 청진동 목욕탕에서 장난삼아 달아 본 몸무게가 50Kg에도 미치지 않았다. 몇 년 동안 1주 3회 철야 근무 '청구서'였다. 그날로 이우세 선배를 찾아가 하소연을 하자 '경향신문 조용중 국장이 1면 편집자를 구한다'고 알려주었다. 다만 '부장 직위를 달고 회사를 옮기는 것이 쉽지 않을 것'이라고 덧붙이는 것이었다. '야근 없는 데'라면 어디든 좋다고 대답했다.

그 전해 1967년 가을 경제부총리에서 물러나 신문사로 복귀한 장기영 사주가 당신 부재중에 회사 분위기가 느슨해졌다고 판단한 것일까, 군기 다잡기에 나섰다. 편집부를 3부장 제로 개편한 덕분에 나는 어린 나이로 '편집부 제2 부장' 감투를 쓰게 되었다. 1968년은 연초부터 김신조 일당이 자하문 언저리에서 박살 난 이른바 1·21 무장공비 사건에 이어 미 정보함 푸에블로호 납북, 그리고 울진 삼척 무장공비 침투가 연이어 터진 해였다. 역대 급 사건이 줄을 잇는 가운데 어린 나이의 '편집부장'은 제 몸을 돌볼 여유가 없었다. 그래서 체중이 50Kg도 채 되지 못하는 바가지를 뒤집어썼고 그 탈출구를 이우세 선배에게 부탁한 것이다.

소공동 경향신문 사옥 옆 지하 다방 '남지'에서 만난 조 국장의 첫인상도 제대로 파악하지 못한 채 명함 대신 내민 것이 내 이력서였다. 이력서를 훑어본 조 국장 반응은 예상 대로였다.

"여기서는 최대한 배려해도 부장대우가 고작인데…"

석간인 경향신문은 내가 바란 유일한 조건인 '야근 없는 신문사'였다. 그래서 조 국장의 말씀에 내가 한 대답은 극히 간단했다.

"월급만 주시면…" 그 순간부터 시작된 조용중 편집국장과의 인연이 2018년 돌아가실 때까지, 50년이나 이어질 것이라고는 생각지도 못했다. 옮겨서 일 한지 꽤 시간이 흐른 뒤 지나가는 말처럼 물었다. "이곳 분위기 어때?"

"마감 시간에 뛰는 사람이 보이지 않더군요. 사환조차…"

당시 서울에서 발간되는 종합지 가운데 석간이 다섯, 조간은 둘뿐이었다. 당연히 조간의 경쟁은 치열할 수밖에 없었고 석간은 나름대로 특징을 살려 나가려는 여유가 있었다. 그 여유가 마감 시간에 뛰는 사람이 없는 한가로움으로 비쳤을지도 모른다.

제목 둘러싸고 조용한, 그러나 치열한 갈등도

조용중 국장의 신문에 대한 욕심과 의욕은, 특히 제작 실무(편집)에 대한 의욕은 놀라울 정도였다. 1면 편집자인 내게 요구하는 것이 많았다. 그중에 지금도 기억하는 것은 1면 좌단에 '오늘의 뉴스'라는 지면 안내란 상설을 검토하라는 지시였다. 세로쓰기 체제 신문 1면 좌측에 최저 5Cm (지금 가로쓰기의 한 칼럼) 폭의 지면 안내를 고정한다면 1면의 기사 소화 능력이 그만큼 줄어들고, 8면 발행 시대, 간지 4면은 전날 제작이어서 뉴스라기보다는 기획기사 중심이어서 '오늘의 뉴스'로 소개할 내용이 빈약한 것이 문제였다. 이 안은 결국 포기하기로 결론이 났다.

조 국장과 제목 표현을 둘러싸고 조용한, 그러나 치열한 갈등이 없지 않았다. 그 배경에는 3선개헌을 둘러싼 집권층(특히 중앙정보부)의 압력이 자리 잡고 있었다. 그렇다고 조 국장이 친정부, 3선 개헌을 지지

한 것은 물론 아니었다. 다만 제목은 합리적이고 중립적이어야 한다는 기본 원칙에 충실했다.

개헌안이 옛 국회(지금 서울시의회 건물) 3별관 (서울신문 옆)에서 공화당 단독으로 채택된 날, 발행한 호외 제목을 어떻게 표현하느냐가 문제로 도마 위에 올랐다. '통과'라는 동사를 쓰는 것이 당연하지만 젊은 나이, 날치기를 인정해주는 것이 싫었던 나는 제목을 '여당 단독 처리'로 달았으나 조 국장은 단칼에 지워버렸다. '처리'는 과정을 표현하는 것일 뿐, 그 결과는 '통과'가 올바른 표현이라는 것이었다. 경향신문 호외가 '처리'로 표현했다고 해서 법안이 법으로 성립되지 않는 것은 아니잖느냐는 논리였다. 옥신각신하다가 내린 결론은 '채택'이었다. 그러나 이튿날 본지에는 '통과'였다.

또 월맹(북베트남) 지도자 호지명(胡志明)사망기사 제목도 문제였다. 베트남 전쟁 참전 국가로서 총구를 맞댄 적국 지도자였으나 '사망'으로 표현하는 것에는 약간의 저항감을 느꼈다. 호지명을 6·25전쟁 중에 죽은 스탈린과 같은 선상에 올려놓고 싶지 않아서였다. 궁리 끝에 찾아낸 것이 '타계(他界)'와 '사거(死去)'였다. 그러나 이 단어는 우리나라보다는 일본에서 더 많이 쓰였다. 그래서 약간의 망서림이 없지 않았으나 조 국장은 고생했다는 칭찬과 함께 '사거'를 택했다. 그날 서울에서 발행된 신문(석간)에서 사망 대신 사거로 표현한 것은 아마도 경향신문 뿐이었던 것으로 기억한다.

조 국장 따라 워커힐 중앙정보부 안전가옥에

3선 개헌 논의가 급물살을 타기 시작한 무렵, 2판이 나온 직후 조 국장이 함께 갈 곳이 있다고 '외출'을 서둘렀다. 석간일 경우 2판과 3판 사이에는 상당한 시간적 여유가 있어 '장거리, 장시간 외출 휴식'이 가능했다. 휴식을 겸한 외출로만 알고 따라간 곳은 워커힐의 한 빌라, 중앙정보부 안전가옥이었다. '남산'으로 소환할 정도는 아니지만 그렇다고 묵과할 수는 없는 사안을 다루는 곳으로 알려진 곳이다. 등받이가 없는 둥글의자에 앉은 채 상당한 시간이 흘렀다. 조 국장은 다른 방으로 '초대'되었다. 오후 두세 시쯤 가서 그곳에서 나온 것은 통금시간(자정)이 거의 다 돼서였다. 통칭 남산이나 서빙고에서와 같은 '혹독한 대화'는 없었다. 다만 그냥 혼자 물 한 모금 마시지 못하고 시간만 죽인, 아마도 심리적인 압박을 위한 '소환' 또는 '초대'였던 것이다. 광나루 쪽 진입로를 내려오던 조 국장이 기사에게 차를 세우라고 했다. (회사 차가 그 시간까지 대기하고 있었다)

"소변이라도 보고 가자구"

조 국장 특유의 시니컬한 웃음과 함께 내게 한 말이었다. 그 말은 듣자마자 금방이라도 쌀 듯한 급한 요의를 느꼈다. 그러고 보니 그 빌라에 들어선 이후 거의 아홉 시간 가까이 화장실에 간 적이 없음을 깨달았다. 사람이 심리적 압박이나 긴장이 도를 지나치면 생리작용도 멈춘다는 말을 그 때 처음 경험했다. 조 국장과 나는 워커힐 입구 한쪽 숲길에서 '하계'를 향해 막힌 혈을 마음껏 풀었다.

문화부장 시절 낯 뜨거운 낙종 사연

1970년 문화부장으로 옮긴 이후 신문 제작(편집) 문제로 조 국장과 직접적인 접촉은 거의 없었다. 다만 어떻게 된 셈인지 사회면에 4백 자

분량의 무기명 칼럼이 내 몫으로 넘어왔다. 문화면 지면 구상보다도 더 큰 짐이었다. 와우 아파트가 무너진 며칠 뒤 김현옥 당시 서울시장과 친분이 돈독한 작가 한 분이 김 시장을 위한 변명 칼럼을 줄 수 없느냐고 부탁했다. 당시 사내 외 분위기가 주무 시장을 위해 변명을 늘어놓을 상황이 아니었다. 당연히 나는 거절했고 얼마 뒤 그 작가는 연재 중이던 소설을 느닷없이 중단했다. 급작스럽게 이루어진 해외여행 때문이라고 했지만…

경과를 보고하자 조 국장은 특유의 욕설 한마디로 사태를 수습했다.

문화부장 시절, 지금 생각해도 낯 뜨거운 '역대급 낙종'을 한 적이 있다. 백제 무열왕릉 발굴 현장에서의 유물 공개였다. 모든 신문이 (경향신문만 빼고) 공주 송산리 백제 고분군의 한 무덤이 무열왕릉임을 지석문으로 확인, 발굴에 나서 국보급을 포함하여 총 1백 8종 2천 9백 6점의 유물을 공개한 것이다. 다른 신문의 특집화보에 실린 '찬란한 백제'를 본 순간 숨이 탁 막혔다. 숨이 막힌 것은 나뿐만이 아니었다. 국장 석에서 벌떡 일어선 조 국장이 문화부 쪽으로 다가왔다. 변명이 필요 없었다. 변명이 끼어 들 틈도 없었다.

"하루 늦었지만 화보와 특집을 준비 해!"

'하루 늦은 특집'은 늦은 만큼 더 화려하고 거창하게 꾸며야 체면이 살지만 당시 문화부에는 문화재 전문 기자가 없었다.

낙종 얼마 뒤 편집국장 조용중과 편집기자 문화부장 이원두의 인연은 일단 막을 내린다. 바뀐 경영진이 조 국장을 주일 주미 특파원이라는 우리 언론사상 유례가 없는 코믹한 보직을 만들어 발령했기 때문이다.

한번 꽂히면 만족할 때까지 추적하는 집념

문화재 관련뿐만 아니라 조 국장 독서의 폭과 깊이는 놀랍다는 차원을 떠나 존경과 두려움마저 느끼게 했다. 한번 꽂히면 당신이 만족할 때까지 추적하는 모습은 취재기자와 치열한 학자를 겹쳐놓은 것과 비슷했다. 1980년 초반 일본 동경으로 흘러가 5년여를 보내고 있을 때다.

그 무렵, 중국에 대한 관심이 절정에 달했던 조 국장은 푸른색 항공우편 전용 편지지를 통해 어떤 자료를 복사해 보내 달라는 지시가 잦았다. 모택동의 장정(長征) 관계, 강청(江靑)등 4인방 관계, 등소평 관련 논문이 대부분이었다.

당시의 자료 복사는 열람 신청한 다음, 대출된 자료를 다시 복사실로 가져가 페이지 당 얼마라는 요금을 내고 기다리는 시스템이었다. 논문 두세 편이면 거의 A4 용지로 2백 페이지가 넘는다. 복사 신청 손님이 많아 한번 가면 거의 하루가 걸렸다. 이런 사정을 아는 조 국장은 뜸뜸이 편지로 위로해 주었다.

그 무렵 받은 편지말미의 'fair is foul, foul is fair'를 보고 자동적으로 내 머리를 스친 것은 '생즉사 사즉생(生卽死 死卽生)'이라는 충무공의 경구였다. 윗분에 보내는 편지에 사(死)를 쓰기가 어려워 '공즉화(功卽禍), 화즉공'이라는 즉석 조어로 답장을 보냈다. 이 구절에서 '생즉사 사즉생'을 일깨우게 한 충무공이나 셰익스피어는 출생연도가 20년 밖에 차가 나지 않는 16세기 중엽 동시대 인물인 것은 우연일 것이다.

우리 가문에 신세를 졌던 '조부 묘갈명'

조 국장과의 극히 사적인 일로는 이분이 내 결혼식 청첩인이라는 점이다. 그렇게 많이 받은 청첩장이었으나 거기에 '청첩인'이 있음은 모르고 있었다. 막판에 가서야 알고 인쇄소에서 내 마음대로 '청첩인 조용중'을 적어 넣고 사후 결재를 받은 것이다. 조 국장도 우리 가문에 신세를 졌다면 진 분이다

조 국장이 문화방송·경향신문 전무(신문담당)일 때 한번은 '언제 한번 연민 집에 함께 가자'는 전갈이 왔다. 연민(淵民)은 내 족형인 이가원(李家源) 교수의 호다. 어둑어둑할 무렵 명륜동 연민 자택을 찾아 올라가면서 무슨 일로 연민을 찾느냐고 물어보았다. 조부 묘갈명(墓碣銘)을 부탁하기 위해서라고 했다. 명륜동 연민 한옥 좁은 사랑방에 들어 선 조 전무가 큰절을 하면서 '누구의 손자'라고 자기소개를 했다. 맞절 삼아 고개를 숙였던 연민이 "자네가?" 하면서 첫마디부터 말을 놓는 것이었다.

연민은 1917년생, 조 전무가 1930년생이니까 당연하다면 당연하지만 그래도 수 인사도 끝나기 전에 언론사 임원에게 취할 도리는 아니라는 생각에 몹시 당황스러웠다. 그러나 조 전무는 공손한 태도로 그렇다고 대답하면서 찾아온 목적을 설명하기 시작했다.

새로 묘갈명을 마련하는 것이 천장(遷葬)때문인지 아니면 석물(石物)을 새로 마련하는 것인지는 기억나지 않는다. 다만 그날 연민은 조 전무의 조부를 기호지방의 유명한 선비로서 연민도 익히 알고 있는 분이라고 설명하면서 그런 분의 묘갈명을 쓰게 된 것은 영광이라고 했다. 연민은 글씨는 누구에게 부탁할 것인지 물으면서 아직 정해지지 않았다면 성암(星菴)이 어떤 가고 묻는 것이었다. 말투로 보아 듣기 나름으로는 묘갈명을 쓰는 조건으로 받아드릴 수 있다고 생각했다.

연민의 종반인 성암 이원기(李源箕)는 당연히 내 족형이다. 별로 알려지지 않은, 그러나 아는 분은 알아주는 금석문(金石文)의 대가로 꼽힌다. 또 해서(楷書)는 일중(一中)형제도 인정한다는 설도 있었다. 주저하는 조 전무를 보고 연민은 '인촌 종가 중수 때 상량문을 쓴 사람'이라고 설명하는 것이었다. 조 전무는 그 말을 곧이 들었는지, 아니면 연민의 소개라서 그런지 글씨는 성암에게 부탁한다고 대답했다.

명륜동 골목을 벗어나 차가 기다리는 곳까지 내려오면서 초면의 연민을 상대하는 데 그만큼 긴장했던 탓이었을까, 조 전무는 한시름 놓았다는 듯이 길게 숨을 내쉬었다. 연민이 쓴 묘갈명 글씨를 성암이 썼는지, 뒷 소식이 없는 것으로 보아 예정대로 추진된 듯하다.

언론연구원장 시절, 1986년 경향신문에 부국장으로 복귀한 나를 각종 세미나와 심포지엄 패널로 자주 불러주셨다. 행사를 마치고 부여 마곡사, 정읍 백양사 등 백제 사찰을 견학시켜 준 것은 무령왕릉 낙종에 대한 '사후 견문 넓히기' 교육이었을지도 모른다. 또 지금도 내 서가에는 조 국장으로부터 빌려 온 진단학회(震檀學會) 책이 십여 권이나 된다. '반환 불가'조건을 달았던 것을 보면 그 무렵 이미 주변 정리를 시작한 것인지도 모른다.

어쨌든 조 국장이 떠나신 지 4년이 넘었으나 마지막 몇 달 동안 단 한 번 밖에, 그것도 분당 병실로 찾아뵌 것뿐인 죄스러움이 한으로 남아 있다. 그때마다 맥베스에 나오는 마녀의 독백 'fair is…'와 서가에 꽂혀 있는 조 국장의 손떼 묻은 책을 바라보면서 마음을 달랜다.

*이 글로 '조용중 선생 4주기' 분향재배(焚香再拜)에 가름하면서. 이 간절함이 선생의 영면에 조금이라도 보탬이 되기를 빈다.

서울신문 레벨 업 카드!

정 기 정
• 전 서울신문 정치부 기자, 월남 특파원 • 전 마산문화방송 사장

경영혁신의 첫 신호탄
편집국장으로 취임한 조용중
서울신문은 긴장의 연속…
획기적인 변화를 가져왔다

조용중 편집국장의 우렁찬 목소리

조용중 선배를 내가 처음 대면하게 된 것은 조 선배가 1965년 서울신문 편집국장으로 부임 하면서였다. 나는 그때 서울신문 정치부 올챙이 기자였던 시절이다.

어느 날 아침 회사에 출근 했더니 조용중 선배가 편집국장으로 취임 했다는 소식에 편집국 전체가 술렁이고 모두들 긴장하는 분위기가 역력 했다.

당시 조 선배는 동아일보 정치부 차장을 거쳐 조선일보에서 명 정치부장으로 명성을 떨치고 있을 때였다. 더구나 야당지인 조선일보에서 여당지인 서울신문으로 자리를 옮겼다는 것은 언론계의 커다란 화제가 될 수밖에 없었다.

조용중 선배가 서울신문으로 오게 된 연유는 이러하다.

당시 서울신문은 정부 기관지 역할을 해온 친여매체로 4·19혁명 때 학생들로 부터의 피습 후유증 등으로 많은 어려움을 겪고 있었다. 그런데 5·16혁명 후 새로 사장에 부임한 장태화씨는 대대적인 경영 혁신을 시도 하고 있었다. 장 사장의 경영 혁신 제1 목표는 서울신문을 동아일보, 조선일보, 한국일보 수준으로 레벨 업 시켜 보자는 것이었다. 그 변화의 첫 신호탄이 조용중 편집국장 카드였다.

한편 조 선배 입장 에서는 당시 조선일보에서 차기 편집국장으로 많은 사람들의 입에 오르내리고 있었는데 결국 편집 담당 부국장 이던 김경환 씨가 국장으로 임명 되어 다소 의기소침 해 있을 때였다. 이 두 가지 사실이 비슷한 시기에 겹쳐져 일어난 결과였다.

조 선배가 편집국장으로 취임한 서울신문은 긴장의 연속이었다. 석간 초판이 나오고 점심시간이 되어갈 무렵이면 편집국 정중앙에 위치한 국장 석에서 "어이 사회부장!" "어이 외신부장!" 하는 조 선배의 우렁찬 목소리가 쩌렁 쩌렁 울려 퍼졌다. 조 선배는 정말 정열적으로 일하는 모습 이었다. 그는 신문 제작에 혼신의 열정을 쏟았으며 매사에 적극적 이었다. 특히 조 선배가 서울신문에 부임 한 후 사회면, 외신면, 문화면이 창의적인 아이디어로 획기적인 변화를 가져 왔다는 평가를 받았다.

조 선배는 전날 아무리 늦게 귀가 하더라도 다음날 아침 6시에 집을 나서는 새벽형 '어얼리 버드'였다. 그 같은 생활 태도는 아마도 젊은 기자 시절부터 체질화 된 듯 보였다. 새벽 6시에 집을 나서면 어떤 때는 영어 학원을 거쳐 회사에 출근하기도 하고 때론 주요 정치인 집에 들러 차담을 나누고 출근하기도 했다.

그는 젊은 기자들과 어울려 대화하기를 좋아했고 대화라기보다 오히려 특정 주제를 가지고 논쟁하기를 즐겼다. 조 선배는 반골 기질이랄까? 야성이 매우 강한 분으로 처음 대하면 어렵게 느끼는 사람들이 많았다. 그러나 일단 마음을 한번 주고 나면 그렇게 부드러울 수 없고 친근감을 느끼게 하는 양면성이 두드러진 분 이었다.

조국장의 호출 잦다보니 '조용중 직계'로

조 선배가 국장으로 부임하고 얼마 지나지 않아 나는 서울신문 3면 간지에 풀 페이지 정치 해설기사를 쓴 적이 있었다. 그날 느지막하게 회사에 들어왔더니 국장석에서 예의 그 우렁찬 목소리가 들려왔다. "어이 정기정 씨 나 좀 봐" 조 국장의 호출 이었다. 나는 고양이 앞의 쥐가 된 듯 국장석 앞에 섰다. "부르셨습니까?" "그래 여기 좀 앉아 봐." 조 선배의 기사평이 시작 됐다. 이건 이렇게 하고 저건 저렇게 했으면 좋았을 것 같아. "수고 했어." 질책인지 칭찬인지 도무지 알 수가 없었.

그런 일이 있은 후로 편집국장과 올챙이 기자의 만남이 자주 이루어졌고 나는 그 후로 어느새 조용중 직계로 낙인 찍혀 버렸다.

불교에서 '할' 이란 용어가 있다. 선승들이 참선 하는 수행자를 호되게 꾸짖을 때 내는 고함 소리나 행위를 말한다. 수행자가 졸거나 주의가 산만할 때 큰소리를 내어 상대방의 각성을 촉구 하거나 죽비를 내리치는 행위를 말한다. 조 선배는 가끔 스님들이 할을 하듯이 큰소리를 내어 주위 사람들의 주목을 끌 때가 많았다.

어느 자리에서 나는 조 선배가 스님이 되었다면 조계종 종정은 따놓은 당상 이었을 것 이라고 말한 적이 있는데 조 선배는 내 말의 뜻을 이해 하셨는지 "허허" 하고 웃어 넘겼다.

어떻든 조 선배는 여러 사람들이 모였을 때 좌중을 압도하는 풍모와 기질이 남 달랐다. 선비형 이랄까? 대인풍 (大人風) 이랄까? 조 선배는 역시 거인 이었다는 생각이다.

그는 어떤 모임에서나 대화를 리드하고 자신의 의견을 가감 없이 표현 하는 직설 화법을 구사 했고 '독설가'라는 평을 듣기도 했다. 또한 사람에 대한 호불호(好不好)가 분명해 어렵게 대하는 사람이 많았다.

이런 그의 대쪽 같은 성품 때문에 주위의 오해도 많이 받고 때로는 윗사람들로부터 거리감을 느껴 본의 아닌 손해를 입는 경우도 많았던 분이다. 연합통신 사장 재직 때 있었던 일화는 널리 알려진 일이지만 그 외에도 조선일보, 경향신문에 있을 때도 조 선배는 그 대쪽 같은 고집 때문에 오너들과의 관계가 부드럽지 만은 않았다. 서울신문에서도 마찬가지였다.

조용중 선배는 서울신문에 부임 한지 1년 조금 지나 여러 가지 사내 갈등을 견뎌 내지 못하고 사표를 내 던지고 홀연히 미국 인디아나 대학으로 유학길에 올랐다.

그러고 나서 35년의 세월이 흐른 2001년, 조 선배도 나도 현직에서 물러난 후 용인 수지에서 동네 이웃으로 다시 재회의 기쁨을 나누게 되었다.

말년에 애정 쏟은 원로 언론인 모임 '일목회'

퇴직 언론인 모임인 일목회(一木會)를 만들어 조 선배를 회장으로 모시고 내가 총무를 맡아 매달 한번 씩 저녁 모임을 가지면서였다. 일목회는 수지 지역에 살던 퇴직 언론인들의 친목 모임이다. 90년대 말 용인 수지 지역에 대규모의 택지 개발 사업이 시작 돼 10만 호에 가까운 아파트가 건설 되었다. 이 시기에 현업에서 은퇴한 많은 언론인들이 수지로 전입 해 와 서로 이웃이 되었다. 이를 계기로 일목회 모임이 자연스럽게 만들어 졌고 매달 한번 씩 만나 시국담과 언론계 근황에 대한 소식들로 밤늦게 까지 담소를 나누었다.

회원이 20여 명 되었는데 언론사 사장이나 임원을 지낸 분들이 대부분 이었다. 회원들의 면면을 보면 윤임술 전 부산일보 사장, 김동익 전 중앙일보 사장, 노철용 전 경향신문 사장, 이형 전 한국일보 논설위원, 박근숙 전 서초TV 사장, 조규하 전 전남지사, 강한필 전 불교TV 사장, 이정배 전 청와대 비서관 , 송두빈 전 동화통신 편집국장, 최종철

일목회 회식 모임 (2001.6)

경인일보 (2001.10.13)에 게재된 일목회 관련 기사

전 SBS 전무, 신동호 전 KBS 총국장, 이한수 전 서울신문 사장, 김문진 전 서울신문 전무, 유선우 전 대구매일 서울 지사장, 김두겸 전 중앙일보 주일 특파원, 문제안 전 원광대 명예교수, 김영범 전 프라자 호텔 사장 등 이었다.

조 선배는 당시 고려대 석좌 교수로 일주일에 두어 차례 강의를 나가면서 일목회 모임에는 빠짐없이 참석했고 항상 모임을 주도 하면서 분위기를 이끌었다. 조 선배는 강의나 특별한 약속이 없는 날에는 오전에 일본대사관 공보원에 들러 주요 일본 신문과 잡지들을 찾아보고 오후에는 관훈클럽을 찾아 국내 주요 신문들을 열독하고 언론계 동정을 살피는 것이 일과처럼 되어 있었다.

일목회 분위기가 항상 활기차고 열띤 토론이 벌어진 것도 조 선배의 남다른 노력과 열정이 있었기에 가능 했다고 생각 된다. 일목회 모임에 나오면 한 달간의 언론계 주요 동정과 시국의 흐름을 조망 할 수 있는 좋은 기회가 되었다.

조 선배는 돌아가실 때 까지 일목회에 많은 애정을 쏟았다. 회원이 20명 까지 되던 일목회도 이제 많은 선배들이 유명을 달리 하게 되었고 지금은 노철용 전 경향신문 사장을 회장으로 모시고 7명의 회원이 남아 22년 째 모임을 이어가고 있다.

김성곤 선생·김성진 장관과 각별한 사이

조용중 선배에 관한 기록을 위해 꼭 하나 남겨 두고 싶은 사실이 있다. 조 선배와 정치인 성곡(省谷) 김성곤 선생과의 관계이다. 성곡 선생은 1960년 대 집권당인 공화당의 실력자였다. 그는 당시 공화당의 재정위원장으로 막강한 힘을 가지고 있었으며 쌍용(雙龍)그룹의 오너 로서 우리나라 재계 4위의 재력을 겸비한 정치인 이었다. 그런데 성곡 김성곤 선생이 가장 아끼고 가까이 했던 언론인이 조용중 선배 였다. 성곡 선생은 정치의 주요 고비 때 마다 조용히 조 선배를 불러 의견을 묻고 조언을 구했다. 조 선배도 그런 성곡 선생을 존경 했고 따랐다. 그런 인연과 의리로 조 선배는 성곡 선생이 돌아가신 후『성곡 김성곤 평전』을 자진해서 집필하기도 했다.

조 선배는 또 고 김성진 문화공보부 장관과 오랜 기간 서로 깊은 인간적 교분을 나누며 지낸 사이였다. 조 선배가 어려운 처지에 놓일 때 마다 김 장관이 도움을 주었고 은퇴 후에도 두 분은 호형호제 하면서 해외여행도 함께 다닐 정도로 돈독한 우정을 나눈 사이였다.

"언론을 욕보이지 말라" 권력에 直言

박 석 흥
• 대한언론 논설위원 • 전 경향신문 논설위원

국가폭력·多衆 압력에도
소신을 굽히지 않고
언론인의 正道를 지키며
바른말을 서슴없이 했다.

해방 후 1세대 마지막 언론지사

지식인과 언론인들이 나라를 바로 잡으려고 노력했으나, 그 뜻은 좌절되고 그 용기마저 묻혀 버린 암울한 시대가 된지 오래다. 위험한 혁명론과 환상적인 통일론으로 체제 전복을 프로파간다 하는 586운동권이 청와대를 장악한 2018년 초, 해방 후 1세대 마지막 언론지사들이 우리 곁을 떠나셨다. 이승만 망명을 특종 보도했던 윤양중 경향신문 견습 1기 선배가 87세로 2018년 1월 19일 별세한데 이어, 2월 24일에는 부산 정치파동과 4·19 진상을 밝힌 조용중 전 경향신문 전무가 향년 88세로 타계하셨다. 권위주의 정권의 국가 폭력과 좌파의 선전선동에 맞서 언론의 권위와 책무를 지켰고, 권력의 압박에 전전긍긍하는 후배 언론인들의 보호자였던 언론계 선배들이 우리 곁을 떠나니 후배들은 누구를 기대어 버티어야 할까.

2017년 12월 경향 사우회가 마련한 미수(米壽)잔치에 나오셔서 후배들을 격려했던 조용중 선배는 협객 같은 눈매와 정치가의 풍모에다 지사의 기개를 한 몸에 갖춘 용기 있는 언론인이었다. 소공동시절의 경향신문 언론인이 모여 베푼 이 미수 잔치에서 1970년에 조용중 편집국장이 밀어붙였던 경향신문 개혁에 반발했던 한 후배 언론인이 고인에게 "부질없는 반항 이었다"고 정중하게 사과했고, 조 선배는 호탕한 웃음으로 화해했다. 88년 이분의 일생을 돌아보면, 고난 중에도 언론인의 기본자세를 조금도 흩뜨리지 않았다. 조 선배는 언론계 내외의 불의와 부당한 압력에 굽히지 않고 바른말을 서슴없이 했다. 방향타를 잃어버린 채 풍랑에 흔들리는 배를 지키느라 고달팠지만 고인은 언론인의 본령을 지킨 참 언론인이었다.

"언론까지 왜 동반 추락 했는가" 비판

박근혜 대통령 탄핵 후 모든 언론이 좌고우면(左顧右眄)할 때 대한언론 주필이었던 필자가 후배 언론인들에게 당부하는 메시지를 청탁하자 87세 노령에도 조용중 선배는 "언론인은 진실을 밝히는 기본 책무를 잊지 말라"는 힘 있는 글을 주셨다. 1995년~2001년 내가 문화일보 포럼 에디터로 어려운 주제를 청탁 할 때마다 시의 적절한 논단을 기고해주셨던 고인은 『대한언론』 378호(2017년 9월호)에 기고한 「박근혜와 동반 추락한 언론」에 "언론이 광화문 집회를 무 조직 군중의 자연스런 시위로 본 것은 한심하다"고 지적하고 국가변란을 외면한 언론계를 질책했다. 고인은 "박근혜 추락은 그렇다 치더라도 언론까지 왜

고 조용중 선생과 필자 내외 (관훈클럽 해외문화답사지 대만에서)

동반 추락 했는가"라고 질문하고 "가짜뉴스에 굳어버린 언론은 진실을 파고 들려는 욕구도, 진실인지 진실의 파편인지를 분간하려는 언론 본연의 기본 작업도 포기한지 오랜 것 같다"고 언론인들을 비판했다. 조용중 선배는 "선비의 기개와 불굴의 독립정신으로 무장한 한국 언론이 다시 한 번 숨을 고르고 자기 혁신의 길로 나서야할 때가 바로 지금"이라는 당부의 말을 잊지 않았다.

좌파정권의 신문 탄압에 강력하게 투쟁

충남 대전 출신 조용중 전무는 대전사범·대전공고·혜화전문(동국대 전신)에서 수학하고 23세에 언론계에 투신, 동아일보 정경부 차장, 조선일보 정치 부장·편집부국장, 서울신문·경향신문 편집국장, 문화방송·경향신문 전무, 한국언론연구원장, 연합통신 사장, 한국 ABC 협회장, 문우언론재단 이사장, 고려대학교신문방송학과 석좌교수를 역임하며 전 생애를 언론에 종사한 모범적인 언론인이다. 1958년 12월 24일 자유당 정권이 국가보안법 개정안을 통과시킨 24파동을 취재했던 기자로서 '24회 오찬'을 2017년까지 이끌어 온 고인은 '언론과 전쟁'을 선언한 김대중·노무현 정권의 신문 탄압에 강력하게 투쟁했다. 자유당 정권, 박정희·전두환·노태우 군사정권, 김영삼·김대중·노무현·문재인 좌편향 정권과 조 선배는 항상 긴장 관계였다. 경향신문이 기업가에게 넘어간 소공동시절 조용중 편집국장은 석간 나온 뒤 남산 요원들에게 무슨 말을 들었는지 잔뜩 화가 난 표정으로 신문사로 들어오는 모습을 가끔 봤으나 혼자 참고 넘기는 것 같았다.

관훈클럽 해외문화답사지 대만에서 (2010. 10)
경향신문 출신들과 함께.(왼쪽부터 박석흥 최서영 고 조용중 김세환 고 강신철 씨)

그런 시절에도 조용중 국장은 후배기자들에게 호탕한 선배였다. 정치전문 기자였지만 외신·문화·편집부 기자와 친근했다. 경향신문 지하식당에서 값싼 점심은 먹고 조선호텔에서 비싼 커피를 들며 기자들과 자주 가벼운 이야기를 나누기도 했다. 그런 자리에서도 선배 정치부 기자들이 자랑스럽게 떠벌리는 박정희 대통령 등 정치 실세에 관한 이야기는 한 번도 안했다. 최인훈 정연희 소설가, 김상협 이용희 교수 등에 관한 자신의 인물평을 말하며 기자들과 토론하는 것을 좋아했다. 경향신문 편집국장으로 부임하며 발탁해온 이원두 김은구 이재관 이규은 양승표 허경구 기자는 언론계가 공인하는 우수한 기자들이었다. 좋고 싫음이 분명했던 조 국장은 언론 윤리에 어긋난 기자는 공석에서 비판해 스스로 나가게 했다. 그래서 강한 반발도 있었으나 신문 제작을 위한 기본 노선이 분명한 언론인이었다.

"촌닭 또 한건 했어"

조 선배는 정치권력의 언론 탄압과 언론 무시에 강하게 저항했다. 2001년 김대중 정권의 '신문고시' 부활을 막았으며 2007년 노무현 정권의 '신문 부수 상한제'와 '소유 지분 제한 제도'를 반박하는 「권력이 왜 신문 시장을 흔드나」와 「신문 욕 보이기」 칼럼을 동아일보 등에 기고하며 언론자유를 옥죄는 정치권력과 싸웠다. 조 선배는 언론의 성역과 기자의 책임과 권위를 지키기 위해 최선을 다했다. 조용중 편집국장은 마감시간에 쫓기며 오류를 잡아내는 족집게였다. 그래서 편집국과 공무국에서는 조 국장을 "족집게"라고 별칭 했다. 조 국장은 마감 대장을 보며 "개새끼들"이란 막말을 자주 내 뱉았으나 후배 기자들은 거부감을 느끼지 않았다. 개새끼라고 분노하는 편집국장이 사라져버렸기 때문인지 2022년 대한민국은 개새끼(GSKK)들이 국회·법원·청와대·언론가를 활보하는 세상이 됐다.

조용중 선배는 1968년 경향신문 편집국장으로 부임, 8면체제 신문에 오피니언·탐사보도·문화 외신보도를 강조하면서 신문의 질 향상을 시도했다. 기자들의 출입처 보도자료 받아쓰기 관행을 편집국 기자 전원을 모아놓고 질책하기도 했다. 학자들의 군사정부에 대한 고언(苦言)을 보도한 내 기사에 대해 남산에서 지적이 오면 조 국장은 "촌닭 또 한 건 했어"라고 한마디 하시기는 했지만, 실제 문제가 생기면 보호해 주었다. 박정희 정권 언론 탄압 극성기에 조계종 분규 사태 수습에 나선 문공부의 압력을 받고 이서옹 조계종 종정이 그만두려고 하려는 것을 내가 "부당하다"고 만류해 문제가 된 것을 보호해준 것을 고맙게 생각한다. 한국정신문화연구원을 정신교육 훈련원으로 개원하려고 문교부가 획책할 때 부당하다고 반론을 쓴 기사에 대해 동아일보 기자 출신 문교부 대변인이 "대통령이 추진하는 사업에 왜 시비를 거느냐"라고 길게 항의하며 문제를 삼았는데도 조용히 넘어 간 것도 조 전무가 방어해 준 덕분이라고 생각한다.

박대통령이 기사를 줄 처가며 읽고 경향신문 지적이 타당하다며 정신문화연구원 운영 방향을 바꾸었다는 것을 개원 후 고광도 부원장으로부터 들었다. 기사를 쓰고 사흘을 아무 말 없이 지나야 안심했던 언론 자유가 유보되었던 시절에 조용중 선배는 후배 기자들을 지켜주는 성채였다. '이서옹 종정 사퇴 저지 사건' 전말을 내가 보고하자 조 전무는 한마디 질문도 하지 않고 문공부로 출발했던 모습이 떠오른다. 조 전무는 엄격했지만 후배를 신뢰하고 보호했다. 조 선배는 한국 현대사를 바꿔 쓰게 했던 제1공화국 국무회의록 연재를 중단시켰던 사장이나 구악정치 청산을 선도했던 오피니언 논지에 대한 압력에 정년 연령을 바꾸어 포럼 담당 에디터를 퇴직시켰던 사장과 질적으로 다른 언론인이었다.

권력에 맞서 싸웠던 많은 신화와 족적

조 선배는 언론인의 자긍심을 끝까지 지키고 후배를 동료로 생각하고 보호했던 후배들의 영원한 동지(Les Camarades)였다. 이명박(MB) 정부가 교육 현장에 보급한 국사 교과서를 언론과 학계가 최악으로 평가해 성토할 때, 관훈클럽 모임에서 후배 기자가 "MB는 어떤 사람이냐"라고 조 선배에게 질문했을 때 "MB를 잘 아는 사람이 도둑놈이라고 하더라"고 대답 했다. 그 말대로 퇴임 후 MB는 감옥에 갔다. 내가 부국장으로 일하고 있던 신문사에서 기자들이 사장 퇴진 사보타주를 하고 있을 때 이 신문 재단 이사 이셨던 조 선배가 찾아와 "어떻게 생각하느냐"고 물었다. "사장 잘못은 없다"고 대답했더니 그 후에도 그 사장과 좋은 관계로 지내는 것을 보았다. 정치권력뿐만 아니라 다수의 폭력에도 고인은 의연했다.

고인은 헌정이 입헌적 국가이성(constitutional reason of state) 상황에 몰렸던 혼란기에도 언론의 권위와 본분을 지키며, 한국 언론을 선진국 수준으로 끌어 올린 해방 후 제1세대 언론인의 상징으로 권력에 굽히지 않고 맞서 싸웠던 많은 신화와 족적을 남겼다. 1965년 5월 17일 워싱턴에서 존슨 대통령과 박정희 대통령의 월남 파병 정상회담 취재 중이었던 조용중 조선일보 부국장이 이후락 청와대 비서실장에게 던진 공박 발언과 같은 해 6월 22일 한일국교정상화 회담 후 기자회견 없이 떠나는 이동원 외무장관에게 "어디로 도망가"라고 소리친 항의는 유명한 실화다. 이동원 외무장관에게 조용중 조선일보 부국장은 "서울에서는 굴욕외교 반대 데모로 나라가 시끄러운데, 국민들에게 설명하고 떠나야 하지 않느냐"고 항의했던 것이다.

조용중 국장 밑에서 학술기자 훈련

조용중 편집국장 시절 나는 데스크의 지시를 불복종하는 사고를 저질렀으나 조용중 국장은 너그럽게 넘겼다. 한흥수 연세대 강사의 석사논문을 국사편찬위원회 사무국장 이름으로 『한국현대사』(5권 전집·신구문화사)에 전재한 것을 폭로한 유명한 표절사건이다. 취재했으나 기사가 안 나가자 손보기 연세대 교수가 전화로 "연세대 교수 휴게실에서 박석흥 기자를 좋지 않게 이야기하고 있다"며 추궁하는 말에 충동적으로 나는 다른 신문 후배 기자에게 기사를 넘겨 보도해 부장 국장에게 항명한 모양이 됐다. 문제의 표절 출판 사건은 경향신문에 근무했던 선배 언론인이 만든 전집이었다는 것을 나중에 알았다. 이런 사건에도 부장 국장은 한마디 질책도 없이 조용하게 넘기고, 내가 취재한 제3공화국의 『한국사 23권』 편찬 기획기사, 최초의 영문 한국사 개론서인 홍이섭·김철준·손보기 공저 『영문 한국사』 출판기사, 공주 석장리 주거지 발굴 기사, 김철준 교수의 이병도·이기백·한우근 『한국사개론』 비판 기사 등을 주요 기사로 보도했다. 조용중 국장 재임시절 학술기사를 개척하던 나는 8면체제 신문에 많은 탐사·해석기사를 올렸다. 부장 국장의 지시를 어겼으나 편견 없이 기자의 노력과 기사 가치를 인정해준 것이다. 그 덕분에 내가 쓴 문화면 기사가 다음날 다른 신문 사설과 칼럼의 아젠다가 되어 나는 더욱 더 열심히 일했다. 개원 초기 각 분야 엘리트가 대거 입학했던 특수대학원인 행정대학원, 교육대학원에서 전환기 한국 사회문제를 분석한 논문을 골라 오자, 고발성 탐사보도로 기사화할 기회도 주었다. 조용중 국장은 이정식 펜실베니아대학 교수의 '김규식 연구' 법정 스님의 '선거귀감 번역' 한완상 교수의 '청년 문화론' 등을 나한테 취재 지시해 쓰게 했다. 재외 한국 정치학자들이 대거 참여한 통일문제 국제학술회의(고대 아시아문제연구소 주최)가 열리자 문화부·외신부·정치부 3부 기자로 취재단을 구성해 취재케 하고 대회 기간 중 이채진 조순승 이정식 한완상 재미 교수의 특별 좌담회도 보도하도록 조 국장은 지시했다. 「역사와의 대화」(이상재·신재효)등 특집 기획기사 팀에도 참여한 나는 장문의 해석기사를 쓰며 조 국장에게 훈련 받았다. 나는 조용중 국장 밑에서 학술 기자의 기초를 다진 것이다.

조용중 전무는 임진왜란·정유재란·병자호란·인조반정 등을 『난중잡록(亂中雜錄)』으로 정리한 조선시대 언론인 산서(山西) 조경남(趙慶男)의 11세손으로 『난중잡록』 방대한 원전을 교감 번역해서 학계에 제공했다. 이 교감 작업을 위해 조 전무는 민족문화추진회와 전통문화연구회 한학자에게 한학을 학습했다. 조 전무는 신군부 집권기 1981년 경향신문을 떠나며, 나를 전무실로 불러 『난중잡록』과 「조선 백자」를 관계 기관에 기증해달라고 부탁했다. 이렇게 시작한 『난중잡록』 정리를 2002년에 마무리 지었다. 최영희 국사편찬위원회 위원장이 조용중 전무 소장 『난중잡록』이 "기왕에 공개된 자료를 보완할 귀중한 원 자료"라고 높이 평가하자, 20여년 공들여 정리한 것이다.

4·19 진실 파헤친 탐사보도의 제1인자

신군부에 의해 해직 되어 컬럼비아대학 연수 중 중국의 대변혁 자료를 접한 조용중 전무는 문화부 차장이었던 내게 항공 편지지에 깨알 같은 글씨로 장문의 편지를 적어 보내며 한국도 중국의 변화를 주시해야 할 것이라고 지적했다. 이때 받은 조 선배의 편지가 신문에 보도할 가치가 있는 글이라고 주장했으나 내 역량이 부족해 사신으로 머물렀다. 조 전무는 컬럼비아대학 연수중에 중국 연구를 『고련(苦戀)-10억의 정치와 문예』로 펴냈다.

조용중 언론인은 탐사 저널리즘의 선두주자였다. 『미군정하의 한국정치 현장』 『저널리즘과 권력』 『대통령의 무혈혁명』 등 역저를 냈다. 부산정치 파동을 정치 기자의 시각으로 해석한 조용중 언론인의 한국 현대사 연구 『대통령의 무혈혁명』은 정치학계와 국사학계에도 영향을 준 저술이었다. 부산 정치파동 과정에 장면 총리·이종찬 참모총장·이용문 육본 작전국장·박정희 작전국 차장·선우종원 장면 비서실장의 쿠데타 모의가 있었음도 조 선배는 미국측 문서와 관련자 증언을 통해 밝혔다.

2004년 『대통령의 무혈혁명』 출판기념회에서 남재희 전 서울신문 주필이 이 책의 보완을 요구하는 날카로운 지적이 있어 언론계 화제가 됐는데, 조용중 언론인은 6년 뒤인 2010년 4월 7일, 4·19 50주년 기념 관훈토론회에서 「끝까지 저항한 이승만 물러나기까지」란 논문으로 그 대답을 했다. 『대통령의 무혈혁명』 출판기념회 후 미국 국무성 문서를 뒤져서 이승만 한국 대통령과 아이젠하워 미국 대통령 사이의 알력을 6·25전쟁 후 처리를 둘러싼 한국과 미국의 국익 싸움으로 재조명한 것이다. 진실을 찾아 보완한 것이다. 조 선배는 4월 19일자 미국측 문서를 통해 내무·국방·문교장관 등이 3·15 부정선거를 이 대통령에게 거짓 보고했음도 밝혔다. 4·19는 자유당의 부정선거가 빌미였지만 "학생들의 이승만 배척·미국의 압력·관료 집단의 배신 등 삼각파도가 이승만 건국 대통령을 무너뜨린 것"이라고 결론지었다.

4·19 50주년 기념 관훈토론회에서 조용중 전 연합통신 사장이 발표한 「끝까지 저항한 이승만 물러나기까지」는 2022년 현재 4·19 관련 논문 중 가장 진실에 접근한 연구다. 아카데미즘과 저널리즘을 융합한 조용중 선배의 4·19 연구를 뛰어넘는 학계와 언론계의 논문은 아직 안 나왔다. 고인의 진면목을 알게 돼 조용중 선배를 따르는 후배들이 많았다. 남시욱 문화일보 사장, 김동익 중앙일보 사장, 최서영 코리아헤럴드 사장, 이종식 국회의원, 송정숙 보사부 장관, 서동구 KBS사장, 김은구 대한언론인회 회장, 이원두 파이낸셜 주필, 박석흥 문화일보 국장, 문창극 중앙일보 주필, 김윤곤 조선일보 논설위원, 정기정 마산MBC 사장 등은 조용중 선배의 지도를 직접 받았거나 사숙했던 언론인들이다. 언론이 권력과 뜬 여론에 굴종하는 이 시대에 외부 압력에 굽히지 않고 언론인의 정도를 지키려고 노력했던 고인을 추모한다. 삼가 고인의 명복을 빈다.

*경향사우회보(2018. 5. 25) '조용중 선배 추모의 글'을 보완 한 것이다.

01
'대기자 조용중'을 말한다
• 기자 조용중 인간 조용중

저술 학구파 언론인

조용중의 열정엔 끝이 없어라~! - 김동익
열정적인 漢學徒 조용중 - 이택휘
현대사 연구, 언론 현장 著書 다섯 권! - 정진석
"조용중 씨가 人民日報를 다 읽는단다" - 김윤곤
정치부기자의 열정이 밴 力著들 - 조상호

조용중의 열정엔 끝이 없어라~!

김 동 익
• 전 중앙일보 편집국장 주필 대표이사 • 전 정무장관

조선 정치부 초년병시절에 만난
'보스 정치부장의 전형'
남다른 열정에 절로 감탄!
"그 열정을 신이 알면 어쩌려고~"

영어학원-취재순례하고도 가장 먼저 출근

1950년 세계 제1의 바이올리니스트 예후디 메뉴인의 연주를 듣고 버나드 쇼는 이렇게 말했다. "당신은 신의 노여움을 사고 있어. 사람이 할 수 있는 것과 신이 할 수 있는 것은 다른데, 당신의 바이올린 소리를 신이 들으면 어쩌려고 그래!"

나는 1961년 조선일보 정치부의 초년병으로 있을 때 조용중 정치부장을 처음 만났다. 며칠을 지내면서 나는 버나드 쇼의 말이 생각났다. 기자의 신이 있었으면 그가 쏟을 수 있는 열정과 사람이 쏟을 수 있는 열정이 다를 텐데. 조 부장의 열정을 신이 알면 어쩌려고 그러나!

그때는 5·16혁명 직후라 경찰서는 수사과와 경무과에 줄을 그어놓고 경찰기자 출입을 통제했다. 국가재건회고회의에는 기자실이 있었

으나 최고위원은 만나기가 힘들었고 기껏해야 보도자료를 나누어주는 것이 고작이었다. 그러니 기사가 메마를 수밖에 없었다.

정치부 기자들이 아침에 출근하면 조용중 부장의 첫 마디는 "오늘 톱은 무얼로 할 거야?"였다. 물론 누구 입에서도 대답이 안 나왔다. 두 번째 말은 "빨리 나가봐야지, 우두커니 앉아있으면 어쩔거야!"였다. 기자들이 우르르 출입처에 나가고 나면 조 부장은 그때부터 기사를 썼다. 그는 속필이었다. 다 쓴 기사는 편집부로 바로 넘겼다.

알고 보니 그는 출근하기 전에 반도호텔 커피숍이나 종로에 있는 양지다방을 들려왔다. 국회도, 정당 당사도 폐쇄됐기 때문에 구정치인들이 그런 다방에 자주 나왔다. 그들과 차를 마시며 들은 얘기를 종합해 기사를 만드는 것이었다. 그는 아침 여섯시쯤에 집을 나서는 모양이었다. 우선 영어학원에서 영어공부를 하고 다방에 들러 출근을 하는데도 정치부에서 가장 먼저 출근했었다.

그 당시는 신문이 모두 조석간 이었다. 조간을 만들어 1판이 나오는 시간은 저녁 7시 쯤. 1판을 훑어보고 손댈 기사가 있는 기자는 남아서 일을 하는데 나머지 기자가 곧바로 집에 가는 것은 아니었다. 술판을 꼭 벌였다. 그 주동은 물론 조 부장이었다. 통금시간 가까이까지 마시고 떠들다가 조 부장은 새벽 6시에 또 출근. 그의 열정에 놀랄 수밖에 없었다.

그는 적극적인 성격 탓인지 권력에 대해서는 몹시 비판적이었다. 장관이 기자들을 피하거나 질문에 대답을 잘 안 하면 욕설을 퍼붓기도 하고 무슨 정치파동, 무슨 날치기통과 사건이 국회에서 벌어지면 자신이 직접 피해자인 듯이 흥분하곤 했다. 어느 정객은 말을 험하게 하는 기자를 보면 "요즘 조용중씨와 자주 어울리느냐?"고 물었다. 조용중은 그만큼 독설의 대표 주자였다.

그가 연합통신 사장일 때는 간부회의에서 대통령에 대한 비판적 발언을 했는데, 그것이 청와대에 보고되어 곤욕을 치르기도 했다.

아카데미즘 영역까지 욕심… 저서도 여러 권 펴내

조용중은 1953년 자유신문 기자로 언론계에 입문했다. 그때 함께 입사한 사람은 신동준·이웅희 였다. 조용중은 세계통신, 평화신문, 조선일보로 옮기면서 민완기자로 이름을 떨쳤다. 그가 신문에 남다른 열정을 쏟은 것은 동아일보 정치부차장, 조선일보 정치부장 때였다. 그 후 서울신문, 경향신문 편집국장 때도 마찬가지였다.

신문제작 일선에서 물러나 경향신문 전무로 경영에 참여했다가 1981년, 그는 사표를 내고 중국어 공부를 한다며 컬럼비아대학 동아시아 연구소에서 1년간 수학했다. 유학을 마치고 돌아와 쓴 책이 『苦戀』이다. 이 책은 소설이 아니라 중국의 정책과 문예계의 갈등을 조명해 중국의 현재와 미래를 진단하는 문화평론이다.

『苦戀』은 중국의 시나리오 작가 빠이화(白樺)가 쓴 시나리오이다. 이것이 영화로 만들어졌는데 중국에 큰 파문을 일으켰다. 그 영화가 모택동을 비판한 것이냐 아니냐를 놓고 당과 군의 의견이 갈리기도 하고 빠이화는 끝내 하방(下放)을 당했다.

조용중의 『苦戀』은 이 사건을 중심으로 중국의 문화정책을 분석했다. 이 책에 대해 김일평 교수는 서평에서 이렇게 썼다. "중국을 이해하는 데 정치·경제·외교 부문에는 저서도 많이 나왔고, 전문가도 많다.

그러나 문예정책을 분석하고 지식인의 역할을 연구하는 사람은 극히 드물다. 언론인으로서 연마한 재치 있는 솜씨로 중국의 문예 분야를 다룬 조용중씨의 『苦戀』은 중국 사회를 이해하는 데 큰 도움이 될 것을 확신한다."

조용중은 이 책을 출판한 후 언론에 다시 복귀해 언론연구원 원장, 연합통신 사장, ABC협회장을 지냈다. 그간에도 그의 열정은 식지 않았다. 저널리즘뿐 아니라 아카데미즘의 영역까지 욕심을 내 저서를 몇 권 더 냈다. 1990년에는 『美軍政下의 한국정치현장』, 1999년에는 『저널리즘과 權力 - 그 실상과 허상』을 출간했다. 또 2004년에는 부산정치파동을 다룬 『대통령의 무혈혁명』을, 1995년에는 정치인의 평전 『省谷 金成坤』을 썼다.

"열정의 뿌리에는 강한 인간의지가 있다"는 말이 있다. '강한 의지의 뿌리' 때문인지 조용중의 열정엔 끝이 없었다. 80 중반에 이르러 걸음이 불편할 정도로 건강이 좋지 않음에도 불구하고 그는 여전히 바쁘다.

대한언론인회, 관훈클럽 같은 언론인 단체의 행사에는 거의 빠짐이 없고, 언론 관련 좌담회에도 열심히 나간다. 일이 없을 때는 부인 백영숙 여사와 함께 영화관도 열심히 다닌다. 볼만한 영화가 없을 때는 분당에 있는 율동공원까지 차를 몰고 나가 나무 밑에서 명상을 즐긴다. "무리한 외출은 조금 줄여도 되지 않느냐"는 충고가 있으면 그의 대답은 이러했다. "내가 나다니지 않으면 남들은 내가 집에 아주 늘어져 있는 줄 알 테니까…."

그가 일선에서 열정적으로 활약할 때는 절친한 친구가 많았다. 조세형(한국) 박권상·이웅희(동아) 정인양(서울) 등과 논쟁을 벌일 때는 싸움하듯 살벌했고, 농담할 때는 옆에서 보기에 아무 허물이 없었다. 이 분들은 모두 세상을 떠났다.

조용중의 생활방식이나 업무 태도는 매우 적극적이다. 그래서인지 경향신문 편집국장 때와 연합통신 사장 때는 그에게 반항·반영적인 부하가 한두 사람 있는 듯해 몹시 괴로워했다. 그러나 조용중은 그때나 지금이나 외롭지 않다. 그를 둘러싸고 있는 후배들이 많기 때문이다. 그의 미수(米壽·2017.10) 때는 생신축하모임을 마련한 후배기자가 세 그룹이나 있었다.

*『대한언론』 2017년 12월호 「한국 인물언론사 5」

열정적인 漢學徒 조용중

이 택 휘
• 서울교육대학교 명예총장

조용중 선생의 漢文수학은
漢學의 영역으로 확대되어
동양사상에 관한 관심을 거쳐
동양정치사상사로 집중됐다

"논어의 爲政篇은 동양적 민주주의사상" 주장

한학도(漢學徒) 조용중은 논어의 위정편(爲政篇)을 늘 인용하면서 동아시아 유교문화권의 정치사상에 관한 담론을 조심스럽게 제시하였다. 광화문 뒷골목의 아늑한 맥주집 구석에 자리를 잡고 토론이 시작된다.

"위정이덕 비여북신 거기소 이중성공지 (爲政以德 譬如北辰 居其所 而衆星共之)"라는 논어 위정편의 대명제야말로 유교문화권에 보편적으로 정착된 기본적 공동체 운영 원리가 아니겠느냐는 의견을 제시한다. 여기에 대해 그건 그렇지 않으며 그것은 정치체제론의 시각에서 보면 군주제(君主制) 또는 귀족제 정치체제의 정당성에 관한 관념적 논리라고 반론을 제기하면, 무슨 소리냐, "도지이정(道之以政) 제지 이형(齊之以刑) 민면무치(民免無恥)" 아니냐, 그러니 이것은 민위방본(民爲邦本)의 이념에 기초한 동양적 민주주의사상의 원론이라고 강변을 개시한다.

나의 소개로 漢學者 정태현 선생 지도받아

아직도 생생한 기억 속에 살아있는 담론이다. 열정적으로 한문학(漢文學)을 학습하고 있던 조용중 선생은 가끔 나를 불러내서 뜬금없이 조용한 토론회 자리를 마련하곤 하였다. 아마도 1970년대 말쯤으로 기억되는데 어느 날 한통의 전화가 걸려왔다. 조용중 선생은 자기소개를 하면서 한문학 공부를 하고 싶어 지인의 소개를 받아 나에게 우선 전화로 연락하니 만나보면 좋겠다고 하여 정동 근처의 어느 커피숍으로 가서 그를 처음으로 상면하였다. 사전에 나를 소개한 지인에게 그의 신분에 관해 알아보고 깜작 놀랐다. 그는 이미 한국 언론계에서 유명인사로 바쁜 나날을 보내고 있는 분이었기 때문이었다.

그래서 나는 나와 한문을 동문수학한 정태현 선생을 소개했다. 정 선생은 나의 글방 (민족문화추진회 국역연수원, 현 국립고전번역원) 동기이지만 원래 유학자 집안의 장손으로 이미 한학의 높은 수준에 이른 한학자로서 그 후 고전번역원 교수로 국학고전번역분야의 후학 양성에 크게 기여해왔으며 오늘 한국을 대표하는 한학자 중의 한분이다. 그리하여 정 선생의 지도와 조 선생의 열정이 일취월장한 조 선생의 한문 실력으로 결실된 것이다.

조용중 선생이 그의 한문 실력이 축적되면서 특히 논어의 위정편에 많은 관심을 쏟은 것은 그의 언론인으로서의 경력과 깊은 관련이 있으리라고 생각된다. 언론계의 CEO가 되기 이전에는 그는 주로 정치부 기자로 활약했던 것 같다. 그리고 현장에서 부딪히는 정치현실에 대해 상당한 비판적 견해를 갖게 됐고 이럴 즈음에 한문공부를 하면서 당시의 정치현실에 날카로운 부정적 견해를 가졌던 정태현선생의 논어 위정편 집주(集註)에 영향을 받았던 것으로 생각된다. 정태현선생은 정통 한학자이면서도 성리학의 주자학적 교의(敎義)에 대하여 상당히 비판적 견해를 제시하고 있다. 그의 최근 저술 『논어집주』(사단법인 전통문화연구회 출간)를 보면 전통적인 주자학적 해석에서 탈피한 많은 이설(異說)들을 인용하고 있는데, 조용중 선생이 그러한 정태현 선생의 신유학적(新儒學的) 해석에 은연중 영향을 받은 것으로도 생각된다.

끊임없이 지적사유와 탐구를 행한 선비

그렇지만 명말청초(明末淸初) 이후 등장하여 청대후반에 새로운 사조로 확산되어 조선조의 지식인들에게도 큰 영향을 끼친 개신유학의 여러 학설들도 대개는 동양적 군주제의 이상을 뛰어넘거나 깨뜨리지 못하는 한계 안에 머물렀다. 조용중 선생의 한문수학은 단순한 한문학습에서 시작하여 한학의 영역으로 확대되고 다시 동양사상에 관한 관심을 거쳐 동양정치사상사로 집중되었던 것이다.

조용중 선생이 언론연구원 원장으로 재직할 시기에 나에게 언론인 연수에 나와 강의를 해달라는 요청이 있었다. 아마 강의 주제가 「동아시아 유교문화권에서의 민주주의」였던 것으로 기억된다. 그런데 내가 아리스토텔레스의 고전적 민주주의에서 제시된 민주제(民主制, polity)와 성리학의 위민론(爲民論)은 서로 다른 정치체제를 지향하는 정치사상이라는 요지로 강의를 끝냈더니, 연구원장실에서 강의내용을 모니터링한 조용중 선생은 강의하느라 수고했으니 식사나 하자며 근처 조촐한 식당에 가서 좌정한 후 내 강의 내용의 부족함을 지적하기 시작했다. 즉 위민론의 기본전제도 민(民)의 존재이므로 오히려 동아시아 유교문화권의 위민론이야말로 'by the people' 개념을 포괄하는 상위 이념으로 보는 것이 타당하다는 주장이다.

조용중 선생은 그가 종사하던 언론기관에서는 민완한 언론인으로, 그리고 유능한 CEO로 알려진 한국 언론계의 큰 별이었다. 그는 또한 일생동안 끊임없이 지적 사유와 탐구를 행한 지성인이었다. 박학(博學), 심문(審問), 신사(愼思), 명변(明辯), 독행(篤行)이 진정한 선비의 길이라면 조용중 선생은 이 시대의 선비였다.

*2022년 5월22일, 彦州路 寓居에서

현대사 연구, 언론현장 著書 다섯 권!

정 진 석
• 한국외국어대 명예교수 • 관훈클럽 초대 사무국장

저술가의 면모 지닌 언론인~!
한국 현대사와 언론현장 역사를
기록한 다섯 권의 저서 남겨,
쉬지 않고 글쓰기 계속한 결실

위중한 병상에서도 평시의 위트가…

조용중 선생이 참석하는 자리는 언제나 유쾌한 분위기였다. 선생은 언론인 모임에 가능하면 거의 참석했고 식사가 곁들이는 자리의 건배사는 대개 선생이 도맡았다. 관훈클럽 해외여행 때에도 빠짐없이 참가했다. 2017년 6월의 일본 규슈지역 여행에는 휠체어를 타고 가셨을 정도였다. 같은 해인 2017년 12월 19일 인사동 한식집 월평 모임에는 분당에서 택시를 타고 참석했는데 자세가 많이 휘어 있었고 평소보다 말씀이 적다는 느낌이 들었다. 홍순일 선생의 전갈로 선생이 분당 서울대병원에 입원 중이라는 소식을 들은 날은 불과 40일 후인 이듬해 2월 1일이었다. 곧바로 관훈클럽 전임 사무국장 김영성과 함께 문병했다. 담요 밖으로 보이는 팔과 다리가 많이 여위어 있었지만, 정신은 맑았다.

곧 회복되실 것 같다고 위로했더니 "희망 사항"이라면서 쓸쓸한 표정을 지었다. 위중한 병상에서도 평시의 위트가 담긴 어투였다. 그로부터 3주 후인 24일에는 삼성병원에서 운명하셨다. 일본 규슈 여행으로부터 불과 8개월, 생의 마지막까지 모임에 나오시고 특유의 위트 넘치는 말씀도 변함이 없었다.

조용중 선생의 공식적인 경력과 언론인으로서의 기발한 일화는 신화처럼 구전되고 많은 사람의 기억에 남아 있다. 300명 무술 경위의 발길질과 완력 속에 자유당 정권이 악명 높은 국가보안법을 국회에서 통과시키고 나서 그 뒷수습을 위한 여·야당의 협상 취재를 위해 국회의장의 테이블 밑에 숨어 엿 들었던 일화는 조선일보 기자 시절이었고, 1965년 6월 한일 국교 정상화 회담 때에 도쿄에서 외무장관 김동조와 주일대사의 뒷등에 대고 "개새끼들!"이라고 소리 질렀던 때는 같은 신문 부국장으로 미국 취재 여행에서 돌아오던 때였다. 이런 이야기는 그의 저서 『저널리즘과 권력』의 책머리에 자신의 회고로 언급되어 있다. 『관훈저널』(2003.6, 통권 81호) 「미니회고록/ 비주류 풍운기자 방랑기」에도 같은 에피소드를 글로 남겨두었다. 일선기자 시절의 조용중은 이처럼 열혈 극성 기자였다. 하지만 나는 여기서 다른 면모의 조용중 선생과의 주로 개인적인 인연을 말해보겠다.

중국문제 연구 의도로 한문 고전 터득

조용중 선생과는 내가 「기자협회보」 편집실장 재직 시에 원고 청탁이나 좌담 인터뷰 등으로 만나 뵌 적은 있지만, 직접적인 인연이 시작된 때는 선생께서 관훈클럽신영연구기금 (현재 명칭은 관훈클럽정신영기금) 제2대 이사장에 선출되면서였다. 초대 이사장 조세형 선생은 1978년 12월 12일에 실시된 제10대 국회의원 선거에 당선되면서 언론계를 떠났다. 그 직후인 12월 29일 이사회는 새 이사장에 조용중 선생을 선출하였다. 선생은 관훈클럽 제24대 총무(78년)를 맡았었고, 기금 이사장 선출 당시는 문화방송·경향신문 전무로 재직 중이었다. 나는 관훈클럽과 신영연구기금의 사무국장이었으므로 선생과는 업무 관계로 자주 만나게 되었다.

그런데 1980년 제5공화국이 들어서자 8월 2일부터 전국 모든 언론사에서 대량 해직의 칼바람 태풍이 불어 닥치면서 선생도 문화방송·경향신문에서 '해임'이 되고 말았다. 정부에 비협조적이거나 비판적인 편집국 간부 논설주간 등이 거의 해직 언론인에 포함되어 있었다. 언론사를 떠나게 되자 신영연구기금 이사장직도 물러나지 않을 수 없었다. 1년을 채 넘기지 못했으니 역대 이사장 가운데 가장 짧은 재직이었다.

언론사에서 물러나면서 신영연구기금 이사장 자리도 내놓게 되자 기금의 지원을 받아 컬럼비아대학 동아시아연구소로 연수를 떠나게 되었다. 그곳에 체재하는 기간 『신문연구』 게재를 위해 내게 보내온 원고가 「人生觀 討論에 비친 党 方針, 중공 신문에서 주운 이삭들」(『신문연구』, 1982 여름호)과 이어서 「中国報道, 양지와 응달」(『신문연구』, 1983 겨울)이었다. 귀국 후에 출간한 책 『苦戀: 10억의 정치와 문예…北京 속사정』(한국방송사업단, 1983)도 앞 두 논문의 연장선에 있었다. 아직 중국과의 수교 이전에 선생은 장차 우리에게 큰 영향을 지니게 될 중국 문제에 관심을 지니고 있었던 것이다.

연관되어 떠오르는 기억이 있다. 1978년 무렵 선생은 한학을 공부하자고 제안해서 신문회관 2층에 있던 관훈클럽 사무국에서 아침 일찍 한학 선생 정태현을 모셔다가 『사서삼경』과 『논어』를 강독한 일이 있었다. 신문사 재직 언론인과 대학생 한 명이 포함된 5~6명 정도의 소규모 모임이었다. 나는 다른 사람보다 먼저 사무실 문을 열어놓고 기다리면 수강생과 훈장 선생이 와서 뜻을 알아듣기 어려운 한문 고전 강독을 계속했는데 나의 한문 실력은 늘 제자리걸음으로 전혀 향상되지 않았다.

선생은 영어공부를 열심히 했다는 이야기가 전해 오는데 한문 고전까지 터득하려고 노력했던 사실은 아마 아는 사람이 별로 없을 것이다. 그때 한문을 공부한 숨은 목적 가운데는 장차 중국 문제를 연구할 의도가 깔려 있었을 것은 후에 깨닫게 되었다. 중국 고전은 현대 백화문(白話文)과는 전혀 다르지만, 고전을 읽을 수 있으면 백화문도 이해하기 쉬울 것이라는 생각에서 한학을 공부했는지는 알 수 없다. 도대체 언제 중국어를 공부했기에 컬럼비아대학 연수중에 『인민일보』를 읽을 수 있었는지 의문이다. 우리와는 아직 수교가 되지 않은 중국을 들여다보기 위해 중국 신문을 열독한 것이다.

미국 체류 중에 『신문연구』에 기고한 「人生觀 討論에 비친 党 方針, 중공 신문에서 주운 이삭들」(『신문연구』, 1982)의 첫머리는 "이 글은 주로 중공의 「인민일보」를 읽으면서 주운 이삭들이다."라 하여 「인민일보」가 논문의 기본 자료였음을 밝히고 있다. 글은 「인민일보」만이 아니라 중국의 다른 신문과 간행물도 인용하고 각주까지 달아서 '이삭들'이라는 부제와는 달리 본격적인 논문의 성격을 지니고 있었다. 어느 날짜에 실린 어떤 기사인지 구체적인 예를 들어가며 집필했기 때문이다. 언제 공부했는지, 그리고 중국 신문을 읽을 수 있다는 내색은 보인

적은 없지만, 그런 능력을 갖추고 있었던 것이다.

미국에서 돌아온 후 선생은 언론계에 바로 복귀하지 못했기 때문에 한동안은 범한여행사 부사장으로 근무했다. 사무실은 무교동에 있었다. 내가 1985년 1월에 영국으로 유학을 떠나던 때에 그 여행사에서 비행기 티켓을 끊었던 것 같다. 얼마 후에 선생은 한국언론연구원의 조사연구 이사가 되었다. 그때 보내온 편지에는 선생이 컬럼비아대학 리먼 도서관(Lehman Library)에서 중국 관련 자료를 열람한 적이 있다면서 영국의 문서보관소 (당시 명칭은 Public Record Office, 현재는 National Archive) 자료들이 어떻게 정리되어 있는지 알려주면 공익자금을 타내어 '한국신문도서관'이라는 이름의 기관을 만들어 보고 싶다는 취지의 글을 보내오기도 했다. 또 다른 편지에는 "정 교수 그곳에 계시는 동안 구한말 이래 우리와 관계되는 그쪽 자료들의 보관처가 어디인지를 가져다주면 큰 선물이 될 것"이라는 말도 있었다.

기사 데이터베이스와 검색 사이트 개발

신문제작 일선에서 물러나 경향신문 전무로 경영에 참여했다가 언론연구원 조사연구 이사였던 조용중 선생은 원장을 맡으셨는데 곧 신문기사의 데이터베이스와 이를 검색할 수 있는 카인즈(KINDS) 개발에 착수했다. 컬럼비아 연수 때 본 도서관 자료 정리와 영국의 문서보관소 등 여러모로 연구한 결과를 실행한 결과였다. 카인즈는 그 후 선생의 연구원 퇴직한 후에도 검색 기능을 보완하고 발전을 거듭하였다. 한말 「독립신문」「황성신문」「대한매일신보」에 이르기까지 검색할 수 있도록 기간과 범위를 크게 확대하였다. 나는 선생이 연구원을 떠난 뒤에 계속된 한말 신문 데이터베이스 구축작업을 자문했었다. 현재는 신문 검색 데이터베이스 기능을 국립중앙도서관에 이전한 상태이다.

선생은 원고를 컴퓨터 자판기에 입력하는 시도를 일찍부터 시작하고 있었다. 대우전자가 만든 '르모'라는 워드 프로세스 입력기를 사용했는데, 화면에는 겨우 두 줄밖에 나오지 않았기 때문에 오늘의 데스크톱과는 비교할 수준이 아니지만 그래도 원고 입력의 기계화를 선도했던 사실은 선생의 선구적인 자세를 말해주는 사례였다. 하긴 선생의 친필은 해독에 상당히 신경을 써야 할 정도로 흘려 쓰는 습관이었으니 기계의 정확함을 활용하려는 마음도 없지 않았을 것이다. 선생은 다섯 권의 저서를 남겼다.

① 『고련(苦戀): 10억의 정치와 문예…北京 속사정』. 한국방송사업단, 1983.

② 『미군정하 한국 정치현장』. 나남신서 171, 1990.

③ 『저널리즘과 권력, 그 실상과 허상』. 나남신서 735, 1999.

④ 『대통령의 무혈혁명: 1952년 여름, 부산』. 나남 2004.

⑤ 『성곡 김성곤 전』. 성곡언론문화재단 편, 1995.

①은 앞서 살펴본 대로 컬럼비아대학 동아시아연구소에서 중국 신문과 자료들을 섭렵하면서 연구한 결과를 토대로 쓴 책이고, ⑤는 성곡언론문화재단의 의뢰로 정치인·경제인·언론인으로 큰 족적을 남긴 김성곤 전기다. ②, ③은 선생께서 '한국 현대사 연구'라는 주제로 쓴 책이고, ④는 직업언론인으로 평생을 몸담았던 언론계를 비판적인 시각에서 바라보는 한편으로 취재의 대상이자 연구과제였던 정치평론에 해

당하는 글을 모은 책이다. ②는 『미군정하 한국 정치현장』이지만 진보 정치인 '조봉암 정치판결의 앞뒤'를 다루고 있으므로 이승만 정부 시절까지 다루고 있다. 같은 시대를 살았던 언론인 가운데 다섯 권의 저서를 남긴 언론인이 많지 않음으로 선생은 언론인이자 저술가의 면모를 지녔다는 사실에 주목하게 된다. 일선기자 시절 신문에 많은 기사를 썼지만, 부장을 거쳐 국장으로 간부가 된 이후에도 쉬지 않고 집필활동을 계속한 결실이었다. 선생께서 농담처럼 하던 말이 있었다. "편지도 자주 써 보지 않으면 펜이 무딘다"는 이야기였다. 펜이 녹슬지 않도록 글쓰기를 멈추지 않으면서 자신이 살았던 한국 현대사와 언론 현장의 역사를 기록한 것이다. ③『저널리즘과 권력, 그 실상과 허상』의 맨 첫 번째 글은 내가 선생을 외국어대 특강에 초청하여 발표한 내용이었다. 1999년 9월 21일의 강연이었다.

조용중 선생과의 인연 가운데는 이미 고인이 된 이광훈 형과 남시욱 선생과 모임을 잊을 수 없다. 선생과 나를 포함하여 우리 네 사람은 시청 건너편 플라자호텔 지하 뷔페식당에서 매월 한차례 씩 만나 자유분방한 화제를 나누었다. 모임을 주선한 사람은 대개 이광훈이었다. 선생의 팔순 축하 모임은 2010년 12월 22일 회현동 호텔Rex에서 열렸다. 기념모임은 손세일 선생과 이광훈 두 사람이 주선했는데 선생과 인연이 있는 언론인 스무 명 정도였다. 그때까지 건강에 큰 문제가 없는 것 같았던 이광훈은 한 달 뒤에 저세상으로 홀연히 먼저 떠나고 말았다. 팔순 축하 모임에 참석했던 스무 명 지인들 가운데는 그동안 세상을 떠났거나 외부 출입이 어려운 분도 적지 않다. 그 모임에는 없었지만 나와 함께 병문안 갔던 김영성도 저세상으로 가고 없다. 세월의 무상함이여.

"조용중 씨가 人民日報를 다 읽는단다"

김 윤 곤
• 전 조선일보 논설위원

문예작품의 창구를 통해
중국의 속사정을 탐구한
독특한 그의 저작 『苦戀』
이 책이 나오자 놀라움이~

병문안 이틀 후 '별세' TV 자막 뉴스

세월이 참 빠르다. 조용중(趙庸中) 회장이 돌아가신 때가 엊그저께 같은데 벌써 4년이 지났다. 결국 마지막 병문안이 되어버린 그날의 일이다. "회장님 좀 어떻습니까" 인사하고, 병상에 반쯤 앉아 계시는 조회장의 어깨를 가볍게 주무르다 발로 손을 옮긴 나는 순간 '아이고!' 곡소리를 낼 뻔 했다. 발이 너무 차가웠다. 2주전쯤 병문안 했을 때와는 너무 달랐다.

노환으로 죽을 때는 심장에서 가장 먼 발부터 차차 죽어 올라온다는 말을 일찍이 들은 적이 있기에, 이제 멀지 않았다는 생각에 내 마음은 암담했다. 할 말도 잃어버렸다. 조회장 역시 말씀이 거의 없었다.

이전에는 발을 주물러드리며 "발이 아주 따뜻합니다. 혈액순환이 참

잘되고 있는 모양입니다"하면 듣기 좋아하는 기색이었다. "회장님, 절대 포기하지 마세요. 힘내세요. Never give up!"이라고, 약간 장난기 섞인 위로를 할 때도, "응 Never give up…" 하시면서 쓴웃음을 지으시곤 했는데….

정성껏 영감님을 간호하시던 사모님은 며칠 전에 "집에 한번 가보자고 해서 다녀왔다"고 하셨다. 당신께서도 뭔가 예감이 들었던 것일까.

그러나 그때도 조 회장의 정신은 아주 맑았다. 아파서 괴로워하는 빛도 없었다. 단지 힘만 빠진 상태로 보였다. 얼마쯤 지나 나 보고 이제 가 보라는 뜻으로 손을 들어 저으셨다. "회장님 식사 잘 하시고, 힘내세요. 또 오겠습니다" 인사하고 병실을 나왔다.

그로부터 이틀 후 TV를 보던 나는 자막뉴스에 '언론인 조용중씨 별세'가 뜨는 것을 보았다. 곧이어 조 회장과 가까운 언론계 동료 2명으로부터 전화가 왔다. "조용중 회장이 돌아가셨네요. 빈소에 함께 가자"고 했다.

그렇게 조 회장을 떠나보낸 이후를 되돌아보니 세월은 참 모질기도 했다. 정치, 경제, 사회, 문화 모든 부문에서 한 번도 안 가본 길로 치닫기 만하더니 그 결과는 실패, 좌절, 허구로만 끝났고, 거기에다 코로나 블루로 만남, 모임, 친교 등이 극도로 제한되어, 도대체 사람 사는 세상 같지가 않기에 하는 말이다.

이런 가운데서도 언론계에서는 취재현장에서는 선의의 경쟁을 치열하게 벌이면서도 서로 인간적인 관계는 착실히 쌓아가는 그 특유의 미덕이 전혀 상처받지 않고 살아있다고 증명이라도 하듯 조용중 회장 추모집을 만들기로 했다니 언론인의 일원으로서 반갑고 흐뭇하다. 게다가 부족한 나에게도 추념 한 토막을 쓰라는 오더가 떨어지니 분에 넘치는 영광이면서도 한편으로는 둔필(鈍筆)이 조 회장의 명예를 오히려 더 럽히지나 않을까 두렵기도 하다.

서울신문 견습기자로 알게 된 편집국장

조용중 회장은 내가 서울신문 견습기자(지금은 수습기자라고 한다)로 입사할 때 편집국장이었다. 바꿔 말하면 나는 조용중 편집국장의 면접시험도 거쳐 서울신문 견습기자 채용시험에 합격했다.

견습기자로 편집국 각부를 옮겨 다니며 선배들이 일하는 것을 그야말로 보고 익힐(見習)때 조 편집국장이 어떤 분이라는 것을 알려주는 선배들이 더러 있었다. 유능한 기자, 대단한 분, 기사를 제일 잘 쓰고 빨리 쓰는 기자…라고 했다.

실제로 나는 편집국에서 차차 낯이 익어감에 따라 조 국장에 대해 그 이상을 많이 발견했다. 신문 제작을 총지휘할 때의 그 리더십, 판단력, 열정 등은 남다르게 뛰어난 것으로 보였다. 그런가하면 우리 견습기자 교육 시간에 강의하는 내용과 스타일은 전형적인 대학교수의 그 것이었다.

나도 저렇게 될 수 있을까 생각할 때도 있었지만 그 길은 아무래도 보이지 않았다. 다만 사표(師表)로 삼을 따름이었다. 편집국장이니까 그런가보다 여겼던 나는 저러니까 편집국장이 되었구나라고 생각되었고 드디어는 편집국장 하기 위해 태어난 사람으로 보이기까지에 이르렀다. 존경스러웠다.

그러나 내가 조용중 국장의 그런 모습을 직접 볼 수 있는 기간은 그리 길지 않았다. '견습' 딱지가 떨어지고 1년쯤 지났을까. 조용중 편집국장은 제작총국장으로 '승진'했다. 편집국과 공무국을 담당한다고 했다. 그로부터 오래지않아 서울신문 게시판에는 '조용중 의원 해임' 방이 붙었고, 같은 날 경향신문에는 '조용중 임 편집국장' 사고(社告)가 났다.

이후 조용중 국장은 경향신문 편집국장을 두 차례 역임하고, TBC-TV에서 뉴스해설 진행을 맡기도 하다가 '주식회사 문화방송·경향신문'의 신문 담당 전무가 되었다. 그동안 나는 조선일보로 옮겼는데 길거리나 점심 식당에서 우연히 조용중 전무를 몇 차례 뵈었다. 인사하면 "바쁘지"하며 반갑게 맞아 주셨다.

그렇게 세월이 좀 흘러간 후였다. 내가 성곡언론문화재단 펠로우(fellow)로 홍콩대학 연수를 가기로 결정되어 부랴부랴 중국어를 배우기 위해 YMCA 학원에 다닐 때였다. 어느 날 학원가는 길에 우연히 조용중 전무를 만났다. "홍콩 언제 가느냐?"고 물으셨다. 그리고 축하, 격려해 주셨다. 며칠 후 비슷한 장소에서 또 만났다. 이번에는 "홍콩 가 있는 동안 혹시 내가 무슨 부탁을 하나 할지도 모르겠다"고 하셨다. "예, 제가 홍콩에 가 있을 주소는 성곡재단을 통해 알아보시면 될 것입니다" 하니 "그렇겠지"라고 하셨다. 이렇게 간단히 대화를 나누고 헤어졌다. 그때부터 나는 '조 선생님'이라고 호칭했다. '국장'은 지낸지 오래고, '전무'는 아무래도 어울리지 않은 것 같았기 때문이다. 그때는 이미 조 선생이 경향신문을 그만둔 후이기도 했다.

홍콩에 가 있는데 두 달쯤 후에 조 선생으로부터 편지가 왔다. 컬럼비아 대학에 와 있는데 백화(白樺)의 스틸사진 좀 찾아보고 백화의 「고련(苦戀)」이 발표된 문학격월간 『十月 79년 3기』를 헌책방에서라도 찾을 수 있으면 한권 사서 보내달라는 부탁이었다.

바로 홍콩에서 가장 큰 삼련(三聯)서점에 가서 물어보니 좀 기다리라 하더니 창고에 가서 찾아왔다. 우선 그 잡지를 먼저 송부하고 다음에 백화의 사진이 있는 사진집 한권도 사서 송부했다. 그리고 그 후에도 Far Eastern Economic Review에서 발간하는 책자 등도 사서 보내곤 했다. 이를 계기로 조 선생과는 자주 편지가 오갔다.

白樺의 「苦戀」, 조용중의 『고련(苦戀)』

내가 홍콩대학 1년 연수를 마치고 돌아오니 조 선생은 이미 귀국해 계셨다. 조 선생은 귀국 후 불과 몇 달 후 『苦戀』이란 제목의 책을 펴냈다.

제목만 얼핏 보면 연애소설 같지만, 아니다. 중국의 저항작가 백화가 쓴 문제의 시나리오 「苦戀(짝사랑)」을 번역 또는 번안한 것은 더더욱 아니다.

백화의 「苦戀」은 중국을 사랑하는 화가와 그의 귀여운 외동딸 사이의 대화가 초점이다. 어느새 자란 딸이 오래 사귀어온 남자친구와 외국으로 나가겠다고 하자, 아버지는 "나는 내 딸이 조국을 배반하는데 찬성할 수 없다"고 단호하게 말한다. 그러자 딸은 당돌하게도 "아빠가 조국을 사랑해온 것 잘 알아요. 그렇지만 조국도 아빠를 그만큼 사랑했나요?"라고 대든다. 이 말에 충격을 받은 아버지는 고뇌와 회의에 빠지고 결국은 방황하다 처량하게 생을 마친다. 중국이 안고 있는 모순을 고발한 작품이다.

조용중의 『고련』은 문화대혁명이 일단락된 후 주은래(周恩來), 모택동(毛澤東)이 차례로 죽고, 등소평이 실권을 키워가던 1970년대 말부터 80년대 초까지 중국의 속사정을 문예의 창구를 통해 탐구한 독특한 저작이다. 이 저작의 하이라이트가 백화의 「苦戀」에 관한 부분이었고, 조 선생이 「苦戀」에 너무 심취했기에 제목을 그렇게 정한 것 같다.

이 책이 나오자 '언론인 조용중'을 안다는 사람들은 거의 예외 없이 놀랬다. 조용중씨가 언제부터 중국 전문가가 되었나, 중국어는 언제 배웠나. 인민일보를 다 읽는단다… 등의 말을 적잖이 들을 수 있었다.

그러나 조용중의 『苦戀』과 관련해서는 그 정도로 놀라고 그칠 일이 아니다. 모택동 이후 중국에서는 문예계에도 미약하나마 봄바람이 일기 시작하자 그동안 억눌려있었던 문예인들의 욕구불만이 한꺼번에 폭발이라도 하듯, 저항문학, 상흔(傷痕)문학, 고발문학, 보고문학, 르포문학 등등의 성격을 띤 작품들이 우후죽순으로 쏟아졌다.

이러한 사태에 대해 아직 정비되지 못한 모택동 이후 체제라 해서 가만히 두고 만 볼 리 만무했다. 통제, 검열의 기준과 범위를 놓고 권력과 문예 간의 갈등과 긴장이 풀기 어려운 과제로 등장했다. 권력 내에서도 공산당, 군부, 정부 간의 이견이 만만치 않았다. 문예계 내에서도 의견이 하나가 아니었던 것은 물론이다.

얽히고 설켜 복잡하기 말할 수 없이 돌아가는 이러한 사정을 조용중 선생은 조수 한사람 없이 아주 체계적으로 총정리하여 『苦戀』이라는 한권의 책으로 내놓았다. 이 책에서 「추천의 말」을 쓴 미국 코넥티컷 대학교수 중국문제 전문가 김일평(金一平) 박사는 "일찌기 아무도 손을 대지 못했던 분야에 언론인 조용중씨가 용기 있게 도전했다"고 칭송했다. 특히 조 선생이 백화의 「苦戀」과 이 시나리오로 만든 영화 「太陽和人(해와 사람)」을 서술한 부분은 그 자체로 하나의 빼어난 문예작품이라 해도 결코 과장이 아니다.

조용중 선생은 어떻게 이런 책을 쓸 수 있었을까? 인민일보를 다 읽는 중국어 실력이라 해서 가능한 일이 아니다. 컬럼비아 대학 동아시아 연구소에 자료가 풍부했다고 해서 가능한 일도 아니다. 그런 것은 다 각각 필요조건일 뿐이다. 나에게 그 답은 아직도 '불가사의(不可思議)'이다. 다만 조 선생으로부터 컬럼비아에 가있는 동안 한눈 안 팔고 이것만 했다는 말만 들었다.

"스파이 책이나 써볼까" 하시더니…

『고련』을 펴낸 이후 조 선생이 프리라이터로 왕성한 기고 활동을 하다 언론현장으로 복귀하여 언론연구원장, 연합통신사 사장, ABC협회장을 지내고, 그에 따라 조 선생님에 대한 나의 호칭도 '조 사장님'→'조 회장님'으로 바뀌어 있을 때였다. 조 회장은 조그마한 점심모임에서 뜬금없이 "놀 수는 없고, 스파이 책이나 써볼까"하셨다. 좀 의아했으나, 그 자리에서는 별 반응이 나오지 않았다.

한 열흘 지났을까. 어느 대형서점에 딸린 커피코너에서 만나자고 하여 나갔다. 스파이 책을 시작해 봤는데 한번 읽어보라고 하며 A4용지 10여 매 분량을 내민다. 어떤 친구한테 좀 봐달라고 했더니 한 페이지도 다 안 읽고 '뭐 이런 걸 다 쓰려고…'하며 휙 집어던져 주더라고 했다. '어떤 친구'가 누구인가는 나대로 감이 잡히기는 했으나 확인하지 않았기에 여기서 기명은 하지 않는다.

커피 잔을 앞에 놓고 속사포로 읽었는데 나에게는 너무 생소한 내용이었다. 그렇다고 아무런 코멘트도 안 할 수도 없어 스파이 이야기라면 탐정소설이나 추리소설 같은 문체여야 하는데 논문처럼 딱딱하다고 말했다. 그러나 곧 나는 뱁새가 대붕의 뜻을 모르고 한 말이었음을 깨달았다.

조 회장은 그 자리에서 미국의 저널리스트로서 냉전문제를 오래 탐구해온 M. Stanton Evans가 쓴 『BLACKLISTED BY HISTORY』를 나에게 주면서 읽어보라고 했다. 매카시즘을 재평가한 책인데 그때 막 출판되어 큰 파문을 일으킨 책이다. 아마존으로 주문했더니 뭐가 잘못되어 두 권 왔다고 했다. 그러면서 그 책과 관련한 이야기를 몇 가지 했는데, 조회장은 그때 이미 스파이에 관해 전문가가 되어 있었음을 알 수 있었다. 책을 쓸 체계는 다 잡혀있었고, 그 필력으로 쓰기만 하면 '스파이판(版) 苦戀'이 나올 것 같았다. 그때 이미 국내적으로는 간첩 잡았다는 발표가 뚝 끊어진 상태였다. 간첩이 없어서 그랬는지, 간첩이 있어도 잡지 않는지, 잡아놓고도 발표를 안 하는 것인지 이상한 분위기가 아직도 계속되고 있다. 조 회장의 간첩에 관한 책이 나오면 우리사회에 큰 경각심을 불러일으킬 것이라고 나는 기대했다.

그러나 슬프게도 그로부터 얼마 안 되어 조 회장은 투병생활에 들어갔다. 수술이 잘 되었다고 밝은 표정으로 점심모임에 한두 번 더 참석까지 했으나 다시 입원하고는 끝내 일어나시지 못했다. 슬프고 아쉽기 그지없다.

정치부기자의 열정이 밴 力著들

조 상 호
• 나남출판 회장 • 전 고려대 초빙교수

『미군정하의 한국정치현장』
『저널리즘과 권력 – 그 실상과 허상』
『대통령의 무혈혁명』…
언론 현장의 '언론사 교과서'

이른 봄날의 정경을 떠올리며~

땅이 풀리기를 기다린다. 계절의 순환은 보챈다고 되는 일도 아니다. 유난히 추웠던 지난겨울 내내 계획했던 봄날 일에 마음만 급하다. 해토(解土)는 봄비가 한참을 더 내려야 하는데 또 춘설(春雪)이 쌓인다. 봄에게 자리를 내주기 싫은 겨울 냄새가 아직도 남았다. 녹았다가 다시 얼기를 반복해 질척거리는 산길이 지난겨울을 넘긴 반송들의 안부를 확인하러 다가가려는 발목을 잡는다.

눈을 헤치고 고개를 내민 복수초의 노란 꽃이 가녀리다. 꽃의 체온만으로도 눈을 녹일 수 있는 자연의 신비를 지금 보고 있다. 이름만으로도 반가운 영춘화(迎春花)가 꽃망울을 부풀리고 있다. 언뜻 보면 개나리꽃 비슷한데 재스민 종류의 다른 꽃이다. 개나리보다 2, 3주 먼저 핀다. 80년 고목이 된 호숫가의 왕버들 가지 끝에 뿌연 초록 띠가 성채(城砦) 같은 아우라를 과시하며 겨울을 밀쳐내고 있다.

겨우내 햇볕을 반사하며 꿋꿋이 버텼던 희디 흰 자작나무 줄기에는 황토색의 물이 오른다. 남녘에는 만개했다는 소식도 있는데 포천에는 이제야 매화 꽃봉오리가 봉긋해졌다. 붉은 물이 터질 듯 가득 차면 고고한 함성을 울리며 꽃이 핀다. 봄의 전령사를 자임하는 산수유와 히어리, 생강나무의 노란 꽃들이 순서 없이 다투어 내는 꽃망울 터지는 소리가 신생아의 울음처럼 울리며 고요한 산중이 갑자기 왁자지껄해진다. 눈 녹는 계곡 물소리가 더해져서일까. 우리 토종이어서 더욱 귀한 미선나무의 가느다란 줄기에 앞서거니 뒤서거니 피어나는 하얀 꽃다발이 돋보인다.

지난 주말 대학후배 몇이서 시산제(始山祭)를 핑계로 수목원을 찾았다. 짧은 산행이지만 마음은 스무 살 젊음으로 돌아가 겨울 숲의 호연지기(浩然之氣)를 같이하며 수목원을 걸었다. 새싹이 나기 전이라 나무에 대한 스토리텔링은 아무래도 추상적이기 십상이다. 눈도 호사를 누리고 귀도 호강했다는 감사 인사가 도시생활에 주눅 들어 소시민이 되어가는 안타까움으로 들렸다. 이제 연금에 의존해 살아가는 그들에겐 공허하겠지만, 내팽개쳐 놓은 고향 빈 밭에 묘목이라도 심어 생명의 애착을 느껴 보라고 권했다.

농부의 시간은 1년이 여덟 달밖에 없다. 땅이 얼고 비가 내리는 기간 때문이다. 그들이 가고 남겨진 서너 시간 조바심으로 반송 가지를 다듬었다. 조금이라도 해찰을 부리면 또 1년이 훌쩍 가버린다. 탄력이 붙은 나무는 나의 의지와 상관없이 자기 방식대로 성장하기 때문이다.

요즘 아이들은 무엇을 배우는지가 궁금해 새로 나온 고등학교 교과서를 넘기다가 찾은 이른 봄날의 정경을 잘 그린 정지용의 시 '춘설'을 여기에 옮긴다.

문 열자 선뜻!
먼 산이 이마에 차다.
우수절(雨水節) 들어
바로 초하루 아침.
새삼스레 눈이 덮인 멧부리와
서늘옵고 빛난 이마받이하다.
얼음 금 가고 바람 새로 따르거니
흰 옷고름 절로 향기로워라.
옹송그리고 살아난 양이
아아 꿈같기에 설어라.
미나리 파릇한 새순 돋고
움짓 아니 기던 고기 입이 오물거리는,
꽃 피기 전 철 아닌 눈에
핫옷 벗고 도로 춥고 싶어라.

생동하는 봄날을 맞을 것 같더니…

봄날은 생명의 탄생만 있는 것은 아니다. 원로언론인 조용중(趙庸中) 선생이 돌아가셨다(2018년). 향년 88세. 환절기에는 부음(訃音)을 자주 받는다. 노인들의 쇠약해진 면역체계가 봄날을 앞둔 겨울의 마지막 냉기를 녹여내지 못해서이지 싶다. 몇 달 전까지도 휠체어에 의존해서라도 용인에서 상경해 프레스센터나 관훈클럽 언론세미나에 참석하며, 언론현장을 지키려던 의지만으로도 생동하는 봄날을 맞을 것 같았다. 하늘도 무심하시지, 선생에게 책 욕심을 넘어 시대의 흐름을 놓치지 않으려고 광화문 교보문고를 드나들며 열심히 찾아낸 외국서적들을 다 읽을 시간은 주어야 했다.

조용중 선생은 1953년 언론계에 입문하여 만 65년 동안 외길로 언론인으로 살았다. 첫 직장인 자유신문사에서 세계통신을 거쳐 1960년 동아일보 정경부 차장을 맡는다. 1962년 조선일보 정치부장, 편집부국장을, 1965년 서울신문 편집국장을 맡았다. 이후 미국 인디애나대학 유학을 마치고 경향신문 편집국장, 중앙일보 논설위원이 된다. 1974년 문화방송·경향신문 전무이사로 발탁되고, 1981년 신군부에 해직되자 미국 컬럼비아대학에 유학을 갔다. 그 후 한국언론연구원 원장을 맡는다.

언론출판을 격려하시며 그림 선물

30년 전 서울올림픽 무렵 선생이 연합통신 사장 때 처음 뵈었다. 원로 언론인의 기품이 그런 것인지 20년 후배의 언론출판을 격려하면서 사장실에 걸렸던 이만익 화백의 '아우래비 접동' 판화(200/200)를 흔쾌히 선물했다. 이 화백은 올림픽 미술감독으로 그이의 작품 판화를 기념품으로 제작한 것이다. 이 그림은 서양화에 눈을 뜨게 한 계기가 되었고 출판사 사무실 좋은 자리에 걸려 지금도 따뜻한 온정을 풍기고 있다. 황망했지만 이런 연분이 먼 핏줄의 울림이었던 것을 전북 남원 향

조용중 선생이 선물한 '아우래비 접동' 판화

교에서 제를 지내는 시향(時享) 때 알았다. 선생은 집안의 가까운 형님이셨다. 대전으로 솔가하여 집안을 지키셨고 우리는 더 남쪽으로 내려가 터를 잡았나 보다.

'꿈꾸는 춘향'의 작가 설중환 교수가 연구한 할아버지(趙慶男)의 문집『난중잡록』(亂中雜錄)의 국역판 출판을 위해 머리를 맞대고 교정을 보며 우의를 쌓았다. 이 책은 육지에서 겪은 임진왜란의 기록으로 김훈의『칼의 노래』에도 인용되었다. 프랑스에서 박사 공부를 하고 온 둘째아들(조동신)이 우리 출판사에서 잠시 일할 때에는 학부형의 자격으로 출판사에 들르기도 했지만 쑥스러워하는 표정도 감추지 못하는 것 같았다. 선생은 언론 외길 이외에 가정사는 덮어 두려는 부끄럼을 타시는 옛날 선비의 모습이었다.

간간이 풀어놓는 선생의 취재 비화는 그 시절 외로운 민주화 투쟁이자 학교에서 배울 수 없는 한국언론사 교과서였다. 항상 경향신문 이광훈 논설고문이 유머 넘치는 추임새를 넣으면 그 비화는 몇 걸음씩 심층으로 깊어만 갔다.

가끔씩 골프장 그린에 펼쳐진 언론현장의 아라비안나이트에 빠져들다 보면, 골프는 뒷전이고 선생의 오도일이관지(吾道一以貫之)의 호연지기(浩然之氣)에 압도될 수밖에 없었다.

선생의 삶 자체가 격동기 한국현대사

기록으로 남기자며 출판을 부추겼다. 이제 선생의 책 『미군정하의 한국정치현장』(1990), 『저널리즘과 권력- 그 실상과 허상』(1999), 『대통령의 무혈혁명』(2004)은 치열한 정치부 기자의 열정과 땀이 밴 '펜은 권력을 이긴다'는 실천의 역사가 되었다.

언론계 오랜 동무였던 김동익 전 중앙일보 사장의 회고처럼 그이는 학력사회의 허망하기 그지없는 두꺼운 유리천장을 실력 하나로 뚫고 기자의 길을 늠름하게 걸은 몇 안 되는 거인으로 자리매김할 것이다. 유별난 사회적 갈등을 온몸에 품고 늠름하게 걸어간 선생의 삶 자체가 격동기 한국현대사에 다름 아니기 때문이다.

큰 산 앞에 서면 아무것도 보이지 않는다고 한다. 너무 거대한 산이어서 산줄기라도 가늠하려면 나도 얼마마한 산이 되어야 된다. 선생은 그런 경지였지 싶다. 거인의 발자취에 서린 땀 냄새와 외로운 대장정의 뜨거운 열정이 아직 열기가 식지 않았는데, 선생이 가신 지 벌써 네 해가 되었다고 추모의 자리에 다시 선다.

왜 하늘은 귀한 사람을 먼저 데려가는지 알 수가 없다. 그리운 것은 그냥 그리워할 수밖에 없는 일인가.

하늘나라에도 봄날은 휘청거리는지요? 선생의 유머에 감싸인 독설이 벌써 그립습니다.

01
'대기자 조용중'을 말한다
• 기자 조용중 인간 조용중

'대기자 조용중'에 대한 斷想

경험과 지식 전수에 남다른 소명감 - 성병욱

상황에 딱 맞는 그 유머러스한 멘트! - 표완수

ABC협회 재정안정·발전에 큰 기여 - 임종건

조용중 선비 가문의 내력 - 유우봉

경험과 지식전수에 남다른 소명감

성 병 욱
• 전 중앙일보 주필 • 전 고려대 초빙교수

석좌교수 역임한 뒤
연구실에 남기고 간 책들!
그의 언론에 대한 깊은 연구와
통찰력, 균형 감각에 감명.

말로만 듣던 '전설'… 처음 만나 대륙붕 설명

조용중 선배는 나보다 10년 연상이지만 언론계는 그보다 더 까마득한 선배다. 내가 1961년 서울대 정치학과를 졸업하고 공군장교(4년 4개월 복무)를 거쳐 중앙일보로 언론계에 입문한 게 65년 말이었다. 수습과 TBC 보도본부, 지방근무를 거쳐 중앙일보 정치부로 온 게 67년 중반이었는데. 거기서 처음 선배들로부터 조선배의 명성을 접했다.

당시 우리 정치부장이 김인호 선배였는데 조선일보 정치부장을 먼저 거친 조 선배가 나이가 한 살 위인 김 선배를 포함해 부원들을 사정없이 다그쳤다고 한다. 톱기사꺼리가 신통치 않으면 시니어 기자들에게 추가 취재를 요구해 땀을 뻘뻘 흘리며 다시 나가 취재원을 순방하도록 했다는 것이다. 또 1965년 조선일보 편집부국장 시절 미국 취재여행 후 귀국길에 들른 일본에서 한·일협정 조인식을 앞두고 벌인 욕설 해프닝도 들을 수 있었다. 조인식 참석차 도쿄에 온 이동원 외무장관과 김동조 주일대사는 조인식 회식에 참석하러 나가다 조 선배에게 "어딜 도망가, 개새끼!"이라는 호통을 듣는 봉변을 당했다. 일본 외상과의 회식도 중요하지만 그동안 국내의 협정 반대 소리를 귀담아 들었다면 내일 조인을 앞두고 이 자리를 빌려 한마디쯤 하는 게 외무장관의 책무가 아니냐고 쏘아부쳤다는 것이다.

그 후 조선일보 편집부국장에서 서울신문 장태화 사장의 최측근이었던 이자헌 부국장 겸 정치부장의 권유로 서울신문 편집국장으로 옮겼으나, 이 부국장이 국장으로 승진하게 되면서 결국 경향신문 편집국장으로 옮겨가야 했던 일, 거기서 주미·일 특파원이라는 전대미문의 직책을 맡게 된 일 등 그야말로 전설적인 일화를 많이 들었다.

그렇게 말로만 듣던 조 선배를 처음 대면하게 된 건 내가 외무부를 출입하던 1973년이었다. 그때 조 선배는 중앙일보 논설위원 겸 TBC 논평위원이었다. 형식상 논설위원 겸임이었지만 실제는 봉두완 선배와 함께 방송 논평위원 일만 했다. 우리는 같은 건물에서 근무하고 있었지만 사무실이 각각 2층과 5층이고 내가 외근기자여서 평소 만날 일이 없었다.

당시 우리의 대륙붕 6광구의 일부와 7광구를 놓고 한·일간에 대륙붕이 겹쳐 이 문제를 공동개발로 푸는 협상이 진행 중이었다. 우리 정부는 1970년 1월 해저광물자원법을 제정하고 그해 5월 30일 동해와 황해, 동중국해에 우리측 대륙붕을 선언하는 선수를 쳤다. 인접국과 거리가 가깝고 깊은 해구로 해저육지가 단절되지 않은 황해, 동해(대한해

협포함)와 동중국해 서남쪽은 등거리 중간선으로, 오키나와 해구에 의해 해저에 깊은 단층이 있는 동중국해 동쪽은 육지의 자연연장론에 의거해 우리 대륙붕을 확정했다.

결국 중국·대만과는 중간선, 일본과 동해는 중간선인 반면 동중국해 동부는 자연연장론이 획정기준이 된 것이다. 등거리·중간선을 획정기준으로 삼고 있던 일본의 6광구 일부 및 7광구 전체가 관할권 주장이 겹치는 분쟁이 발생하게 됐다. 이 분쟁은 1972년 9월 서울에서 열린 한·일 각료회담 참석자들의 청와대 예방 때 분쟁 대륙붕에 대해 양국이 50 대 50 지분으로 공동개발 하자는 박정희 대통령의 제안을 일본측이 원칙적으로 수락함으로서 해결의 가닥을 잡았다.

공동개발 합의 직후 대륙붕 법리와 분쟁 해결에 대한 취재와 연구에 미리 착수한 덕분에 나는 대륙붕에 관해 정통하다는 평을 들었고, 기사와 해설, 특집뿐 아니라 몇 차례 사설까지 집필하고 있었다. 조 선배도 대륙붕 공동개발 협상에 대해 논평을 해야 할 상황이 되자, 내게 협상의 쟁점, 내용, 앞으로의 전망과 문제점 등에 대해 설명을 해달라고 연락이 왔다. 그래서 회담의 쟁점, 진행상황, 앞으로의 해결해야 할 문제점 등을 설명해 드릴 기회를 가졌다. TV에서 그분이 논평하는 건 여러 차례 봤지만 대면해서 얘기를 나눈 건 그때가 처음이었다. 1년 반쯤 후 내가 논설위원으로 발령 나 5층의 논평위원실 바로 옆 논설위원실로 옮겼을 때는 이미 조 선배가 경향신문 전무로 떠난 뒤였다.

기억에 남는 편집·보도국장 세미나

그 후로는 오랫동안 언론연구원 주최 심포지엄, 관훈클럽 행사 때 만나면 반갑게 인사하고 강연이나 토론을 듣고, 경의를 표했을 뿐 특별한 교류는 없었다. 그러다가 내가 1996년부터 3년간 한국신문방송편집인협회 회장을 맡으면서 편집·보도국장 세미나 등 여러 세미나에 주제 발표자, 기조 연사로 조 선배를 초빙했다. 강연을 들을수록 그의 언론에 대한 깊은 연구와 통찰력, 균형 감각에 감명을 받게 됐다. 어떻게 보면 귀찮을 것도 같은데 연사로 초빙하면 흔쾌히 응해줬다. 언론계 후배들에게 자기의 경험과 지식을 전수하는데 남다른 소명감을 지닌 듯 했다.

편협의 중요 세미나는 참석자들의 중간 이탈을 막기 위해 주로 제주도 등에서 열었는데 1996년 조 선배를 모시고 완도에서 보길도와 노화도를 돌아보며 가졌던 편집·보도국장 세미나가 가장 기억에 남는다. 그날 저녁 모두들 대취했는데 최고원로로서 끝까지 꼿꼿했을 뿐 아니라 이튿날 아침 부인과 해안을 산책하던 모습이 지금도 눈에 선하다.

1999년 편협회장과 신문사 주필직에서 물러나 고문이 되면서 2000년부터 3년간 삼성언론재단의 기금 후원으로 고려대 초빙교수를 역임했다. 그때 교수 연구실을 관훈 석좌교수와 함께 썼는데 연구실에 언론에 관한 원서가 수십 권 비치돼 있었다. 그 전해 석좌교수를 역임한 조 선배가 남기고간 책들이었다.

타 교수 연구실과 달리 장서가 없이 황량한 연구실에 자기 장서를 비치했다가 후임자들을 위해 남겨놓았던 것 같다. 나도 그 가운데 뉴욕타임스의 내막을 파헤친 Edwin Diamond의 『Behind the Times』 등을 탐독했던 기억이 있다.

2004년 중앙일보를 퇴사한 뒤 조 선배와 조우했던 건 주로 관훈클럽의 행사와 국내외 탐방여행 때였다. 오랫동안 조 선배가 최고 원로였기 때문에 이런 때면 간단히 인사말을 하곤 했는데 군더더기 없이 그 자리에 꼭 어울리는 한마디였던 기억이다. 말년에는 건강 때문에 불참하는 일도 잦았고, 어느 때는 지팡이를 짚거나 휠체어를 타고 나타나셨던 모습이 지금도 생생하다.

상황에 딱 맞는 그 유머러스한 멘트!

표 완 수
• 한국언론진흥재단 이사장 • 전 YTN 사장

시니컬 한듯하면서도 아주 정확한 분,
저널리스틱하면서도
항상 날카로운 침을 품고 있는 대선배,
안 보는듯하면서도 모든 걸 다 보는 리더!

"조용중 전무님"이라고 부르는 이유

'조용중 추모문집간행위원회'에서 원고 청탁이 왔을 때 저는 큰 고민에 빠졌습니다. 언론계의 훌륭한 대선배를 추모하는 자리에 이름을 올린다는 건 매우 영광스런 일입니다. 그러나 솔직히 저는 조용중 대선배와 함께 한 시간이 너무 짧았습니다. 추모의 글을 써서 올리기에는 연결이 약하고, 공유부분이 너무 적습니다. 이런 이유로 감히 추모의 글을 쓰지는 못하지만, 추모문집 간행을 축하드리는 짧은 글이나마 올리면서 대선배에 대한 저의 짧은 생각을 조금 덧붙이고자 합니다.

저는 조 대선배에 대해 언급할 때 지금도 '조용중 전무님'이라고 부릅니다. 그분이 언론연구원 원장, 연합통신 사장, 한국ABC협회 회장을 역임했지만, 저는 그냥 '조용중 전무님'이라고 부르는 게 편하고 자연스럽습니다. 이유는 제가 그분을 처음 뵈었을 때 그분의 직책이 주식회사 문화방송·경향신문의 '신문 담당 전무'였기 때문입니다.

1974년 가을이었습니다. 그해 저는 주식회사 문화방송·경향신문의 이른바, 통합 1기 기자직으로 입사했습니다. 당시 대표이사는 경향신문 출신으로 전북지사를 지낸 이환의 사장이었고, 직책상 그 위에는 조선일보 주필을 역임한, 「골프 망국론」의 필자 최석채 회장이 계셨습니다. 방송 담당 전무는 그 유명한 임택근 아나운서였고, 서규석, 박근숙 두 분이 각각 신문 담당 상무, 방송 담당 상무를 맡고 있었습니다. '여성 아나운서의 전설' 강영숙 선생은 연수실에서 연수위원으로 근무하고 계셨지요.

참고로, 저의 '통합 1기' 입사 동기 중에는 문화방송·경향신문이 다시 분리된 한참 뒤 양 사 사장을 각각 지낸 엄기영, 고영재가 있습니다. 그리고 2008년 5월, 제가 YTN 사장을 그만두었을 때 바통을 이어받은 MBC 보도본부장 출신 구본홍도 입사 동기였습니다. 방송과 신문 양쪽에서 오리엔테이션을 받은 우리 '통합 1기' 동기생들은 그때 경향신문 편집국을 처음 들어가면서 깜짝 놀랐던 기억이 지금도 생생합니다. 명동 근처 지금의 동양화학(OCI) 사옥 뒤쪽에 자리 잡고 있던 경향의 낡은 사옥 건물 나무계단을 올라가는데 삐거덕거리는 소리가 어찌나 크게 들렸던지!

경향이 중구 정동 22번지 MBC 건물로 완전하게 이사를 마친 뒤 어느 날, 통합 1기 수습기자 댓 명이 신문 담당 전무실에 불려간 일이 있었는데, 그때 저에게 평생 각인되어 남아있는 조 대선배의 특징이 유감없이 발휘된 사건(?)이 발생했습니다. 전무님께 인사를 드린 뒤 대화가 시작되었는데, 갑자기 '병아리 기자들'의 시선이 일제히 전무실 탁자 위로 쏠려 고정되었습니다. 거기에는 당시 아주 귀하게 여겨졌던 양담배가 한 갑 놓여 있었던 것입니다. 순간 조 전무님의 얼굴에 살짝 당황하는 표정이 스치더니 이내 뜻밖의 말씀이 튀어나오는 게 아니겠습니까!

"아니, 이 친구 이걸 여기 놔두고 그냥 갔네! 조금 전에 서양 친구 한 명이 왔다 갔거든." 우리는 반신반의했습니다. 아, 신문사 전무님쯤 되면 서양 사람들도 왔다 갔다 하는가 보다. 이런 생각도 드는 한편, 본인이 피던 양담배를 신입 기자들에게 들키고 나니까 무안해서 그냥 은근슬쩍 둘러대는 것은 혹시 아닌가.…? 당시는 양담배 피는 걸 매우 엄하게 단속하던 때였으니까요. 뜨악해하던 우리가 마음을 다잡기도 전에 그의 다음 말이 우리가 품고 있던 일말의 의심을 초토화하고 말았습니다. "여러분들이 올 줄 알고 그 친구가 이걸 놔두고 갔나 보네. 자, 그 친구 성의를 봐서 한 개비씩 피워보도록 하자고!" 하시면서 양담배를 한 개비씩 우리에게 권하는 게 아니겠습니까! 우리는 믿는 척하고 지나갔지만, 그때 그 일이 저에게는 평생 잊히지 않았습니다. 그 순발력과 상황에 딱 맞는 유머러스한 멘트를 어찌 잊을 수 있겠습니까?

수십 년 동안 따로 뵙지 못했는데…

그 후 조 전무님이 언제 경향을 그만두셨는지, 그 뒤 무엇을 하셨는지 저에게 명확한 기억이 없습니다. 다만, 연합통신이었는지 연합뉴스로 개명하고 나서였는지, 그곳의 대표이사를 하신 일, 그리고 한국ABC협회 회장을 하신 것을 언론보도를 통해 알고 있었을 뿐입니다. 그 무렵 또 한 번 제가 깜짝 놀랐던 일이 있었습니다. 제가 시사주간지 〈시사

IN〉 발행인 겸 대표이사 사장을 맡고 있던 때였습니다. 〈시사IN〉의 모태라 할 수 있는 〈시사저널〉의 편집주간을 역임한 동아일보 출신 재미 언론인 진철수 주간이 『KOREA RISING(코리아 라이징)』이라는 책을 내고, 프레스센터에서 출판기념회를 열었을 때의 일입니다.

　진 주간님은 미국 AP통신 서울지국장을 역임했고, 동아일보 재직 시절 기사 관련으로 중앙정보부에 끌려가 고초를 겪은 뒤 환멸을 느껴 미국으로 이민 가서 자녀교육에 성공한 것으로도 잘 알려져 있지요. 진 주간님이 시사저널 편집주간이었을 때 저는 휘하에서 국제 담당 편집위원을 맡아 일하면서 많은 것을 배웠습니다. 그런 인연으로 제가 진 주간님의 출판기념회 자리에 소박한 서양난 화분 하나를 보냈습니다. 물론 저도 그 자리에 참석했었지요.

　그때 조용중 전무님과 남재희 전 노동부장관의 축사가 있었는데, 조 전무님이 단상에 오르기 전에 혼잣말로 "아, 시사저널에 같이 있었다고 표완수가 이걸 보냈네"라고 말씀하시는 게 아니겠습니까! 작은 소리의 혼잣말이었기 때문에 사람들은 못 알아들었겠지만, 저는 또렷하게 듣고 깜짝 놀랐습니다. 아니, 수십 년 동안 따로 뵙지도 못했는데, 저분은 나의 일거수일투족을 추적하고 계셨단 말인가! 수습기자 시절의 양담배 기억이 그때 다시 한 번 스치고 지나갔습니다.

　조 전무님은 저에게 그런 분이셨습니다. 시니컬(cynical) 한듯하면서도 아주 정확한 사람, 저널리스틱(journalistic) 하면서도 항상 날카로운 침을 품고 있는 대선배, 안 보는듯하면서도 모든 걸 다 보는 리더! 조 전무님이 이미 떠나신 길 허공에나마 새까만 후배가 아쉬움과 존경의 마음을 띄워 보냅니다.

ABC협회 재정안정·발전에 큰 기여

임 종 건
• 한국ABC협회 회장　• 전 서울경제신문 대표이사 사장

한국ABC협회 3대회장으로
1995~2001년 6년간 연임
웹사이트 공사체제 구축은
한 세대를 앞선 선견지명

관훈클럽에 대한 애정이 각별

　조용중 선배의 추모문집에 글을 쓰기에 저는 매우 부족한 사람입니다. 아니 자격이 없는 사람입니다. 대한민국 언론계가 조 선배의 인품을 존경하는 이유를 안 것은 그로부터 기자 훈련을 받았거나, 그가 쓴 명문의 기사를 읽었기 때문은 아니었습니다. 오로지 관훈클럽이 마련한 국내외 여행기간동안 잠깐잠깐 만난 기억이 고작이었습니다.

　한국일보 서울경제신문 두 군데서만 근무한 저와는 달리 조 선배는 한국일보만 빼고 다른 모든 언론사에 근무했다고 할 만큼 다양한 경력을 자랑했던 분입니다. 조 선배의 언론인으로서의 능력이 그만큼 출중해 매체들은 잠시도 그에게 쉴 틈을 허용치 않았다는 애기입니다.

　조 선배는 신문사나 언론단체에 두루 발이 넓었지만, 그 중에서 관훈

클럽에 대한 애정이 각별한 분이셨습니다. 클럽탄생의 산파역할을 하셨을 뿐만 아니라 클럽의 총무와 신영기금 이사장도 역임하는 등 클럽의 발전에 기여가 컸습니다.

병을 얻은 뒤 거동이 불편해지자 휠체어에 의지해서 참가했을 정도로 해외여행에 애착을 보였습니다. 사전에 약속을 하신 듯이 조 선배가 여행에 참가할 땐 대개 조선일보 이종식, 동아일보 남시욱, 코리아 헤럴드의 최서영 선배 등이 동행해서 어울려 다니셨고, 어쩌다 그 분들 틈에 끼어서 조 선배의 풍모를 엿볼 기회가 있었던 것입니다.

화제는 현역시절 체험담 위주여서 흥미진진했고 교훈적 가치도 많았습니다. 기자 시절에는 독설도 잘 하시어 전설 같은 일화들이 많이 회자되고 있었으나, 후배들과 함께한 자리에선 가장 품위 있고, 적확하고, 위트 있는 어휘를 골라 쓰기 위해 애쓰는 분이었습니다.

이것이 제가 조 선배에 대해서 갖고 있던 경험이나 인상의 전부였습니다. 그래서 저는 박석흥 추모문집 출간준비 위원장께서 글을 써달라고 했을 때 글을 쓸 자격이 없음을 이유로 거듭 고사했습니다.

그러다 조 선배의 다채로운 경력 가운데 한국ABC협회 회장이 포함되니 현 회장으로서 당시의 조 선배의 업적을 기려달라는 권유의 말을 듣는 순간, 섬광처럼 하나의 생각이 머리를 스쳤습니다. 이것은 조 선배가 한국정부, 한국언론, 한국ABC협회에 전달하고자 하는 계시가 아닐까 하는 생각이었습니다.

ABC(Auditing Bureau of Circulation)제도는 인쇄매체들의 발행부수 및 유가부수를 산정하는 민간기구입니다. 1914년 미국에서 시작됐고, 현재는 언론자유가 보장되는 35개 서방국가들이 회원으로 참여한 가운데 영국 런던에 국제연맹(IFABC)의 본부가 있습니다.

1989년 출범한 한국ABC협회는 지난 33년 동안 많은 우여곡절을 거쳐 인쇄매체들의 부수 공사(公査)제도를 확립해 정확한 부수를 공표함으로써 매체에 대한 독자의 신뢰를 확보하고, 광고주들의 광고 집행에 도움을 주는 역할을 수행해 왔습니다.

환생하신다면 정부조치에 대성일갈!

조 선배는 1995년 2월 24일 한국ABC협회 정기총회서 3대회장으로 선임, 2001년 2월28일 총회에서 최종률 회장에게 넘겨줄 때까지 3년 임기의 회장을 6년간 연임했습니다. 그의 임기 중 최대 치적이라면 협회의 재정안정화였습니다.

그때까지 협회는 공익자금으로 운영되었습니다. 당시 야당은 정부의 입김이 들어 있는 공익자금을 쓰는 협회가 독립적인 기구인가에 대해 끊임없는 의문을 제기했습니다. 이에 대한 해결책으로 나온 것이 100억 원의 기금을 조성해서 기금의 이자로 협회의 운영재원으로 삼는 다는 것이었습니다.

출연 주체는 방송광고공사 50억 원, 전경련 30억 원, 매체사 20억 원으로 분배됐으나 매체사 분담금 출연은 경영난 등을 이유로 이행되지 않아 80억 원을 기금 총액으로 출발했습니다. 매체사의 출연 불발은 그 이후 오늘에 이르기까지 광고업계로부터 불만의 원인이 되고 있습니다. 옥의 티라고 하겠습니다.

조 회장의 두 번째 공로는 인터넷 웹사이트 공사의 기반을 구축하고 시행한 것입니다. 인쇄매체가 뉴스의 생산과 소비를 주도하던 시대에 인터넷매체에 대한 평가의 필요성을 내다보고 협회 안에 웹사이트 공사체제를 구축한 것은 최소한 한 세대를 앞선 선견지명이었습니다.

그의 선견지명은 한국언론연구원 조사연구이사로 재직하던 1985년에 신문기사의 데이터베이스화를 추진했을 때 이미 발휘됐습니다. 이 사업에 모든 신문사들이 협력했더라면 모든 콘텐츠를 저가로 포털에 넘겨 포털 예속에서 헤어나지 못하고 있는 오늘의 곤경은 면할 수 있었을 것입니다.

1999년 웹사이트 공사보고서의 발간이 개시된 이후, 2000년 2월 74개 웹사이트의 공사 보고서가 발간됐고, 10월에는 103개사까지 늘어났으나, 공사를 받는 매체에 제공되는 인센티브가 없자, 참여 매체가 날로 줄어 현재는 10개 미만사가 남아 명맥만 유지하고 있습니다.

뉴스의 생산과 소비의 중심이 컴퓨터와 SNS로 옮겨 간 오늘날 웹사이트 공사의 중요성은 날로 커지고 있으나 운영은 20년 전 수준에 머물고 있습니다. 오프라인 매체의 공사에서 노하우를 축적하고 있는 ABC협회에 웹사이트 공사를 맡기는 것이 가장 적절한 정책 대응이라 하겠는데 정부는 거꾸로 가고 있습니다.

문재인 정부가 2020년 임기 말을 앞두고 한국ABC협회를 없애려는 정책을 편 것은 시대착오였습니다. 협회가 조선일보와 짜고 조선일보의 유가부수를 두 배 가량 증량 조작했다는 구실 또한 시대착오였습니다.

문재인 정부의 협회에 대한 혐의는 협회운영자금을 빼돌려 위험자산에 불법투자한 혐의로 해고에 직면한 협회 직원의 범죄 물타기용 진정에서 비롯된 것이었습니다. 그의 진정은 동기의 순수성을 의심받기에 충분했음에도 정부는 오히려 진정내용에 맞춰 조사를 했습니다.

협회가 공사를 통해 확정한 2019년도 조선일보의 유가부수는 110만부였습니다. 이중 43%인 50만부가 조작됐다는 것이 문체부의 조사 결과였습니다. 1일 50만부는 연간으로 종이 양만 4만 톤, 여기에 인쇄 수송 배달비 등을 포함하면, 2021년 기준 700억 원의 비용이 소요된다는 것이 협회의 추산입니다. 이런 경영을 감당할 신문사는 대한민국엔 없습니다.

경비절감을 위해 발행부수를 줄여야 하는 것은 오늘날 모든 신문사들이 처한 입장입니다. 문체부의 ABC협회에 대한 조사결과는 그 같은 현실에 대한 무지를 드러낸 엉터리 조사라고 밖에 할 수 없습니다. 그런 조사를 바탕으로 협회를 없애려고 한 문재인 정부의 태도는 공권력의 횡포를 넘어 범죄행위에 해당된다고 해도 과언이 아닐 것입니다.

언론의 자유와 독립을 보장하는 정부라면 그런 무모한 조치는 즉각 시정해야 마땅합니다. 윤석열 정부에 대해 협회는 그런 기대를 가졌습니다. 그러나 윤석열 정부 역시 즉각적인 시정의지를 보이는 대신 이전 정부가 ABC제도 폐지구실로 삼았던 지엽말단의 시정조치를 먼저 이행하라고 요구하고 있습니다.

생전의 조 선배는 김대중 정부가 신문고시를 부활하려고 했을 때, 노무현 정부가 신문부수 상한제, 신문사소유지분 제한 제도를 시행하려 했을 때 반대캠페인에 앞장을 섰을 정도로 언론의 자유와 독립문제에 지대한 관심을 표시했습니다.

조 선배가 환생하신다면 생전에 애용하셨다는 예의 독설로 ABC협회에 대한 정부조치에 대성일갈하셨을 것 같습니다. ABC제도의 안정과 발전에 큰 기여를 했던 조 선배의 부재는 한국ABC협회로선 기둥을 잃은 것입니다. 부디 천상의 조 선배께선 한국에서 ABC제도의 지속발전을 이루도록 저희에게 지혜를 주시고, 응원을 해주시기 빕니다.

조용중 선비 가문의 내력

유 우 봉
* 전 경향신문 문화부 기자　* 平山茂松庾氏 대종회장

조부·선친 2대에 걸쳐 독립운동
선비집안에서 태어나 선비답게
배우고 자라 선비정신이 투철,
조부의 문집 『심산유고』 펴내

조용중 선생 조부 『심산유고(心汕遺藁)』 표지

자고로 선비의 문집은
문사철(文史哲)을 아우른다.
심산(心汕)은 시서에 능했고
8편의 옥중시를 남겼다.
특히 서대문 감옥으로 이감될 때
독립문이란
석각과 태극 문양을 보고
술회한 글은 압권이다.

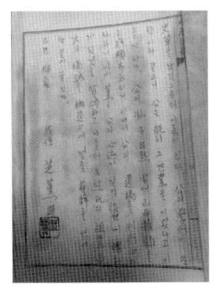 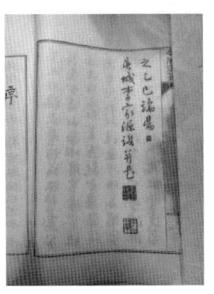
『심산유고』 서문 찬자(撰者)와 발문 찬자

조부는 8편의 옥중시 남겨

선비는 학식과 인품을 갖춘 사람에 대한 호칭입니다. 선비라고 하면 유교 이념 특히 의리 정신을 대표하는 인격체로 인식합니다. 선비의 덕업은 인의예지를 갖추는 일이고, 그러기 위해서는 『역경(易經)』의 이치부터 깨달아야 합니다.

대기자 조용중 선생은 선비 집안에서 태어나 평생을 언론인으로 선비답게 살았습니다. 한양 조씨(漢陽 趙氏) 산서공파(山西公派) 28세손입니다. 일제 때 26세손 할아버지 성민(成珉) 공은 독립운동가이며, 27세손 태희(台熙) 공도 만주에서 광복을 맞이했습니다.

산서 조경남(趙慶男) 공은 임진왜란 당시 조헌의 문인으로 남원에서 활약한 의병장입니다. 저서인 『난중잡록(亂中雜錄)』은 『징비록』, 『난중일기』와 함께 주요한 사료로 칩니다. 한국고전국역원이 번역해 지금은 홈페이지에서 쉽게 읽을 수 있습니다.

충효전가(忠孝傳家)라. 충성과 효도로서 가문을 이어온 심산(心汕) 성민 공은 젊어서 독립운동에 투신했습니다. 만주에서 체포되어 단동, 신의주, 서울 감옥에서 2년 반을 보내야 했습니다. 아들 태희 공이 아버지 옥바라지를 했습니다.

자고로 선비는 문사철(文史哲)을 두루 섭렵합니다. 독학으로 의술도 익힌 심산(1879-1953)은 시서에 능했고, 41세인 1920년 서대문 감옥으로 이감될 때 양쪽에 태극기를 그린 독립문이란 현판을 보고 술회한 글은 압권입니다.

人心極處卽天成, 獄在西門獨立名,

如何推得消長理, 太食登登太極生

인심은 극에 달하면 천심이 되는데,

서대문 감옥에서 독립이란 말인가,

어떻게 생사 이치를 추구해 얻을까,

악곡의 태식조는 등등하게 태극을 낳겠지.

사적 제32호인 독립문은 홍예문의 이맛돌 위에 앞뒤로 한글과 한자로 '독립문'이라 쓰고 좌우에 태극기를 조각한 현판을 달았습니다. 무악재에서 시내로 들어올 때 현판은 '獨立門'이고, 무악재로 나갈 때는 '독립문'입니다.

아들 태희 공은 1965년 선친의 문집인 『심산유고心汕遺藁』를 발간했습니다. 한학자 이가원 선생이 서문을 쓰고, 조지훈 시인이 발문을 썼습니다. 말미에는 태희 공이 어린 손자 재신(용중의 장남)을 시켜 한글로 쓴 발문도 붙였습니다.

『심산유고』는 6권을 2책으로 편철하여 발간했습니다. 1권 시, 2권 서, 3권 경의 및 잡저, 4권 수필, 5권 서문 및 제문, 6권 부록 및 발문입니다. 옥중 시는 모두 8편인데, 서대문 감옥으로 이감될 때의 처절한 시는 1권 시편 경신 조에 수록되어 있습니다.

적선지가필유여경(積善之家必有餘慶)이라. 3대가 선비정신에 투철

했습니다. 조용중(趙庸中)은 성명학적으로 용(庸)이 항렬이며, 중(中)은 중화를 뜻합니다. 명리학적으로 길흉성패를 판단하려면 음양오행과의 중화를 핵심으로 합니다.

선생은 충남 대덕군 기성면 출신입니다. 나와는 동향으로 아버지 친구분의 자제입니다. 이런 인연으로 나는 조용중 편집국장 시절 경향신문으로 옮겨 3년 6개월간 근무했습니다. 혈연, 지연, 학연 - 인연이란 필연이라고 봅니다.

조 국장을 경향신문으로 발탁한 것도 지연이 작용했다고 봅니다. 당시 충남 연기 출신인 김제원 사장은 공화당 국회의원으로, 지역구가 대덕·연기 선거구였습니다. 나는 편집국장과 함께 사장의 선거현장을 찾은 적이 있습니다.

문화부 학술담당 기자가 편집국장과 함께 선거구로 출장을 간다는 자체가 파격입니다. 추후에 김 사장의 사위인 서울대학교 강명규 교수로부터 자초지종을 들었습니다. 유세현장을 방문하고 하루를 묵은 다음 날 아침이었습니다.

조용중 국장은 유성관광호텔 프론트에서 웬 전화를 받더니, "여기 일은 그만하고 고향에 빨리 가보라"고 했습니다. 내 선친이 위독하다는 것입니다. 형님댁에서 중풍으로 고생하던 아버지는 멀쩡하셨고, 곧 서울로 모셨습니다.

지금도 의문은 풀리지 않습니다. 집안에서는 아무도 안 했다는데 누가 신문사에 전화를 걸었을까? 조용중 선배에게 묻고 싶었습니다. 그러나 차일피일하다가 기회를 놓쳤습니다. 그리고 2018년 2월 24일 부음을 들었습니다.

고인 자택에 '심산서옥(心汕書屋)' 당호

최근 박석흥 선생은 『대기자 조용중 평전』에 나보고도 글을 써달라고 청했습니다. 동향 출신으로 가문의 내력도 소개해 주기를 바랐습니다. '평전'이란 제목부터 부담스럽고, 가문의 내력과 관련된 사실의 검증은 어려운 일입니다.

우선 족보와 『심산유고』부터 보고 '심산서옥(心汕書屋)'이란 당호가 붙은 고인의 자택을 방문해야 했습니다. 족보는 국립중앙도서관에서 열람했고, 『심산유고』는 헌책방에서 구하고, 기타 사항은 미망인과 전화로 인터뷰를 했습니다.

내가 조용중 기자를 처음 만난 것은 1957년 서울대학교 정치학과 1학년 때입니다. 만난 곳은 인사동 '태고약방'입니다. 이곳은 경향 간에 뜻있는 선비들의 사랑방이었습니다. 주인 조태희 선생님은 우국지사로 늘 모임의 좌장이었습니다.

이 어른도 아버지처럼 『역경』의 이치에 아주 밝았습니다. 특히 「하도낙서(河圖洛書)」를 비롯해 수리문제 등을 간결 명료하게 설명했습니다. 예를 들면, 뱀과 두꺼비가 반목하는 사갈시(蛇蝎視)는 자연의 이치로 병리가 아닌 생리란 것입니다.

또한 선대 묘소를 선골(지금은 대전 정림동)로 이장했습니다. 『난중잡록』등 귀중한 책들도 간수해서 전했습니다. 조용중 선생은 바로 이런 가문에서 배우고 자랐습니다. 그러나 시대의 추이에 따라 시의 적절하게 처신했습니다.

조부와 선친은 생계수단으로 한약방을 운영했습니다. 그리고 선대의 산소를 매장으로 잘 모셨습니다. 그러나 디지털 시대를 맞아 조용중 선생은 선대산소를 모두 화장으로 대체했고, 본인도 화장하도록 유언을 남겼습니다.

소년 조용중은 두계초등학교를 나와 일제 때 대전사범에 입학했습니다. 그러나 곧바로 퇴학을 당했습니다. 이유는 명확하지 않지만, 중론은 독립운동가의 가족이기 때문이라고 했습니다. 결국은 대전공업 졸업 후 서울로 올라왔습니다.

공부 잘하는 학생이지만, 시대상황과 생활여건이 명문대학에 진학할 형편이 못되었습니다. 지금 동국대학교 전신인 혜화전문을 중퇴하고 23세에 기자란 직업전선에 뛰어들었습니다. 이후 파사현정의 정론을 위해 싸웠습니다.

조용중은 일찍 어머니를 여의었습니다. 서울생활은 고달팠고, 관철동 단칸방에서 기거하며 아버지가 아들 뒷바라지를 했습니다. 이후 부인 백영숙(白英淑) 여사와 혼인, 안정된 가정생활을 누렸습니다. 자녀는 2남 2녀입니다.

장남 재신 씨는 배우자, 자녀 2명과 함께 현재 미국에 거주 중입니다. 차남 동신 씨는 배우자와 아들 1명과 같이 국내에 살고 있습니다. 장녀 현자 씨는 문씨 집안으로 출가해 아들 2명을, 차녀 현임 씨는 1남 1녀를 두었습니다.

내가 사모님을 처음 뵌 것도 태고약방에서입니다. 그리고 조 국장님 댁은 두 번 방문했습니다. 경향신문은 사장이 바뀌자 조 국장을 도쿄·워싱턴 특파원이란 희한한 자리로 발령 냈습니다. 출국 전에 들렸고 곧 귀국 후 찾았습니다.

조용중 선생은 곤경에 처하면 참고 때를 기다렸습니다. 운수가 비색해서 그러려니 했습니다. 비거태래(否去泰來)라. 비색한 시절이 가면 태평한 세월이 오는 법입니다. 세상일은 궁즉변 변즉통 통즉구(窮則變 變則通 通則久)입니다.

『역경』은 궁변통구(窮變通久)를 하나로 관통하는 세상의 이치요, 운이란 스스로 돕는 자를 돕는다고 계시합니다. 조용중 선생은 손자병법도 탐독했습니다. 그러나 현현기경을 터득한 바둑의 고수처럼 모르는 척 겸손했을 뿐입니다.

조용중 대기자는 어린 시절 천자문과 동몽선습을 읽었습니다. 당시의 선비집안은 자녀에게 관상, 명리, 성명, 풍수, 보학 등도 조금씩은 가르쳤습니다. 생존을 위해서입니다. 이렇게 심산 가문은 3대에 걸쳐 선비를 배출했습니다.

조용중 선비는 틈만 나면 책을 사서 읽었습니다. 사후에는 그 책 4천여 권을 포항공과대학 청암도서관에 기증했습니다. 장녀의 아들인 외손자 문재석씨가 포항공과대학에서 학사, 석사, 박사 학위를 받은 인연 때문이었습니다.

예로부터 선비는 책을 벗 삼고 글을 시문으로 남겼습니다. 조용중 선비 역시 그러했습니다.

『고련(苦戀)- 10억 인구의 정치와 문예』(1982), 『미군정하의 한국 정치현장』(1990), 『저널리즘과 권력』(1999), 『대통령의 무혈혁명』(2004) 등을 저술했습니다.

국립중앙도서관을 찾아 『고련』을 읽었습니다. '북경의 속사정'이란 부제가 붙은 책이지만, 국제정치에 대한 안목과 식견이 돋보였습니다. 저자는 중국어까지 어학에 대한 집념이 대단했습니다. 외국어는 평생

공부해도 시원찮은 난제입니다.

한편, 저자의 다른 저서를 읽지 못해 아쉬웠습니다. 장서조직도 볼 겸 포항공대 도서관을 찾고 싶었습니다. 다행이 최근에 경향신문 문화부 출신 3명이 모인 자리에서 책 문제는 간단히 해결되었습니다. 박석홍 기자가 선뜻 빌려주기로 했습니다.

박 기자와 나는 재직 당시의 이원두 문화부장을 모시고 조용중 국장 댁을 찾았습니다. 서로들 확인할 사항이 있었습니다. 박 기자와 나는 서재부터 들렀습니다. 필경 나는 족보 좀 보여 줄 수 있느냐고 사모님 백영숙 여사에게 물었습니다.

구순의 백 여사는 사랑방으로 안내하더니 문갑의 자물통을 열었습니다. 한지에 인쇄한 『한양조씨 족보』(갑술보) 등은 물론 각종 한서들을 간직하고 있었습니다. 특히 필사한 노자의 『도덕경』을 보고는 선비 집안의 풍모를 확연히 느꼈습니다.

조용중 선생의 가훈은 충효를 세상에 전하고 근검으로 지조를 지킨다는 충효전세(忠孝傳世) 근검수조(勤儉守操)입니다. 이에 감히 명(銘)한다면, 도를 지켜 선비의 맥을 이으니 푸른 하늘에 빛나리라는 위도사맥(衛道事脈) 필유창천(必有蒼天)입니다.

예로부터 사이비(似而非)는 존재합니다. 선비는 사이비를 미워합니다. 시시비비를 다루는 기자는 더욱 그렇습니다. 여하튼 가난하면서도 정도를 지키며 살아온 선비 가문의 내력을 간략히 살펴보았습니다. 그리고 지극정성으로 고인을 추모합니다.

02

펜은 권력을 이긴다
• 학구파 논객 조용중 논단

1. 정치부 기자가 돌아보는 4·19의 파워게임
2. 독립 언론, 책임 언론의 길
3. 민주화 운동 그리고 언론
4. 박근혜와 언론 동반 추락
5. "잊지 말라, 正論은 언제나 政派 위에 있다"
6. 신문은 미래를 준비 하는가
7. 신문은 탄압 속에서 큰다
8. 언론과 권력, 때로는 대결도 각오해야
9. 저널리즘의 위기

논단 1

정치부기자가 돌아보는 4·19의 파워게임

이승만을 물러나게 한 '3각 파도'

세미나 주제발표 조용중 선생 (오른쪽에서 세번째)

이글은 4·19혁명 50주년 기념 관훈클럽 세미나
'4·19혁명과 언론' 주제 발표문이다. (2010. 4. 7)

4·19 당시 조선일보 정치부기자로 4·19 현장에서
목격한 체험을 바탕으로 미국 등 많은 자료를 인용,
4·19를 입체적으로 조명했다. 〈편집자 주〉

"

4·19는 조직되지 않은 민중의 힘이

폭발하는 무서운 노도, 그 위에

미국이 가해 오는 노골적인 압력과

충성을 맹서했던 관료집단의 배신 등

3각 파도가 이승만을 무너뜨린 것

"

군중데모… 성공하고도 실패한 혁명

1960년 4·19는 조직되지 않은 민중의 힘이 폭발하는 무서운 노도, 그 위에 미국이 가해 오는 노골적인 압력과 한때는 충성을 맹서했던 관료집단의 배신 등 3각 파도가 이승만의 12년 왕조를 무너뜨린 날이다. 이 3각파도 앞에서 이승만은 끝까지 버텼으나 힘에 부쳐 무릎을 꿇고 말았다. 대통령 4선이라는 높은 장벽을 겨우 넘긴 그가 물러나자 미국은 '진정한 지도자'라고 치켜세웠고, 거리의 데모군중은 그가 탄 자동차를 에워싸고 박수갈채를 보냈다.

52년의 부산 정치파동, 54년의 4사5입 개헌, 58년의 국가보안법 파동, 59년 경향신문 폐간과 조봉암 사형집행 등 한국의 50년대는 이승만의 독재를 지탱하기 위한 격동의 연속으로 얼룩졌다. 2차대전 후 새로운 국제질서가 확립되지 못한 상황에서 겪은 시련은 우방 미국의 엄호로 겨우 넘길 수 있었다. 그러나 60년 4월, 한때는 이승만 축출계획까지 준비했던 미국이 마침내 이승만의 몰락을 부추기는 바람에 85세의 노정객은 대통령 4선이라는 고비를 힘겹게 넘기고도 데모군중 앞에서 하야를 성명해야만 했다.

이승만이 물러났다는 점에서 60년 4월의 군중데모는 혁명의 성공이라고 봐야겠지만 그러나 그 성공을 가꾸어 새로운 질서를 세우지 못했다는 점에서는 실패였다. 이 글은 당시의 현장을 본 정치부 기자가 회고하는 소박한 막전막후의 스케치이다.

'3인조 9인조' 기상천외 선거작전

이승만체제를 떠받치고 있던 경찰은 이승만·이기붕 티켓이 적어도

85% 이상의 득표로 당선되는 것을 목표로 한 선거전략을 세워 59년 11월부터 전국 경찰을 독려했다. 소문으로만 무성했던 경찰의 부정선거 지령이 신문에 등장한 것은 60년 2월말이었다. "민주당이 경찰고위층으로부터 신빙할 만 한 정보를 입수, 3월초에는 발표하기로 했다"는 것이 60년 2월 29일자 동아일보의 특종보도였다. 실은 민주당은 훨씬 이전부터 이 지령내용을 입수 하고도 극적인 효과를 위해 발표날짜를 저울질하고 있었는데 동아일보가 그 정보를 취재한 것이다.

자유당 또는 경찰고위층은 자주 은밀한 정보가 민주당에 누설되고 있다는 사실을 알면서도 마땅한 예방책을 쓰지 못할 정도였다. 민주당은 문자 그대 로 수권정당의 위상을 자랑하고 있었기 때문에 비밀정보가 새나가는 것은 자주 있는 일이었다. 이승만·이기붕을 당선시키기 위해 경찰은 한편에서 비밀지령을 꾸미고 다른 한편에서는 그것을 민주당에 흘린 것이다.

이승만을 위한 충성도에서 자유당은 최인규 내무장관, 이강학 치안국장 등 경찰관료가 주류를 이루는 정부의 강경노선에 밀리고 있었다. 우선 선거 날짜를 3월로 하기로 한 것부터가 그랬다. 농번기를 피하겠다는 핑계를 댔지만 실은 3월 26일 이승만의 생일 이전에 대통령에 당선시켜 "탄신일에 기쁘게 해드리자"는 것이 진의였던 것이다. 이에 이의를 달 수 없는 자유당은 내무부가 주동하는 선거전략에 끌려가는 길밖에 없었다.

59년 초, 한희석을 위원장으로 하는 선거대책위원회가 구성되었으나 초장부터 경찰의 선거조작방침에 끌려가는 구도였다. 경찰과 자유당의 선거전략 차이는 여러 가지 마찰을 일으켜 어느 날 이기붕 의장집 회의에 불려나 온 최인규 내무장관은 한희석 선거대책위원장과 서로 책임을 따지다 여러 당무위원들 앞에서 이놈 저놈 하고 욕설을 퍼붓는 집안싸움을 벌인 일도 있다. (東恩 李在鶴 회고록)

이승만에 대한 충성심이 남달랐던 최인규는 "선거인을 3인조 9인조로 묶어 투표, 4할 무더기 사전투표"라는 기상천외의 선거작전을 경찰에 지시해 두고 있었다. 치안국장의 육성이 아니면 누구의 지시도 받지 않는다는 지시를 거역할 일선경찰이 있을 수 있겠느냐는 자만이 끝내는 파멸을 불러왔지만 그러나 선거라는 요식이 이승만·이기붕을 이겼다고 우기게끔 만드는 데까지는 갔었다.

자유당 안에는 그나마 사태를 냉정하게 보는 소수세력이 있기는 했다. 이른바 온건파였다. 그들은 내무부의 선거조작 지시를 깔아뭉갤 수 없다면 차라리 내각책임제 개헌 같은 정치적인 방법을 택하는 것을 고려했었지만 이번에는 당내 강경파의 저항에 부딪쳤다. 이런 정치놀음에 분통을 터뜨린 것은 철도 들지 않았다고 생각한 학생들이었다. 정부도, 자유당도 저항이 그 정도로 거셀 것이라고 짐작하지 못했다. 독재정권이 자랑하던 이른바 정보망도 요긴할 때 신통력을 잃었는지 학생들의 저항을 가볍게 치부하고 대비 하지 못했다.

야당도시로 이름 높은 대구에서의 첫 학생시위는 장면 부통령의 민주당 강연회를 방해하려는 일요등교가 계기였지만 공명선거 주장이 주된 구호였다. 마침내 3월 3일 오후 민주당이 경찰의 비밀지령 내용을 정식으로 발표했다. 지령 전문은 1면으로는 모자라는 두세 페이지에 걸친 방대한 분량이었다.

솔직하게 당시 신문판도는 서울의 10개 종합지 가운데 동아일보의 위세가 문자 그대로 일당백이었다. 조·석간을 발행하던 당시, 점심때 가판소년이 거리를 휘젓고 달리면서 "동아일보요!" 하고 소리치면 안 보고는 못 견딜 마력 같은 것이 당시 동아일보에는 있었다. 동아일보의 폭로가 있은 뒤 다른 신문들도 다투어 거의 날마다 경찰의 부정선거지령 기사를 보도해서 가히 집중포화라 할 만큼 위협적이었다. 처음엔 부정선거 계획이 없고 그건 민주당의 조작이라고 시치미를 떼던 내무부나 자유당도 이제는 어떤 말로도 사태를 뒤집을 수 없는 분위기가 돼버렸다. 당시 조선일보 기자로 있던 나는 엄청난 패배감과 분노를 삼키면서 그 뒤를 쫓기 바빴다.

이런 폭발전야의 분위기에서 민주당 경남도당이 맨 먼저 선거 거부를 주장하고 나섰다. 나는 그 무렵 부산지방의 선거상황 취재를 하던 중 민주당 경남도당 간부가 "이번 선거는 협잡선거가 아니라 강간선거라고 해야 한다"면서 "중앙당에 선거 포기를 건의 하겠다"고 말한 것을 기억하고 있다. 투표를 눈앞에 둔 3월13일자 신문에서 읽을 수 있다.

선거는 정치권에서만 하는 것이 아니었다. 이승만·이기붕을 위해 반공예술단, 반공청년단, 화랑영화사 등 정체불명의 외곽단체들이 자유당을 둘러싸다시피 했다. 자유당 선대위원의 한 사람인 이재학의 증언은 "이런 단체들이 줄잡아 200을 헤아렸다"고 말하고 있다.

그런 혼란 속에서 치러진 3·15투표는 한갓 요식이었다. "일찍이 없던 공포분위기/ 공명선거는 기대난, 사복경관이 공개투표 지휘/ 민주당이 선관위에 금지요청"이라는 특호제목들이 춤을 추듯 신문지면을 장식했다. 이건 당시의 신문이 그나마 자제한 수준이었을 것이다. 얼마나 투표가 엉망이었기에 민주당이 그날 오후, 투표가 마감되기도 전에 일찌감치 선거무효를 선언하기에 이르렀을까. 중앙선관위가 투표결과 집계를 끝내고 국회가 당선자 공고를 내는 것은 아무 의미도 없는 통과의례였을 뿐이다.

이승만, 3·15선거의 부정 뒤늦게 알아

59년 1월 다울링 주한미국대사가 본국정부에 보고한 "한국의 정치 정세와 미국의 역할"은 60년의 선거에서 자유당이 모든 비민주적 방법을 동원하리라는 것을 정확하게 예견했다. 보다 구체적으로 이 문제가 외교문서에 등장하는 것은 그해 9월이었다. "지난 반년 동안 각 부문에 걸친 정부의 통제는 꾸준히 계속되었다"고 전제한 다울링은 "자유당은 56년 선거 때의 부통령후보 패배가 되풀이되지 않게 하기 위해 어떠한 노력도 아끼지 않을 것"이라고 예언했다. 다울링은 정부는 선거운동에 간섭하고 투표행위를 뒤엎을 것이라고도 하면서 지금 생각하면 유치하다고 할 다음과 같은 미국의 대응책을 건의했다.

① 가능한 한 많은 미국과 국제적인 언론이 한국에 주재하면서 보도 또는 논설로 한국의 정치상황을 보도하도록 할 것
② 미국 의회나 유명인사들이 한국을 방문해서 이승만에게 정세를 일깨우도록 할 것
③ 미국 공보원을 통해 자유선거와 민주주의 기본요건에 관한 정보를 제공할 것
④ 한국 경찰에 대한 미국의 원조를 재검토할 것
⑤ 언커크 또는 참전국가들의 선거감시

⑥ 그밖에 한국에 대한 원조문제

(FRUS, Korea, Jan. 1958 - Nov. 1959)

한 달 뒤 미국이 만든 대응책은 현지 대사의 건의를 전적으로 수용한 것이었다. 그 대응책은 그때 한국과 미국이 처한 위상이 어떠했는가를 웅변으로 말하는 것이었다. "이승만과 한국정부는 특히 미국 신문의 비판에 민감하기 때문에 많은 미국 신문특파원이 상주하도록 해야 한다"면서 "이럴 경우 현지 언론으로 하여금 보다 정확한 보도를 할 수 있도록 고무할 것"이라는 대목은 씁쓸한 역사를 읽는 것 같다.

막상 3·15선거가 치러지고 마산, 부산, 서울에서 대규모 학생시위가 벌어진 뒤 미국이 보인 반응은 우호적인 동맹관계와는 거리가 멀었다. 왕래한 전문의 수가 많아졌을 뿐 아니라 그 내용의 변화는 놀랄 만했다. 한 예로 4월 2일자로 매카너기(Walter P. McConaughy) 대사가 보낸 전문은 미국정부가 보이게 되는 일련의 강경자세를 예고한 것이었다. 그는 "이승만과 한국정부가 올바로 행동하도록 영향을 주기 위해 미국은 한목소리를 분명하게 내야한다"고 주장했다. 미국이 "한국의 오늘과 미래를 위해 피와 돈, 위신과 안전을 투자했기 때문에 다른 데보다 덜 관심을 가질 이유가 없다"는 것이 그의 주장이었다. 매카너기의 이런 고자세는 52년 부산에서 벌어진 정치파동 때 미국이 보인 군부와 국무부의 엇갈린 대응을 염두에 두고 그것을 되풀이하지 말자는 다짐이라고 할 수 있다. 이승만과의 우호적인 관계를 끊기 위한 절연(絶緣)의 제스처 라고도 할 수 있다. (이철순, 「부산정치파동과 국가보안법 파동에 대한 미국의 개입비교」)

그 뒤 데모가 격화돼 4월 19일 경무대 앞에서 경찰이 발포, 사망자가 생긴 뒤 미국대사관은 본국정부 훈령을 기다리지 않고 정부도, 데모군중도 법과 질서 위에서 데모사태를 해결하기를 기대한다는 성명을 발표했다. 사태를 위험한 수준으로 보고 있다는 뜻이었다. 그런 뒤 대사는 바로 이승만을 만났다. 김정렬 국방과 홍진기 내무장관이 동석했다.

미국은 관찰만 한 것이 아니었다. 적극적으로 움직였다. 당시 미 중앙정보국(CIA)의 한국책임자였던 드 실바(Peer de Silva)는 알고 지내던 김 국방 한 테 "빨리 이승만에게 사태를 보고하고 대책을 세우도록 하라"고 전화를 걸었다고 회고했다. (Peer de Silva, "Sub Rosa : The CIA and the uses of intelli- gence") 드 실바의 증언대로라면 그 전화 뒤에 매카너기가 이승만을 면담했다는 것이다.

매카너기와 만난 이승만은 "국민은 나를 배신하지 않고 있다"고 주장하면서 화살을 민주당과 장면에게 돌렸다. 이 사태는 "민주당 중간층이 주동하고 배후에서 선동하고 있다"고 주장했다는 것이 매카너기의 보고였다. 이승만은 김·홍 두 장관을 신임하고 있다면서 "설마 그 두 장관이 나를 속이겠는 가" 반문했다. 이렇게 뜨거운, 그러나 아직은 외교적인 논쟁은 장장 50분을 끌었다. 매카너기는 이승만이 "사태의 정확한 보고를 받지 못한 것 같다"는 인상을 밝히면서도 "대통령은 사태가 곧 진정될 것"이라고 다짐했다고 전했다. 두 사람은 다시 만날 것을 기약할 정도로 아직은 예의를 갖추었다.

그러나 같은 날 허터(Christian A. Herter) 국무장관이 아이젠하워 대통령의 승인을 받아 이승만에게 '아주 강한 경고각서'(very stiff aide memoire)를 보내면서 점잖은 외교적 언사는 사라졌다. 양유찬 주미대사가 허터 장관의 부름을 받고 국무부에 도착해서 자리에 앉으라는 말도 듣기 전에 각서를 읽어 내려갔다는 말이 돌 정도였다. 그러나 양 대사는 각서에서 지적된 부분의 일부에 대해 "이미 한국정부는 시정조치를 취했다"고 변명하기도 했다.

문제의 각서를 전달하기 위해 21일 매카너기가 이승만을 만났을 때는 불꽃 튀는 설전을 벌였다. 이날의 면담은 90분이나 끌었다. 매카너기는 굳이 보고전문의 서두에 "회견은 만족스럽지 못했다"는 결론을 내고 자초지종을 보고했다. 면담을 시작하면서 매카너기가 미국이 한국사태를 우려하는 것은 미국의 깊은 우호적 관심 때문이라고 한 말을 받아 이승만은 빈정거리듯 "호의는 가끔 엉뚱하게 쓰일 때도 있고, 그게 새로운 어려움을 낳기도 하는 법이오"라고 불편한 속내를 드러냈다.

이승만은 대규모 데모는 "민중의 공분(公憤) 때문이 아니라 천주교 노(기남) 주교의 후원을 받은 장면 부통령의 배후공작(handiwork of Vice President Chang Myon)"이라고 서슴없이 말했다. 미국이 한국의 사정을 이해하지 못하고 있기 때문에 이 같은 각서가 만들어졌다고 주장한 이승만은 나아가 "미국 신문들이 젊은 대학생들을 선동하고 있다"고 주장했다. 한참 동안의 논쟁과 같은 대화 끝에 매카너기가 각서를 읽는 것을 듣고 난 뒤 이승만은 국무부를 향해 거센 비난의 포문을 열었다.

"국무부의 몇 사람은 극동에 대한 이해가 없을 뿐 아니라 허터 장관은 이 분야에 신참(newcomer)이고 너무나 친일적(too pro-Japanese)이다. 그들은 일본의 침략을 막지 못했는데 아직도 그들 때문에 미국은 한국보다 일본을 더 신뢰하고 있다."

〔57년 2월 국무차관에 기용된 허터 국무장관은 아시아문제를 다룬 적이 없다는 점에서 '신참'이라는 이승만의 주장은 일리가 없지 않다. 그러나 주한대사 매카너기는 서울에 부임하기 전 주버마 대사(57~59)를 지냈고 서울 다음의 임지는 파키스탄, 타이완 등이었다.〕

무표정하게 각서를 듣고 있던 이승만은 화가 덜 풀린 듯, 시간이 지나면 장(부통령)의 모든 음모가 밝혀지도록 정부가 앞장설 테니 두고 보라고 말했다. 학생데모 뒤에 장 부통령의 공작이 있었다는 주장에 대한 집념이 그를 압박하는 투였다.

이승만의 강경자세에 힘을 얻었는지 그 자리에 동석했던 최규하 외무차관도 신문보도보다 늦게 각서를 알게 되었다는 등 불평을 늘어놓았다고 매카너기는 보고했다. 매카너기는 이 보고의 끝머리에서 80세를 넘긴 이승만의 판단력에 대한 의문을 조심스럽게 제기하기도 했다.

이 보고를 받은 국무부도 불쾌감을 감추지 않았다. "우리는 이승만의 생각에 동의할 수 없다"고 회신하면서 허터는 이승만 이후의 사태, 예컨대 이범석이나 측근세력에 의한 반란이 있을 것인지 주목하라고 주의를 환기했다. 미국은 이미 이승만 이후의 사태를 주의 깊게 준비하고 있었다고 봐야 할 것이다.

며칠째 거리를 누비는 데모대의 구호가 부정선거 규탄에서 "이승만 물러가라"로 바뀐 것은 큰 의미 있는 변화였다. 구호가 바뀌었을 뿐 아니라 참가 인원도 빠른 속도로 불어났다. 25일 하루 종일 광화문거리를 뒤덮은 데모군중은 저녁때는 서대문 이기붕의 집으로 몰려가 가구·집기를 마구잡이로 길거리에 내다 던지고 일부는 불을 지르는 소란을 피웠다. 거리의 부랑자들도 낀 군중은 누구의 지휘나 통제를 받지 않았을 뿐 아니라 받는대도 따를 수가 없는 비조직 군중의 난동이었다.

사태가 어떻게 발전할지 누구도 짐작할 수 없었다. 비상계엄으로 출동한 군의 탱크가 태평로에 나타났으나 데모대는 아무도 겁먹지 않았다. 출동 군인을 '화석 같다'고 해도 지나치지 않을 정도였다.

매카너기가 26일 아침 세 번째로 이승만을 만난 것은 이런 상황에서였다. 이승만은 국방장관 김정렬과 함께 있었고, 매카너기는 유엔군사령관 매그루더(Carter B. Magruder)와 동행했다. 매카너기가 매그루더와 동행한 데는 세심한 정치적 고려가 깔려 있다. 부산 정치파동 때 국무부가 현장의 군부와 의견일치를 보지 못했었는데 지금은 보조가 맞고 있다는 것을 과시하기 위해서였다. 그만큼 미국은 학생데모에 편승해서 이승만이 물러나도록 환경을 만들어가고 있었.

먼저 김 국방이 바로 전 이승만이 발표한 4개항의 하야용 성명을 부연하는 것을 듣고 난 뒤 이승만은 "지금 학생대표와 만나고 오는 길"이라면서 "나는 어제 저녁에야 3·15선거의 부정을 처음으로 알게 됐다"고 말했다. 이승만은 "부정을 저지른 혐의자와 책임자를 엄중히 처벌해야겠다"고 다짐 했다. 데모학생들이 가톨릭과 장면의 공작에 놀아났다고 주장하던 이승만이 그 주장을 접은 것이다.

도도해진 매카너기는 새삼스레 지금의 사태는 "대단히 위험한 상황"이라면서 "우리(미국)는 할 수 있는 최선을 다할 것 (도울 것)"이라고 다짐했다. 그러면서 그는 하야 용의를 성명한 이승만을 한껏 치켜세웠다. "대통령 각하는 한국의 조지 워싱턴"이라고. (이 대목에서 이승만은 옆의 김 국방한테 한국말 로 "저사람 지금 뭐랬나?"라고 물었다고 김정렬은 회고록에 썼다 : 金貞烈 회고록) 내친김에 매카너기는 "평생을 조국을 위해 바쁘게 일한 정치가는 나이 들면 존경받는 자리로 은퇴하는 것이 바람직스러운데 지금이 바로 그때 다"라고 마치 은퇴가 당연하다는 듯이 말했다. (FRUS)

그러나 배석한 김 국방은 데모의 배후에 관해 여전히 집착이 있었던 것 같다. 그는 "특별히 민주당 이철승 의원(name Yi Ch'ol sung, Democratic Party National Assemblyman)의 이름을 들어 그가 배후에서 위험한 행동을 하고 있다고 느낀다"고 주장했다고 매카너기는 보고했다. (FRUS)

이승만은 "선거에 협잡이나 불법이 있었다는 데 큰 충격을 받았다. 재선거를 하게 되면 공정을 기하겠다"고 다짐하듯 말하고 "제발 미국 언론이 폭발적인 한국사태 보도를 조심스럽게 했으면 좋겠다"고 매카너기한테 부탁했다. 이것은 이승만이 경무대에서 미국을 보고 낸 마지막 주문이었다. 면담 참석자들은 11시 반쯤 작별인사를 하고 헤어진 뒤에는 다시 만날 기회가 없었기 때문이다.

국무부도 이 보고를 받고 "이승만의 현명하고 정치가다운 자세"에 경의를 표한다면서 한국이 자유세계의 모범이 될 것이라는 찬사를 덧붙였다. 미국이 드디어 이승만과의 오랜 인연을 끊는 데 성공한 안도감이 문면에 배어 있었다.

"아니 후보가 나 혼잔데 무슨 부정이야?"

3·15선거 이후 맨 먼저 데모의 불을 댕긴 곳은 역시 야당도시 마산

이었다. 주동은 학생들이었지만 시민도 다수 참여했다. 밤이 깊어서야 해산한 데모에 대해 경찰은 '폭동'이라고 규정하고 민주당에 책임을 미루었다. 민심의 저항을 수습하는 방편으로 이승만은 최인규 내무장관을 바꾸고 홍진기 법무장관을 그 자리에 앉히는 고육책을 썼다.

민주당과 공명선거추진전국위원회, 민권수호총연맹 등 민주당 외곽단체 들이 서울 한복판에서 선거무효를 외치면서 과격한 시위를 벌인 것은 마침 도쿄총회를 마친 일부 IPI 회원들이 한국에 온 다음 날이었다.

그러나 그것은 시작에 지나지 않았다. 선거 직후 마산데모 때 죽었을 것으로 짐작되는 한 학생(김주열)의 시체가 4월 11일 마산 앞바다 중앙 부두에서 건져진 뒤 데모대는 거의 이성을 잃었다.

그날 초저녁부터의 데모는 요원의 불길이라는 말이 무색할 정도였다. 경찰의 대응도 막무가내였다. 200여명이 잡혔는데 경찰서 유치장 대신 마산역에 정차 중인 화차 2량에 수용해야 할 정도였다. 폭우가 쏟아지는데도 데모는 더욱 거세졌다.

힘을 얻은 민주당의 장 부통령이 이승만에게 면담을 요청했지만 할 말이 있으면 서면으로 해달라며 면담을 거부했다. 그러면서 이승만은 "공산당의 선전에 속아서 이런 난동이 있다는 건 증오하고 개탄할 일(可憎可歎)이며 그냥 둘 수 없다"는 담화를 발표했다. 그러나 이미 힘의 축은 기운 뒤였다.

18일 오후, 고려대학교 학생들이 안암동 교정에서 신입생 환영을 이유로 모이면서 시위계획을 현승종 학생처장한테 알리자 학교당국은 백방으로 만류했지만 기세를 꺾을 수 없었다. 학생 3천여 명은 안암동 교정에서 동대문, 종로, 광화문을 거쳐 태평로 국회의사당 앞에 구름떼처럼 모였다. 장장 5㎞에 달하는 질서정연한 학생들의 행진은 장관이었다.

교수들이 만류하다 못해 방관하고 있었고 정부, 특히 경찰도 이제는 나설 수 없는 형편이었다. 신문도 앞뒤 가리지 않고 큼직한 활자를 동원해서 이것을 보도하고 있었다.

그 학생들이 유진오 총장과 이철승 의원의 말을 듣고 일단 농성을 풀었다. 그 자리에서는 이런 촌극도 있었다. 이승만과의 대결을 선언하고 야당진영에 서 있던 무소속 장택상 의원이 학생들에게 연설하겠다고 단상에 오르려 하자 기막힌 야유가 터졌다. "정치골동품은 물러가라!" 장택상은 무안한 표정으로 연단에서 비켜서야만 했다. (4·19의민중사)

학생 40여명을 남겨둔 채 대부분이 고려대로 돌아가는 중 종로4가와 을지로4가 사이 큰길에 이르렀을 때 숨어서 기다리던 깡패들이 기습적으로 달려들었다. 학생들은 깡패들이 휘두르는 곤봉이나 심지어 부삽 같은 흉기에 맞아 피를 흘리며 쓰러졌고, 만세를 부르는 이도 여럿이었다. 그런 아비규환의 혼란을 겪으면서도 학생들은 의연하게 애국가를 합창한 뒤 8시 반경 학교로 돌아갔다. 역사에 남을 4·18 고대생 습격사건이었다.

드디어 4월 19일. 정부는 먼저 서울에, 뒤이어 부산·대구·대전·광주 등에 비상계엄령을 선포했다. 오후 4시 반이었다. 정부가 계엄령을 선포하기까지는 메워야 할 공백이 있다. 19일 하오 광화문에서 경무대에 이르는 큰길은 경찰의 발포로 수십 구의 시체가 나뒹구는 참극이 벌어졌다. 경무대를 나서다 이 광경을 본 김정렬 국방, 홍진기 내무는 도로 경무대로 돌아가 사태를 의논했다. 홍 내무는 "이건 경찰의 힘으로는 감당 못 해. 계엄령을 선포해야 할 상황"이라고 김 국방의 동의를 구했으나 합의를 보진 못했다.

두 장관으로부터 계엄을 선포해야 한다는 말을 듣고 이승만은 그 까닭을 물었다. "뭐, 데모? 무슨 데모야? 부정선거? 아니 후보가 나 혼잔데 무슨 부정이야? 자넨 법률가니까 계엄령을 알 것 아닌가?"라고 힐책하듯 말했다. 그러자 홍 내무는 헌법과 계엄법의 조문을 암송하듯 외웠다.

"그럼 학생들이 적이란 말인가?" 이승만의 지적을 받고 홍 내무는 바로 대답을 못했다. 근 1시간이나 끈 뒤 끝내 계엄령 선포는 이승만의 승인을 받고 그날 오후 2시 반부터 소급 발령했다. 국무회의는 그 다음의 요식행위였다. (金貞烈 회고록)

계엄령 선포로 신문은 검열을 받아야 했다. 그 뒤 신문의 큰 제목에는 연판을 깎아 보기 싫게 흉터가 난 부분이 많아졌다.

계엄선포로 출동한 군인들은 데모군중의 환호를 받았다. 광화문에 나타난 육중한 탱크에 데모학생들이 올라타기도 하는 전대미문의 광경이 벌어졌다. 계엄령 선포를 하면서 김 국방은 서울시내에 충분한 병력이 없는 것을 크게 걱정했었다. 몇 개의 헌병중대가 있을 뿐이었기 때문이다.

계엄군은 시위학생의 처벌을 반대했고, 따라서 데모진압에 앞장서는 경찰과는 아주 대조적인 위상이 돋보였다. 계엄군이 학생들 편을 들고 있다는 소문이 파다해진 것은 당연했다.

계엄사령부는 데모 희생자를 집계해서 발표했다. 19일 하오 5시 현재 사망자 115명 (민간 111명, 경찰 4명), 부상자 730명 (민간 561명, 경찰 169명)이었다.

전 국무위원이 이승만에게 사표를 낸 뒤 자유당 기획위원도 일괄사표를 냈고 (21일 오후) 이기붕도 "부통령직 사퇴를 고려한다"는 성명을 냈다. 이기붕이 이런 뜨뜻미지근한 성명을 낸 데는 당내 강경파의 저항 때문이었다는 것이 당시 경무대와 서대문 사이를 오갔던 김 국방의 증언이다. 그는 22일 어렵게 이승만의 허락을 받은 뒤 이기붕의 동의를 얻어 다음 날 성명을 내기로 했다. 그러나 밤사이 박마리아와 자유당 강경파가 억지를 쓰는 통에 심약한 이기붕은 '사퇴고려'라는 어중간한 성명을 내게 되었다. 그러나 사태는 아직 한고비를 남겨두고 있었.

25일에는 사발통문으로 모인 300명 가까운 대학교수들이 서울대 교수회관에서 "학생들의 피에 보답하라"는 큼직한 플래카드를 즉석에서 만들어 국회의사당까지 행진했다. 나이든 대학교수들이 플래카드를 펄럭이며 행진 하는 모습은 사태가 막바지에 이르렀음을 직감하게 했다. (대학교수단 데모는 미국측과 미리 의논했던 것이고 계엄군과도 충분한 사전협의가 있었다는 증언이 있다.) 비상계엄으로 위축돼 있던 군중은 이 행진으로 크게 고무되었다.

마산의 2차 데모를 조사하기 위해 파견된 국회조사단의 조사에 대해 경찰과 검찰은 배후에 오열 등 불순분자의 사주가 있다고 증언했다. 이미 대통령이 한 말을 뒤집을 경찰이 있을 수 없다. 이때의 경찰에 대한 행정처분은 어떻게 되었을까. 4·19 후의 과도정부가 60년 6월 내린 결정은 670여명의 면직을 포함해서 모두 2만 5천명에 대한 징계처분이었다고 발표했다. (NYT, 60. 6. 12)

국회 특별조사단은 여야간 말씨름 때문에 아무런 소득도 거두지 못한 채 서울의 긴박한 사태를 핑계로 서울로 돌아오면서 부산에서 18일 밤을 보냈다. 늦은 밤, 부산시내의 어느 경찰서에서 벌어지고 있는 데모대를 멀리 보면서 한 야당의원이 내 손을 잡고 큰 걱정을 한 것을 지금도 똑똑히 기억하고 있다.

"여보, 조 동지. 저건 난동이야. 지금은 아직 이승만 대통령이 있어야 돼. 학생들이 저러면 안 되는데…."

난생처음 흥분한 데모대의 고함을 들으면서 나는 그 국회의원이 하는 말에 아무런 이론도 달지 못했다는 것을 솔직히 고백한다.

필연과 실패… 몇 가지 단편적인 스케치

마침내 이승만이 하야를 발표한 것은 4월 26일 아침나절이었다. 그가 평생을 바쳐 아꼈다고 자부한 조국에서 그가 거느렸던 각료가 저지른 선거부정으로 그들 앞에서 작별을 고한 것이다. 그를 당선시키기 위한 선거에 부정이 있었다는 것, 그 부정을 고발하기 위해 일어선 어린 학생들이 목숨을 잃었다는 사실을 늦게나마 안 이승만이 할 수 있는 일은 그 자리를 내놓는 것 외에는 다른 길이 없었던 것이다.

그 직후 이승만을 만나고 나오는 매카너기 대사와 매그루더 사령관의 자동차를 향해 데모대는 "미국 만세! 매카너기 대사 만세"를 크게 연호했다. 이승만을 미워하는 감정만큼 미국의 후원을 듬직하게 생각하는 소박한 군중심리였을 것이다.

"만세! 민권은 이겼다!" (조선일보, 4.26 석간) 아직 민권이라는 낱말이 귀에 설던 때였는데 이런 신문의 커다란 제목들이 춤을 추고 있었다. "전국에 환호성 충천"(동아일보, 4.27)이라는 표현도 학생들의 승리를 소리 높여 축하 하는 말이었다. 설마 권력이, 철옹성을 무색하게 했던 이승만정부가 그렇게 허망하게 무너진다고 예측한 이가 있을까 싶을 정도였다. 둑이 무너지는 것은 아주 작은 쥐구멍부터라지만 4·19로 권력이 무너진 것은 쥐구멍 때문이 아니라 거리낌 없이 내닫던 권력의 오만 때문이었다.

그러나 혁명이라고 부르기에는 일렀다. 그 뒤의 사태진전을 볼 때 "4·19는 성공의 순간, 실패가 예견될 수 있던 역설적인 운동 이었다"(한상진, 「4·19혁명의 사회학적 분석」)는 평가는 그래서 그르지 않다.

3·15를 전후해서 집권당과 정부가 저지른 폭정에 가까운 선거공작이 그 정도의 극한에 이르렀는데 그것을 보고만 있을 군중이 어디 있겠는가를 생각하면 4·19는 당연을 훨씬 넘는 필연이었다. 수권정당을 자부하던 민주당, 그 머리에 앉은 장 부통령이 좀 더 능동적으로 사태에 대처했더라면 그 필연은 혁명으로 훌륭하게 성공할 수 있었을 것이라는 아쉬움이 남는다. 다음은 60년 전의 그때를 돌이켜보면서 생각할 수 있는 필연과 실패의 몇 가지 단편적인 스케치들이다.

① 장면 부통령은 민주당이 정부 안에 확보한 듬직한 교두보였다. 아무리 부통령이 실권 없는 자리라고는 하지만 정치적 비중으로는 교두보 이상의 가치가 있는 자리인데도 학생데모가 시작될 때부터 장 부통령은 그 자리를 적극 활용하지 못했다. 일찍부터 미국의 신임을 받던 그가 이 상황에서 사퇴 한 것은 그가 얼마나 열정이나 투지가 없거나 모자라는 정치인인가를 잘 말 해줄 뿐, 아무런 의미 없는 행동이었다. 당

내 신·구파 갈등이 심했던 것은 사실이지만 당사자인 장 부통령이 하기 나름으로는 사태를 활용할 여지가 얼마든지 있었다. 민주당에는 전략이 없었고, 정당다운 고민도 없었다.

② 58년의 총선거 이후 여촌야도(與村野都)라는 신문용어는 뚜렷한 정치 현상이었다. 자유당 통치에 대한 저항과 불만이 큰 것은 도시였지만 농촌도 차츰 달라지고 있다는 것을 자유당과 경찰은 과소평가했다. 교육이 보편화되기 시작했고, 초보적이지만 주권의식이 싹트기 시작했고, 징병제로 군에 복무했던 제대자가 농촌으로 돌아가면서 농촌에도 차츰 정치의식이 높아진 것이다. 특히 3·15 때의 선거부정 지령은 경찰 내부에서만 통하는 지침이 아니라 그 지령에 따라 투표할 유권자를 조직해야 할 지침이기 때문에 비밀이 지켜질 수 없다는 한계가 있었다.

③ 대학생 데모는 그런 점에서 아주 자연발생적이었다. 미리 조직을 짜고 준비하고 선동하지는 못했다. 더구나 데모에 참여한 여러 대학을 횡적으로 연결하는 조직이 적어도 사전에는 없었다. 데모를 필연이라고 보는 이유다. 그들은 더구나 데모에 동조할 우군을 조직하지 못했다. 데모가 성공했을 경우 어떻게 대응할 것인가, 그때를 위해 지금 무엇을 해야 할 것인가는 전혀 고려 밖이었다.

④ 민주당은 대학생 데모를 관망하는 데서 한 걸음도 나아가지 못했다. 적극적으로 활용하기 위해 사태를 종합적으로 분석하고 입체적인 대응책을 세우는 전략면에는 등한했다. 서울 인사동의 민주당 당사는 핏발 선 정치지망생들의 집결소라고 할 정도로 어수선하고 우중충했다. 패기의 젊은 층을 찾기 어려웠다. 당 운영의 주도권을 잡은 구파는

대통령후보를 내는 데는 이겼지만 그가 선거 직전 돌아가는 바람에 허탈상태에 빠졌다. 심지어 장면의 당선을 위해 선거운동을 해야 할 것인가를 걱정하는 분위기였다.

⑤ 자유당은 명목으로는 이기붕이 당의 책임을 지고 있었지만 3·15 당시는 혼자서 중요한 결정을 내릴 수 없을 만큼 병약했다. 그 때문에 당내의 이른바 강경파와 온건파가 매사에 대립, 행정부와 효과적으로 협조하지 못했다. 더구나 85세라는 고령의 이승만은 필요에 따라 당과 정부를 과두체제로 운영하고 있었기 때문에 이기붕의 나약한 지도력은 이미 한계를 보여 구심점을 잃고 있었다.

⑥ 최인규 내무의 독불장군격 충성심 때문에 다른 각료들은 최 내무의 독주를 막을 생각보다는 경원하는 자세였다. 최 내무가 퇴임한 뒤에는 홍진기 법무가 내무로 옮기고 공사 간에 미국측과 접촉이 잦은 김정렬 국방장관이 이승만의 의중을 대변했지만 내각의 뜻을 모았다고 볼 수는 없었다. 국무위원들은 각개약진에 급급했다고 보는 것이 옳을 것이다.

⑦ 신문은 어떠했는가. 자유당 말기에 신문은 여당지와 야당지로 확연하게 구분돼 있었다. 자유당은 기회 있을 때마다 정부에 비판적인 야당지를 대상으로 통제를 구상했지만 성공하지는 못했다. 특히 가톨릭을 배경으로 한 경향신문은 3·15 전 폐간되기 이전까지 가장 강한 야당색을 보였으나 막상 3·15 때는 폐간된 상태였다. 동아일보가 그 자리를 메우듯 야당지 구실을 톡톡히 했다.

"자유당을 편드는 경찰은 농촌을 장악했고, 야당을 편드는 경향신문은 도시를 장악했다"(이완범, 「한국 정권교체의 국제정치」)는 비유가 있을 정도로 경향신문은 위협적이었다. 가톨릭 후원의 힘이 얼마나 센가는 이승만이 매카너기에게 굳이 가톨릭 노 주교와 장면의 관계를 말한 데서도 알 수 있다.

3·15 직전부터는 거의 모든 신문이 민주당을 응원하거나 지지하는 보도 태도를 취한 가운데 서울신문만 유독 친정부 태도를 견지해서 4·19 때는 사옥이 불타는 곤욕을 치렀다.

신문의 판매망을 말하면 흥미 있는 비유가 있다. 한국일보 사장 장기영이 5·16 후까지도 하던 말이다. "한국일보의 목표는 3·3·1이다. 부수 30만, 지국망 3천, 그래서 1등을 하는 것이다." 유·무가를 통틀어 부수를 밝히는 신문이 없던 시기였다.

신문기자들은 개인적으로 민주당의 아낌없는 후원자였다. 특히 4·19를 전후해서는 보도와 논평이 때로는 격문을 방불케 할 정도였다. 당시 조선일보에 있던 고정훈이라는 패기에 찬 논설위원은 'K생'이라는 필명을 벗고 직접 신문사 베란다에 나섰다. 시사해설을 핑계로 거리의 대중에게 선동연설을 했다. "학생들을 선거감시원으로 재선거를 하라." 그가 주장한 신선한 구호의 하나였다.

마산데모의 배후를 조사하는 국회조사단에 동행했던 나는 어느 날 밤 민주당 진주시당 간부라고 자처하는 사람한테 뜻밖의 전화를 받은 적이 있다. "마산데모와 보조를 맞추기 위해 내일 진주에서도 큰 데모를 계획하고 있는데 사진반을 보내줄 수 있는가"라는 것이었다. 그때 기자들은 민주당의 믿음직한 후원자였다. 4·19 후 총선거에서 집권한 민주당 의원 중 한사람은 나를 보고 "우린 진짜 동지였지 않나?"라고 동의를 구했을 정도였다.

4·19 후의 언론, 특히 신문의 난맥상은 자유당 때의 반작용일 것이다. 웅크렸던 용수철이 튀는 반작용 같은 것으로 이해할 수도 있을 것이다. 신문들은 그러나 이승만이 하야 용의를 성명하기 전까지는 그런 사태를 예측하지 못 했다는 것이 솔직한 고백일 것이다.

⑧ 한때는 유엔군이 이승만을 임시로 구금하는 등의 비상계획(ever-ready plan)까지 세웠던 미국은 이 사태로 이승만정권이 무너질 가능성을 충분히 예측했을 뿐 아니라 거의 노골적으로 후원하고 있었다. 그 위에 군부의 말없는 지원이 데모대의 용기를 북돋았다는 것도 데모가 성공한 요인이었다.

자유당 온건파와 민주당 구파가 생각했던 내각책임제 개헌 구상에 대해 미국은 탐탁하게 생각지 않았다. 개헌보다는 정계개편을 통해 친미적인 정치세력을 구축하려는 노력을 했다고 보인다. 이승만 이후를 맡을 적당한 정치지도자가 없다는 것을 핑계로 삼아 이승만 축출계획을 접었던 (조용중, 『대통령의 무혈혁명』) 미국은 이번에는 이승만 이후를 걱정하기보다는 노령의 지도자를 내모는 데 역점을 두고 있었다. 미국이 학생데모에 편승했다고 보는 까닭이다.

(이것은 4·19의 한 측면도에 불과하다. 끌려가고 총에 맞아 쓰러지는 데모의 아수라장, 피의 현장을 충분히 다루지 못했기 때문에 이 스케치는 미완의 측면도다.)

논단 2

독립 언론, 책임 언론의 길

> "
> 최근 언론은 보도와 논평에서
> 정파(政派)의 이해관계에 따라
> 독립적이고 자주적인 원칙을 유린.
> 병적인 이 현상을 고치는 길은
> 언론 본래의 신뢰를 되찾는 것뿐
> "

저널리즘의 붕괴 위험신호

언론, 특히 신문의 사회적 책임론을 강조한 미국의 허친스보고서가 발표된 1947년 무렵엔 언론은 권력으로부터의 자유만을 외치면 그만이었다. 누구를 위한 언론의 자유인지를 따질 필요도 없었다. 오로지 권력과 정면으로 맞서는 것으로 언론은 설 자리를 지킬 수 있었다. 권력은 그런 언론을 때로 달래고 더러는 협박도 하면서 더불어 나라를 다스렸다.

그런 시대가 가고 지금은 언론에 자유가 넘쳐나지만 반대로 미디어 산업의 위기 또는 저널리즘의 붕괴라는 위험신호가 지나친 말이 아닐 정도가 됐다.

　수많은 형태의 새로운 매체가 등장하고 그것들이 벌이는 끝없는 경쟁이 시장의 질서를 파괴하고 미디어가 목숨처럼 지켜야 할 정확성과 책임을 깔아뭉개는 일이 거의 날마다 벌어지고 있다. 그로 인해 결과적으로는 미디어 전체가 수용자의 신뢰를 잃고 미디어의 사회통합 기능마저 떨어뜨리고 마는 지경에 이르고 있다.

　미디어 환경의 최근 변화는 인터넷이라는 온라인 매체가 시도 때도 없이 쏟아내는 무차별, 무분별한 의사(擬似) 뉴스의 양산에서 그 특징을 찾을 수 있다. 뉴스원이 분명치 않고 따라서 정확도가 현저하게 떨어지는 말을 언론이라는 허울로 퍼뜨리는 것을 언론이라고 할 수는 없다. 언론의 책임이나 권위, 또는 자유니 하는 규범의 틀을 벗어던진 것은 그러나 인터넷에 국한되지 않는다. 이른바 정통 언론을 자랑하는 신문·방송도 그런 시류에 편승해서 무책임하고 부정확한 정보들을 양산하는 데 동조하고 있는 건 아닌지 깊이 반성해야 할 시점이다.

미디어의 신뢰 추락 큰 병폐

　미디어에 대한 신뢰가 추락했다는 것은 언론이 그 사회적 책임을 질 수 없게 됐다는 말과 같다. 언론 교과서에 나오는 말대로라면 만원극장에서 불이야 하고 소리를 질러서 극장을 쑥대밭으로 만드는 무책임과 같은 것이다. 그러나 미디어의 신뢰 추락이라는 무서운 현상이 한국만의 사정은 아니다.

　최근 한국 언론은 정파(政派)의 이해관계에 따라 보도와 논평에서 독립적이고 자주적인 원칙을 유린한다는 지적을 듣고 있다. 신뢰를 떨어뜨리는 가장 큰 병폐다. 창피하고 병적인 이 현상을 고치는 유일한 길은 언론 본래의 신뢰를 되찾는 것뿐이다. 미국 같은 언론 선진국에서도 사정은 거의 비슷하다.

최근의 한 독자 조사 결과(Pew Research Center의 7월 조사)는 그것을 더 심각하게 보여주고 있다. 조사 대상의 절반을 훨씬 넘는 63%의 응답자는 보도 기사가 정확하지 않다고 보고 있으며, 29%만이 그 정확도를 인정하고 있다. 1985년 첫 조사 때는 보도의 정확 55%, 그 반대는 34%였다. 지난해의 조사 결과는 전자가 39%, 후자는 53%였다. 절반이 넘는 다수가 부정확한 보도를 날마다 접하고 있다는 것은 가공할 공해다.

뿐만 아니라 무수한 이해관계가 충돌하는 상황에서 뉴스원은 대개의 경우 입맛에 맞도록 가공한 사실의 일부만을 미디어에 제공한다. 매끈하게 만들어진 사실, 어느 한쪽에 편향된 왜곡된 사실이 뉴스라는 이름으로 전달되고 있다는 것이다. 그런 왜곡 현상이 해마다 심해진다는 건 그렇다 치더라도 놀랍게도 미디어 쪽에도 만연되고 있다는 것이 보고서의 지적이다.

신뢰는 정치의 가장 큰 덕목이라는 말을 자주 듣지만 미디어, 언론이야말로 독자·시청자의 신뢰를 잃으면 아무리 좋은 말도 의미 없는 잠꼬대에 지나지 않는다. 신뢰는 그러나 하루아침에 쌓을 수 없다. 진실을 추구해 마지않는 굳은 신념과 끊임없는 정진만이 이룰 수 있는 목표일 것이다.

* 문화일보 '포럼' (2009. 11. 2)

논단 3

민주화 운동 그리고 언론

> "
> 지금 더욱 절실한 문제는
> 언론으로 하여금 어떻게
> 참된 저널리즘의 위상을
> 지키게 하는가에 있다
> "

학생운동, 민주화운동으로 발전

이승만 대통령의 하야를 결과한 60년의 4·19 혁명은 학생들의 순수한 도덕적 욕구에서 출발한 저항일 뿐 조직적인 지휘본부의 통제와 지휘를 받지는 않았다. 오히려 이승만 정권의 퇴진이 투쟁의 목표가 아니라 내각과 자유당의 충성 강경파를 몰아내고 선거부정을 시인, 재선거를 치러야 한다는 다분히 도덕적인 온건목표를 내걸었다. 학생데모가 절정에 달했던 상황을 보도한 60년 4월 19일자 조선일보를 그 대표적인 예로 들 수 있다. '전대학생이 총궐기/ 열띤 데모의 홍수 장안을 휩쓸다'(1면), '學海에 海溢! 怒號는 岩壁에 咆哮'(3면)라는 등의 제목들만 보아도 당시의 데모열풍을 상기하기에 충분할 것이다. 그러나 같은 날의 사설은 "이 이상의 불상사가 생기기 전에 깨끗이 재선거를 실시하는 것이 상책일 것이다"라고 재선거에 무게를 두었다. 당시 야당신문으로 자처했던 동아일보의 사설도 정권퇴진이 아니라 재선거를 주장하는 것에 그치고 있다. 여러 정황으로 보아 학생운동이나 언론이 정권퇴진까지를 짐작한 흔적은 없었다.

60년대 초의 학생운동이 초보적인 저항이었던 데는 당시의 정세, 특히 이승만이 초대 대통령이라는 데 대한 숭앙과 경외의 분위기 때문이기도 했지만 저항운동 이상으로 확대시키기에는 학생들의 경험부족과 힘의 한계가 분명했기 때문이다. 특히 제도권 안의 반대세력인 야당 또한 아직은 수권태세가 부실했다는 것도 중요한 요인이었다. 따라서 민주화운동의 시작을 알린 4·19는 "계급적 이해관계나 정치적 이해관계가 아니라 지적, 도덕적 수준의 문화가치로 매개되었다"는 것을 특징으로 한다.

그러한 학생운동이 박정희 정권 이후 노동자세력, 종교계와 연계되고 대학교수 등 지식인을 망라하는 주도세력을 이루어 광범위한 민주화운동으로 발전, 공동의 목표를 내 걸기까지는 운동권 내부에서도 숱한 기복을 거듭해야만 했다.

언론, 권력의 마술에 말려들어

한일협정 반대(64년)에서 3선개헌 반대(69년)를 거쳐 교련 반대(71년), 유신철폐와 긴급조치 반대(73년) 등으로 발전하는 단계에서 참여세력은 크게 확장되었다. 정권의 도덕성과 독재화를 규탄하기 시작한 70년대 중반부터는 그동안 주도권을 빼앗겼던 제도 야당의 지도급 인사들도 참여하면서 79년 부마사태를 거쳐 마침내 80년 광주항쟁이라는 정권퇴진운동으로까지 전선을 확대해나갔다.

79년 10·26 후 너무나 많은 욕구가 한꺼번에 폭발한 혼란기에 터진 광주항쟁은 그동안 충분히 강화된 운동권 세력의 실력을 과소평가한 정권이 특수부대라는 폭력적인 수단을 동원했기 때문에 빚어졌다. 박정희 정권 말기의 무자비한 탄압을 보고 배운 것이 전부였던 군부는 그들의 정치적 야욕을 충족시키기 위해 침묵시키는 데 그치지 않고 무자비한 살상을 통해 운동세력과 정면으로 대결, 가까스로 광주 밖으로의 확대를 누를 수 있었다. 동시에 10·26 전 군부의 강경책으로 일단 진정된 부마사태와 80년 6월의 광주항쟁은 다 같이 당시 유력한 대통령 후보로 꼽히는 김영삼 씨와 김대중 씨라는 야당지도자의 위상과 깊게 연결돼 있다는 점에서 그 바닥에는 정치적 이해관계가 짙게 깔려 있었다.

제도 밖의 운동세력이 제도 안의 야당세력까지 흡수해서 광범위한 반정부 운동권으로 결집하는 데는 운동권 내부의 사명감이 높아지면서 선명한 이념과 목표를 내세우는 것과는 반대로 그에 맞서는 정권의 대응이 날로 강화되어 '국가측의 최악의 선택으로 인한 반사효과'를 들 수 있을 것이다.

이처럼 야당조차도 발판을 잃어버린 일련의 민주화운동 과정에서 언론은 제도권 밖에서 벌어지는 운동을 객관적인 사실로 보도하는 것을 고작으로 삼을 수밖에 없었다. 초기의 저항운동 단계에서는 운동권의 열렬한 동조자 또는 후원자로서 상호 신뢰관계를 유지할 수 있었던 언론은 차츰 권력의 마술에 말려들어 제도 안에 안주할 정도로 무력해지고 말았다.

언론의 참담한 위상 '언론 화형식'

학생운동권이 차츰 동조세력을 넓히고 행동을 강화하기 시작한 70년대 이후에는 언론은 운동권의 동조자나 후원자의 자리를 빼앗겼을 뿐 아니라 오히려 배척의 대상으로 전락해버렸다. 권력이 정면으로 언론의 입을 막고 설자리를 빼앗아 버렸을 때도 언론은 스스로 자유를 쟁취하기 위한 전선을 구축하지 못했을 뿐 아니라, 운동권과 야당이 언론의 자유를 투쟁의 목표로 내걸었을 때도 객관적인 사실 정도로 보도하는 데 그치고 말았기 때문이다. 바꾸어 말하면 언론의 자유를 싸워서 쟁취하려 하기 보다는 권력으로부터 주어지기를 기다리는 소극적인 자세였다 해도 과언이 아니다.

71년 3월 서울대 학생회장단이 벌인 언론 화형식은 언론의 참담한 위상을 날카롭게 꼬집은 사건이었다. 그 직후 동아일보 기자들의 자유언론수호결의를 시작으로 언론 전반으로 번져나갔다. 깨어있는 언론인이 소규모로나마 운동권에 참여하기 시작한 것도 이 무렵부터였다. 이 같은 사태는 그러나 언론계 내부에 심각한 분열과 대립관계를 조성했다. 마침내 동아·조선에서 빚어진 기자 대량해직 사태에서 보는 것처럼 개개 언론인이 제도 밖 운동에 참여하는 것과는 달리 제도 안의 언론사는 더욱 교묘한 방법으로 권력에 영합해 가고 있었다.

채찍과 당근으로 언론 길들이기

언론을 회유하거나 협박해서 충성하게 하거나 최소한 침묵하게 하는 고전적인 수법은 역대 정권을 통해서 다를 바가 없었지만 그것을 제도로 정착시킨 것은 5·16 후 박정희 정권 때였다.

4·19 후의 문란한 언론사 난립을 정비하기 시작한 박정희 정권은 62년 6월 발표한 언론 정책에서 "언론을 기업으로 성립" 시킨다는 명분을 내세웠다. ① 언론의 자유와 책임 ② 언론인의 품위와 자격 ③ 언론기업의 건전성 ④ 신문체제의 혁신 ⑤ 언론정화 등 5개 기본방침은 그 뒤 역대 군사정권이 편 언론정책의 기본 틀이 되었다. 박정희 정권을 이어받은 전두환 정권이 더 큰 규모로 언론사를 통폐합하고 강제적으로 언론인을 대량 해직한 위에 언론기본법이라는 숨 막히는 체제를 만드는 한편 방송광고공사가 조성한 막대한 공익자금으로 언론단체와 개개 언론인을 회유한 것도 그 연장선 위에 있었다.

박정희 정권이 제도로 마련했던 언론인 회유책은 71년의 해외공보관 신설과 73년의 각 부처 대변인 제도를 들 수 있다. 두 제도는 3선개헌 강행 등으로 고립감을 더해간 박 정권이 해외홍보를 체계적으로 강화하기 위해서, 같은 차원에서 종합적인 국내홍보를 위해서 마련한 것이었다. 동시에 정권의 필요에 따라 얼마든지 언론인을 동원할 수 있는 합법적인 루트가 되었다. 두 제도를 지탱하기 위해서는 언론인으로 훈련된 이들로 하여금 권력보위의 첨병구실을 하도록 하는 썩 좋은 구실이 되었다.

언론인들 정권에 충성 서약하기도

먼저 외국어를 구사할 수 있는 언론인들이 해외근무라는 특혜에 끌려 정권에 참여하기 시작했고 뒤이어 많은 현직 언론인이 각 부처 대변인으로 동원되었다. 그들은 공식적으로는 정부와 언론을 매개하는 역할을 맡았지만 은밀하게는 그들 자신이 정권에 충성을 서약하고 언론계 동료들로 하여금 정권의 논리에 반대하지 못하게 하거나 적어도 공개적으로 침묵하게 하는 보다 중요한 정치적 역할을 맡았다. 권력의 전위를 자처하면서 정권의 논리를 언론이 그대로 따르도록 자질과 기술을 유감없이 발휘했다.

오늘날까지도 지적되는 관급 저널리즘(Spoon fed journalism)이 그들에 의해서 정착돼버린 것이다. 이른바 보도지침이라는 메모로 날마다 보도 방향을 지시한 것도 언론인 출신 대변인들의 역할이었음은 물론이다. 때로는 폭력적인 수단으로 저항 언론인을 침묵케 한 예도 허다했다.

두 제도가 신설되기 전부터 박 정권은 필요에 따라 언론인을 정권에 참여시켰다. 박정희 자신의 참모로, 정부의 요직 또는 여당의 요직에 언론인을 충원시킴으로써 언론에 남아 있는 이들을 유혹할 수 있는 기회를 가지게 했던 것이다.

한 비공식 조사에 의하면 박정희와 전두환 두 정권을 잇는 61~87년까지 26년 동안 청와대 비서실에는 연인원 59명, 언론분야를 다루는 문공부 장·차관에는 연 30명의 전직 언론인이 동원 되었다. 이밖에 해외공보관에는 164명, 여당 국회의원으로는 297명이 발탁되었다. 이것을 통해 권력과 언론은 유착의 단계를 넘어 정권과 운명을 함께하는 공존의 관계 로 변질되고 말았다.

또한 경영상 이익을 거의 도외시할 수밖에 없는 60~70년대의 신문 경영을 위해서는 여러 특혜조치가 베풀어졌다. 언론사주들의 부업에 조차 세제상의 특혜가 주어졌고 사실상의 독과점적 시장지배가 유지되게끔 유력 언론사를 보호하는 조치가 취해졌다.

한편 개개의 언론인을 권력의 필요에 따라 부패와 매수라는 먹이사

슬에 얽어매는 갖은 수단이 다 동원되었다. 결과적으로 언론 자체는 할 말을 못할 정도로 설자리를 잃었지만 언론인은 권력이 뜻한 대로 순치되어갔다. 일제 때부터의 독립운동가적 지사 형 언론인으로 자부하던 이가 그 신조와 생각을 바꾸어 수치심을 씹으며 머리를 숙이고 있는 예를 허다하게 볼 수 있었다. 이로써 언론은 침묵하는 데 그치지 않고 스스로 나서서 권력을 옹호해야 하는, 자긍(自矜)이나 도의감과 사기가 동시에 떨어지고 언론에 대한 사회적 신망도 추락한 것은 물론이다.

이러한 상황은 독일의 바이마르 체제를 쓰러뜨린 히틀러의 나치체제가 경영면에서 위기국면에 처해 있던 신문경영상태를 역이용한 것과 흡사하다고 할 수 있다. 당시 히틀러체제는 "빈사지경에 이른 바이마르 체제하의 언론에 정치와 금융자본"이라는 양 날의 칼로 개입해서 친위언론체제를 구축했던 것이다.

언론사 제살깎기 경쟁에 골병

60년대의 순수한 도덕적 저항운동이 80년대 광주의 정권퇴진운동으로 발전하는 과정에서 언론이 보기 흉할 정도로 위축된 데는 기업으로서의 언론사가 독점적인 특혜와 호황을 누렸다는 시대적인 상황을 무시할 수 없다. 권력의 보호 아래 특혜를 누린 언론사로서는 한낱 종업원에 불과한 언론인 개인의 저항을 자기 책임 하에서 다스릴 수 있었다. 언론인은 괴로운 탄압에 시달렸지만 언론기업은 반대로 호황을 누렸다는 역설적인 상황이 언론의 타락을 더욱 가중시킨 것이다. 생활급도 안 되는 박봉을 자랑하던 지난날은 되돌아보고 싶지 않은 쓰라린 추억이 되었다. 언론사의 호황 때문에 언론사의 입사경쟁은 언론고시라는 신조어를 낳기에 이르렀다.

그 뒤로도 계속된 언론사의 호황은 97년 이후 3년 동안의 IMF 위기를 넘기면서 다시 상승커브를 그으면서 오늘에 이르고 있다. 시장의 수요를 반영해서 부익부, 빈익빈이라는 시장구조가 갈수록 심화되고 있기는 하지만 그럴수록 판매와 광고 경쟁은 격화 되고 있다.

미국 같은 데서 자주 일어나는 언론사의 흡수합병 같은 현상이 일어나지 않는 것이 이상할 정도로 언론사는 막대한 부채와 적자를 감수하면서도 독자적인 생존을 위해 몸부림치고 있다. 시장력을 기준으로 한 기업개편정책을 묵살하듯 언론사는 막대한 출혈경쟁을 벌이고 있다.

물량경쟁은 막대한 자금력을 필요로 한다. 그 때문에 경쟁은 자금력이 강한 족벌신문이 주도하게 마련이다. 그러나 경쟁 자체를 불법이라거나 부도덕하다고 할 수는 없다. 시장원리를 추구하는 체제에서 언론사도 이익을 극대화하기 위한 경쟁을 벌이는 것은 당연하기 때문이다. 불공정하거나 부도덕한 경쟁은 그것대로 제재하거나 처벌할 수 있는 법과 수단이 있다. 다만 권력이 언론과의 특수관계를 고려해서 그러한 강제 제재를 유예하고 있을 뿐이다. 그 또한 권력이 언론을 회유하는 형태의 하나인 것은 물론이다.

'참된 저널리즘의 위상' 절실한 문제

문민정부 이래 언론계 안팎에서 벌어지고 있는 언론개혁 주장도 그런 맥락에서 이해해야 할 것이다. 지금 더욱 절실한 문제는 언론으로 하여금 어떻게 참된 저널리즘의 위상을 지키게 하는가에 있다. 민주화 운동이 한창일 때는 권력으로부터 탄압받고 침묵을 강요당했다는 것을 핑계 삼았고, 막상 권력의 물리적인 탄압이 없다는 오늘의 상황에서조차 언론은 오히려 신뢰를 잃고 있다는 지적이 끊이지 않고 있다.

시간이 흐르고 주역이 사라진 뒤에야 비화를 털어놓는 식의 저급 저널리즘을 청산하고 제때 올바른 말을 할 수 있게 하기 위해서는 소유형태의 개혁 못지않게 언론인 개개인의 사명감을 고취하고 직업능률을 향상시킬 수 있는 길을 찾아야 한다. 그것은 누구에게도 떠넘길 수 없는, 언론과 언론인 스스로 해결해야 할 숭고한 과제다. 그러나 언론인의 생각의 변화를 무시할 수는 없다.

외롭지만 저널리즘 본래의 위상을 지키려 하기 보다는 평범한 샐러리맨, 평범한 가장으로 만족하려는 언론인의 생각의 변화를 탓할 수는 없다. 그것은 엄연한 시대풍조의 변화일 뿐 언론인에게만 돌릴 책임이 아니기 때문이다. 오히려 그러한 사회풍조의 변화에 따라가는 새로운 저널리즘의 위상을 세우는 노력을 한층 강화해야 할 필요가 절실하다.

그것은 물론 언론계에만 국한된 문제는 아니다. 이 시대, 이 사회가 함께 해결을 모색해야 할 과제다. 남의 일에는 즐겨 참견하면서도 스스로의 책임에는 등한한 언론의 문제를 다루기 위해서 사회 각계가 널리 참여하는 자리를 마련할 필요가 그 때문이다. 어느 시대에나 스스로의 책임에 등한한 것이 언론의 속성이라고 한다. 그것을 전제로 이 시대적 과제를 해결하는 데 각계의 양식 있는 인사들의 지혜가 모아져야 한다.

민주화운동과 언론의 관계를 살피면서 다시 한 번 생각하게 되는 것은 언론은 참여자 인가 아니면 기록자(記錄者)로 방관할 것인가 하는 진부한 논의다. 3·15부정선거를 규탄하고 그에 항의하는 도덕적 운동의 단계에서는 언론은 운동의 동조자임에 틀림없었다. 운동이 도덕적 목표를 내세웠을 뿐 정치적 이해관계를 고려하지는 않았기 때문이다. 그러나 정치적 목표가 분명해진 뒤에는 언론은 어쩔 수 없이 방관자로 제도 안에 물러설 수밖에 없었다.

의제설정 기능에 충실해야

정치는 언론을 정치의 도구로 이용하고 언론은 정치문제를 의제로 설정하면서 그 보도를 통해 영향력을 행사하는 상관관계를 무시할 수는 없다. 언론이 보도하는 "뉴스의 생산은 기본으로 뉴스원인 정부와 권력의 후원과 부추김으로 이루어졌기" 때문에 언론 자체가 '정치적 제도'라고 보는 것과 같은 견해가 있는 것도 그 때문이다. 언론의 역할을 강조하는 대목에서 특히 주목해야 할 점은 언론의 의제설정 기능과 텔레비전이라는 매체의 영향력이다. 언론은 때로는 의도적으로 의제를 설정해서 공론을 유도하고 있다. 특히 선거와 같은 큰 정치적 이벤트를 맞아서는 은밀한 방법으로 투표자의 관심을 특정후보 또는 특정문제에 쏠리게 하고도 있다. 뿐만 아니라 텔레비전은 정치행사뿐 아니라 일상적인 뉴스조차도 극적으로 쇼화 하고 마침내는 정당의 후보 지명대회를 '위대한 비디오 게임'의 무대로 만들어버리는 위력을 발휘하고 있다. 그런 제도권 안의 뉴스생산과정만을 보는 한 언론은 정치의 플레이어라고 하기에 충분하다.

그러나 민주화운동이라는 제도권 밖의 정치행위에 있어서 언론은 주역일 수 가 없었다. 그 속성상 언론은 제도의 틀 안에서 기능하고 있을 뿐 그 자체가 정치행 위의 주체로 행세하는 데까지는 이를 수 없었기 때문이다.

특히 한국의 민주화운동은 군사정부 또는 그것을 승계한 권위주의 정권의 독재와 언론의 어용화 정책에 대한 저항과 반대운동이었기 때문에 언론은 때로는 굴종하면서 권력이 쏟아내는 뉴스라는 이름의 수많은 발표물을 전달하는 소도구 구실을 해야만 했다. 더구나 많은 경우 권력 앞에 무릎을 꿇어야만 하는 생태적인 약점을 감출 수 없었다는 것을 반성하지 않을 수 없다. 언론개혁 논의는 바로 그러한 역사적 맥락을 전제로 해야 할 것이다.

독일과 일본 신문의 전쟁책임보도가 남긴 것

그와 같은 반성 위에서 제기되고 있는 언론개혁 논의를 보면서 독일과 일본의 신문계가 종전 후 전쟁책임을 어떻게 따졌는가를 간략하게 살필 필요가 있다.

나치체제에 협력했던 독일 신문계의 전쟁책임 처리는 관대하고 애매한 채로 끝났다. 나치체제하에서 통상적인 활동을 한 저널리스트들에게는 특별한 책임을 묻지 않았다. 다만 저명한 나치당원 이었거나 히틀러 친위대원의 계급을 가졌던 자들만 취업금지대상이 되었을 뿐이다.

나치집권 후 추방되어 언론계를 떠났고 일부는 국외로 망명해버린 상황에서 전후 언론계에 복귀한 이는 오히려 소수일 수밖에 없었다. '민주주의의 보증인'으로 언론에 복귀한 그들이 독일의 새로운 저널리즘을 일으켜 세우려 했지만 수적으로 열세였기 때문에 어쩔 수 없이 주도권은 나치 때부터의 언론인에게 빼앗길 수밖에 없었다. 그들이 다투어 히틀러를 저주하고 그 범죄를 단죄하는 기사를 써댔다는 일화는 시류에 영합하는 인간의 간사함을 보는 것 같아 씁쓸하다.

일본 언론계의 전후처리는 많이 달랐다. 2차 대전 중 철저하게 전쟁의 나팔수 노릇을 했던 일본 신문계는 종전 뒤 대부분의 사장이 퇴진했다. 56개 전국신문사 사장 중 44명이 퇴진한 것이다. 그 가운데는 아사히(朝日), 마이니치(每日) 등 유력 신문도 포함 되었다.

아사히의 경우 종전 후 두 달이 지난 45년 10월 '스스로를 벌하면서'라는 사설로 "우리는 결코 과거의 실수를 애매하게 끝낼 생각은 없다"고 전쟁책임을 분명히 할 것을 다짐했다. 그에 따라 일선기자들의 주장대로 전쟁책임을 물어 사장 이하 전 중역이 퇴진했다. 그것도 모자란다는 주장에 따라 11월에는 다시 사고(社告)로 "전쟁 중 진실 보도, 엄정한 비판을 하지 못한 죄과를 천하에 사과 한다"고 밝혔다. 편집국의 말단기자였던 모리(森 恭三)가 초안한 사과 문안에는 사내의 누구도 참견하지 않았다. 그러나 전쟁책임과 관련해서 물러난 일선기자는 몇 사람에 지나지 않았다.

유력 신문 중에서는 사주의 1인 지배체제였던 요미우리(讀賣)만 사내민주화 논의로 고비를 넘겼다. 독일과 일본 언론계의 전후처리가 이처럼 대조적이었던 것은 두 패전국을 다스린 점령군의 점령정책 차이 때문이라고 보아야 할 것이다.

* 『관훈저널』 '특집' (2000. 6 여름호)

논단 4

박근혜와 언론 동반 추락

> "
> 언론은 왜 그랬을까?
> 이른바 가짜 뉴스에 몸이 굳어버린 언론은
> 진실을 파고 들려는 욕구도,
> 진실인지 진실의 파편인지를 분간하려는
> 언론 본연의 출발인 확인 작업도 포기…
> "

광란에 휘말린 오욕의 기억

차분하게 마음을 비우고 박근혜라는 정치인과 언론이 최근에 겪은 운명을 생각해 본다. 아버지와 딸 2대에 걸쳐 대통령을 지낸 박근혜는 국정을 농단했다는 죄를 뒤집어쓰고 국회의 탄핵을 받는 것으로도 모자라 열 가지가 넘는 죄로 재판을 받고 있는 몸이다. 아무런 죄도 없이 대통령 탄핵 현장에 있었다는 증인인 언론은 덩달아 박근혜와 같은 죄를 뒤집어쓰지 않으려고 발버둥 치던 끝에 거의 반신불수의 중환자가 되어 역사에 남을 오욕의 기억을 간직한 채 겨우 가쁜 숨고르기를 하고 있는 형국이다.

박근혜와 언론은 출신배경도, 성장 과정도 다른 전혀 별개의 주체들이다. 그 둘이 어쩌면 대통령 탄핵이라는 공통분모를 매개로 해서 같은 운명의 길을 걷게 되었다는 것은 그야말로 운명의 장난이라고 할 수 있겠다.

케케묵은 속담을 빌려 말한다면, 서로는 불가근불가원(不可近不可遠)으로 지내야 할 처지인데도 똑같은 역사의 재단을 받게 되었다는 것은 기막힌 역사의 장난이 아닌가 싶다.

작년 12월, 국회가 박근혜 탄핵을 논의할 때만 해도 박근혜 자신도 더구나 언론도 아직은 냉정을 유지하고 있었다. 그러다가 촛불집회라는 낯선 신조어를 쓴 광란의 집회가 열리면서부터 박근혜도, 언론도 제정신을 잃은 듯 이성을 잃고 흥분하기 시작, 스스로를 가누지 못했다.

가위 민란의 시대가 열리고 말았다. 주최자가 일러주는 대로 시위 군중의 수가 늘기 시작했고, 나중에는 광화문 집회에는 으레 1백만이 모이는 것으로 돼버린 것은 우리가 모두 기억하고 있다. 처음에는 호기심으로 시위에 참가했던 시민들이 차츰 재미를 붙일 때가 되니까 특유의 군중심리가 작용하는 것은 모든 시위의 역사가 가르치는 방향과 똑같은 것이었다.

작은 수의 시위꾼들에게는 함께 느끼는 흥분제나 분노가 필요치 않지만, 일단 어느 수효를 넘기면 군중심리를 이용하는 선동가와 그 선동을 이용해 군중을 뜻하는 방향으로 몰고 가려는 선동가가 있기 마련이다. 전문적이거나 훈련을 받은 선동가들에게 광화문의 무조직 군중의 심리를 이용하는 선동술은 썩 좋은 기회였을 것이다.

바른 언론의 길로 지향할 때

요즘 같이 잠재적인 불만을 품고 사는 사람들이 많은 시대에 갈 데 없고 특별한 일이 없이 모이는 군중을 정해진 방향으로 선동하는 것은 비단 종북세력이 아니더라도 누구나 욕심을 낼만한 일일 것이다. 지금 한국을 태평시대, 평화를 누리는 시대라고 생각하는 사람은 없을 것이다.

차로 한 시간만 달리면 부딪히는 북한 공산정권은 밤낮으로 우리를 향해 고함과 욕설을 퍼붓고 있지 않은가. 우리는 수도 없이 많은 종북세력과 이웃해 살고 있다는 걸 실감해야 한다. 그 종북세력들이 광란의 촛불집회를 구경한 뒤 만사를 제치고 새로운 선동꾼을 보냈거나 새로운 선동지침을 내렸을 것이라고 믿는 것은 아주 자연스러운 추리일 것이다.

광화문 집회를 자연발생적이라거나 무조직 군중의 자연스러운 시위라고 보는 것은 그런 점에서 순진하거나 무언가 의도를 숨기려는 꼼수라고 볼 수밖에 없다. 그런 한심한 부류 가운데 박근혜와 언론이 자리를 잡고 있다.

권력의 중추에 앉아 있는 박근혜야 그렇다 치더라도, 언론은 왜 그랬을까? 갖은 오보와 풍문… 이른바 가짜 뉴스에 몸이 굳어버린 기존 언론은 진실을 파고 들려는 욕구도, 진실인지 진실의 파편인지를 분간하려는 언론 본연의 출발인 확인작업도 포기한 지 오래 된 게 아닌가 싶다.

지금은 눈만 뜨면 미확인 뉴스가 넘쳐나는 세상이다. 누구나가 뉴스를 생산할 수 있고, 그 전달자가 될 수 있는 시대에 우리는 살고 있다.

역설적으로 말하면 언론인 해먹기에 이렇게 편한 세상이 없을 듯싶다. 그러나 누구라도 욕심을 내겠다는 언론, 참된 언론을 말하려면 두 번, 세 번 아니 수도 없는 확인 작업을 한 끝에 얻어지는 진실을 전하는 게 우리가 목마르게 지향해야 할 언론의 바른 길이라는 걸 거듭 다짐하고 덤벼야 한다.

선비의 기개와 불굴의 독립정신으로 무장한 한국 언론이 다시 한 번 숨을 고르고 자기혁신의 길로 나서야 할 때는 바로 지금이다. 비 끝에 땅이 굳어진다는 속담도 있듯 모두가 언론을 주목하고 있는 지금이야말로 재출발의 호기라고 생각한다. 무책임한 선동가의 구호를 외면하고 외롭더라도 곧고 바른 언론의 길을 스스로 개척하는 일은 지금과 같은 괴롭고 어려움을 겪은 뒤에야 다져질 수 있을 것이다. 2017년을 권력과의 고리를 끊는 독립언론의 새로운 첫 해로 삼는 각오를 모두가 다져야 할 때라고 생각한다.

*『대한언론』 2017년 9월호

논단 5

"잊지 말라, 正論은 언제나 政派 위에 있다"

제24회 서울언론인클럽 언론상 수상 소감

"

오늘날의 한국 언론이

마치 특정 정파의 이해관계를

대변하는 것과 같은 형태야말로

가장 바람직스럽지 못한 옆길

"

枯木에게 주는 상을 받으며

아무런 기여도 하지 못한 채 뒷전에 앉아있는 늙은이가 뜻밖으로 훌륭한 상을 받게 되었다는 것은 참으로 과분한 영예이며 면구스러울 뿐이다.

상을 준다는 것은 지난날, 그 분야에 대한 성취와 기여에 대한 보답이거니와 앞으로 더욱 분발하기를 바라는 격려의 뜻이 담겨있는 것 일텐데 생명이 끊긴 고목(枯木)처럼 우두커니 서있기만 한 이에게, 더구나 나이마저 들어 회한과 미련만으로 제 자신을 채찍 할 힘도 없는 이에게는 전혀 어울리지 않는 영예라고 생각한다. 그러나 내게 이런 영예가 주어진다고 할 때 굳이 사양하지 못하고 자랑스럽게 받기로 한 것은 전통 있는 이 상을 주기로 한 서울언론인클럽의 호의에 대한 내 나름의 예의라고 쑥스럽지만 변명하지 않을 수 없다. 그동안 미련스럽게 한눈 팔지 않고 언론만을 고집하느라 애썼다고 주는 상이라고 생각하지 않을 수 없다. 그런 점에서 내게는 거듭 고마운 상이라고 기쁘게 생각한다.

돌이켜보면 나의 언론생활 역정은 수많은 언론사를 신념도, 정처도 없이 떠돌다시피 한 것이었다. 스스로 잡초와 같은 역정이라고 자조적으로 말하고도 부끄럽지 않았다. 다행히 가는 곳마다 좋은 선배와 훌륭한 동료들을 만나 능력 이상의 평가를 받았던 것은 나로 하여금 언론을 천직이라고 여기게끔 한 좋은 핑계였다. 지금 돌이켜보아 딱 머리에 떠오르는 성취가 없다는 안타까운 회한을 훨씬 웃돌고도 남는 썩 좋은 핑계이다.

그렇게 한평생을 탈 없이 지낸 끝에 오늘과 같은 과분한 영예까지 안게 되었다는 것을 생각하면 언론에서 보낸 내 생애가 얼마나 포근하고 따뜻한 보금자리였는가를 잘 말해주고 있다고 자부할 수 있게 되어 고마울 뿐이다.

언론산업이 겪고 있는 환경 변화

따지고 보면 내가 평생을 바친 언론은 산업면은 말할 것도 없고 그 알맹이인 저널리즘마저도 시대의 변화를 따라가기에도 아주 힘에 겨운 각박한 나날을 맞고 있다. 아무리 뒤져보아도 장래를 낙관하는 전망보다는 빈사의 지경에 처해 있다는 투의 비관론이 주류를 이루고 있는 현상이다. 권력의 제4부라거나 세태에 경종을 울리는 목탁의 구실을 한다는 말은 지금에 와서는 한갓 지난날의 영광을 되살리는 형용사쯤으로 전락해버린 느낌이다. 유사업종과의 끝 간 데 없는 출혈경쟁은 언론산업이 맞고 있는 비교적 새로운 장벽이다.

그에 못지않게 언론을 옥죄는 또 다른 압력은 언론에게 아주 낯익은 정치권력과 광고권력이라는 교활하기 그지없는 폭풍이다. 두 권력은 누구나 경계심을 갖고 조심한다면서도 대개의 경우는 지나고 나서야 그 정체를 알아차리게 되는 교활한 속성을 가지고 있다. 더구나 최근 전 세계를 휩쓸고 있는 금융위기라는 환경의 급격한 변화는 언론사의 수입원인 광고수주에 언론 외의 힘이 작용할 여지를 제공한다고 우려하는 소리를 들을 지경이다. 참으로 불행한 일이지만 오늘의 언론산업이 겪고 있는 직업환경의 한 단면이라고 해야 할 것이다.

심지어 어느 해, 어느 날짜를 끝으로 모든 종이신문은 자취를 감추게 될 것이고, 따라서 저널리즘도 그날로 끝장일 것이라는 성급한 미래학자의 예언이 버젓하게 등장하는 세태가 되고 말았다. 그때까지 만이라도 언론이 보다 훌륭한 구실을 할 수 있게끔 그야말로 혼신의 노력을 다해야 할 것을 모두가 다짐해야 될 때이다.

그에 못지않게 언론산업이 겪고 있는 환경의 변화는 저널리즘 자체의 변화, 또는 그 정신의 질적인 변화라고 해야 할 것이다. 저널리즘이 객관보도의 원칙을 거의 종교처럼 지키고 있다는 것을 알아차린 권력이 객관보도 원칙의 틈을 파고들기 위해 저들의 필요를 채워 줄 기구를 만들어 수도 없이 사실의 단편을 나열해서 어느 것이 진실인가를 판별할 수 없게 만들고 있다. 권력의 이 교활한 수법은 객관보도의 원칙에만 충실하려는 저널리즘을 혼란스럽게 만들고 결과적으로는 불충실한 저널리즘을 양산하게 하고 있다.

저널리즘이 객관보도의 원칙에 충실해 온 것은 한 세기가 훨씬 넘는다. 언론 내부에서 그 폐단과 단점이 지적되고 개선방법을 여러모로 논의 한지도 오래지만 아직은 정답을 찾지 못하고 있을 뿐이다. 객관보도의 생명은 단편적인 사실의 나열이 아니라 포괄적인 사실, 또는 진실을 보도할 때에만 힘을 가진다는 것을 그동안의 언론역사는 잘 말 해주고 있다. 저널리즘의 역사는 또한 단편적인 사실들이 얼마나 가볍게 저널리즘을 유혹해서 옆길로 흐르게 했는가를 잘 보여주고 있다.

정치권력은 언론을 우군으로 삼아야 할 필요가 있을 때와 그 반대의 경우를 절묘하게 구분하는 버릇이 있다. 때로 서로 증오하고 적대적이면서도 대개의 경우 내색하지 않고 공존하면서 알게 모르게 서로를 격려하고 질투도 하는 두 개의 얼굴 구실을 해왔었다. 그런 점에서 정치권력은 그 혼자만의 힘으로가 아니라 언론과 함께 통치를 할 수 있다고 어느 언론학자가 지적한 것은 비교적 최근의 일이었다. 그런가 하면 언론, 특히 신문의 무력화를 걱정하는 나머지 앞으로 몇 년 후면 종이로 된 신문은 사라질 것이라는 통 큰 예언을 하는 학자도 나오고 있다.

영원토록 발전해야 할 저널리즘

이와 같은 각박한 언론환경은 한국의 언론만이 겪는 독특한 현상이 아니다. 거의 세계가 동시에 겪고 있는 범세계적인 현상이다. 언론, 특히 저널리즘이 어떻게 대응하는가에 따라 정답이 다르게 나올 수도 있는 복합적이라는 특성을 가지고 있다. 그 대표적인, 가장 직접적인 정답은 앞에 말한 객관보도의 원칙 외에 보도의 정확성을 통한 신뢰의 제고이다. 신뢰의 회복이야 말로 오늘의 언론, 저널리즘이 지향해야 할 지상의 가치이고 목표임을 재확인해야 할 때이다.

저널리즘이 신뢰를 회복해야 하는데 왕도는 있을 수 없다. 정치권력이나 광고권력은 설사 타의가 없는 선의라 해도 배제하고 언론 스스로의 힘만으로 답안을 찾아야 할 운명적인 숙제이다. 오직 정확하고 균형 잡힌 공정보도의 원칙을 고집하는 길 이외의 옆길은 있을 수 없다. 때로 권력과의 대결마저도 서슴지 않는 의연한 자세야말로 올바른 저널리즘이 지향해야 할 가치이고 사명일 것이다. 그것이 말처럼 쉽게 이루어질 수 있는 길이라고는 생각지 않는다. 언론의, 저널리즘의 모든 성원들이 함께 이 가치를 위해 힘을 모을 때에만 이룩될 수 있는 목표이고 가치임은 말할 것도 없다.

그래야만 그 귀중한 가치를 숭상하고 길이 보존하기 위해 서로를 격려하고 힘을 모을 수 있기 때문이다.

오늘날의 한국 언론이 저널리즘의 기본 가치보다 그들이 신봉하는 정치이념을 상위에 놓고 마치 특정 정파의 이해관계를 대변하는 것과 같은 형태야말로 가장 바람직스럽지 못한 옆길로 새는 길이라고 보지 않을 수 없다.

이것은 예외 없이 정론지로 출발한 한국 언론의 거의 운명적인 한계라고도 할 수 있다. 그러나 정파의 이해관계는 결국 생명이 길지 않다는 것은 역사가 엄연히 가르치는 진리이다. 골이 더 깊이 파이기 전에 하루라도 빨리 언론계가 머리를 맞대고 스스로가 겪고 있는 이 문제의 본질을 파헤치고 극복할 방법을 찾는 작업에 착수해야 한다고 생각한다.

미래학자 한 두 사람의 엉뚱한 예언이 설사 적중한다 해도 저널리즘의 사망을 뜻하는 것은 아니다. 설사 종이신문이 아무리 경영의 어려움을 겪고 빈사의 지경에 이른다 해도 저널리즘 그 자체는 살아있는 값지고 귀중한 생명체라는 것을 확인하고 넘어가야 한다. 권력 앞에 의연할 수 있는 저널리즘, 힘 앞에서 할 말을 다 할 수 있는 저널리즘의 진정한 생명력은 바로 끊임없는 자기반성과 재창조력이라는 것을 보여야 한다. 영원토록 발전해야 할 저널리즘의 내일을 위해 서로가 마음과 손을 맞잡고 나서야 할 때라고 생각한다.

논단 6

신문은 미래를 준비 하는가

> "
> 넘쳐흐르는 정보를 엄격하게 선별하고
> 사회와 역사의 흐름을 가늠할 수 있는 지혜를
> 신문에서 기대할 수 있도록
> 저널리즘은 새 지평을 열어야 할 것이다
> "

신문의 난립… 뜨거운 과당경쟁

1920년 봄, 조선일보와 동아일보가 잇달아 창간된 때로부터 거의 80년을 지내는 동안 서양과 일본을 모방했던 한국 신문은 무서운 변화를 이루었다. 특히 최근 10여 년의 변화는 눈부시다. 신문 창간을 위한 악명 높은 허가제는 등록제를 거쳐 신고제로 바뀌었고, 수입에 의존해야 했던 신문용지는 거꾸로 수출을 할 정도로 생산과잉상태가 되었다.

제작공정이 첨단설비로 개혁되었고 거의 모든 대학의 예비기자군 교육은 수요를 훨씬 웃돌고 있다. 1백 개 안팎의 일간신문이 발행하는 총 부수는 줄잡아 1천3백만 부, 많게 보면 1천 8백만 부에 달하고 있다. 서울의 일간신문은 예외 없이 전국지를 자처하고 있는 한편으로 지방은 지방대로 한 도시에만도 적게는 3개, 많은 곳은 9개의 일간신문을 가지고 있다.

50여 년 전인 1947년 미국의 허친스위원회는 미국의 신문업계, 특히 새로이 신문업에 뛰어든 신흥자본가들을 비판하면서 그들은 신문을 개인의 출세욕을 채우기 위한 방편으로 삼고 있으며 하나같이 컨트리 클럽 콤플렉스(시쳇말로는 귀족취미라고나 할까)에 빠져있다고 꼬집어 말한 일이 있다. 신문을 그 고장의 공론의 무대로 삼으려하기 보다는 신문이라는 매개를 통해 권력과 이권에 접근하려는 사업욕(?)이 신문포화상태를 이루고 있는 것을 나무라는 말이었다.

누구나 지금 같은 신문의 난립상태에서는 건전한 신문이 살아남을 수 없다고 하면서도 감당하기 어려운 빚더미에 눌린 채 신문발행을 계속하고 있다. 시장원리가 철저하게 무너져버렸는데도 시장원리를 바로 세우자는 주장이 업계 안에서는 소수의견에 머물러 있다. 오히려 사활을 건 시장쟁탈전이 낯 뜨거운 과당경쟁으로 시장을 어지럽히고 있다.

신문의 신뢰도는 왜 떨어졌는가

더더욱 신문은 뉴스와 논평을 통해 공론을 일으키고 서비스하기보다는 군림하고 있다는 말을 자주 듣는다. 제4부라는 자부와 의연한 자세로 권력을 감시하고 소수를 대변하기보다는 약삭빠르게 권력의 눈치를 살피는 데 익숙하기 때문에 신문 자체가 새로운 권력, 그 속성으로 보아서는 무책임한 권력이라는 따가운 비판을 면치 못할 정도가 돼버렸다. 신문의 수요자이자 소비자인 독자로부터의 신뢰가 흔들리고 있는 것도 그 때문이다.

　최근 미국신문편집인협회(ASNE)가 '신문의 신뢰성은 왜 떨어졌는가'를 조사한 결과는 한국 신문을 위해서도 훌륭한 교훈을 던지고 있다. 보고서는 사실 확인의 태만, 시민(독자)과의 의식의 괴리, 정치적인 편향, 선동성과 뉴스가치 판단의 잘못 등을 다루고 있는데, 특히 주목할 점은 독자와 기자의 의식의 괴리문제다. 기자들은 교육정도나 수입은 물론 취미나 교우관계 등 많은 점에서 일반 독자와는 다르다는 것이다. 응답자의 절반을 웃도는 이가 기자는 독자보다는 편집자의 뜻을 존중하고 있으며 다른 직종의 사람보다 냉소적이라고 지적했다. 그 때문에 편향된 보도가 나오는 것이며 신문은 자기들의 관점에 맞는 뉴스에만 관심을 기울인다고 보는 한편 권력은 뉴스를 내게 할 수도, 못 나가게 할 수도 있다고 보고 있다.

　한 대학의 다른 조사도 미국신문의 신뢰도 저하를 우려하고 있다. 신문의 신뢰도는 15% 이하로 떨어졌으며, 기자는 편향돼 있고, 보도는 부정확하며, 그나마 엿보기의 시각으로 보고 있다는 것이다. 이러한 신문의 신뢰도 저하는 미국에 국한된 것도, 새로운 현상도 아니다. 신문독자, 특히 젊은 층의 신문이탈과 함께 최근 몇 년째 계속되고 있는 현상이며, 그것이 신문저널리즘의 위기를 우려하게 하고 있다.

　신문이 언제까지고 전통적인 중추미디어의 위상을 지키기에는 힘들게 돼버렸다. 크게는 국가권력으로부터 작게는 사기업에 이르는 다양한 뉴스원이 발신하는 의제(擬制)뉴스의 범람, 인터넷에 의한 정체불명의 정보가 홍수를 이루는 등 신문이 처한 정보환경이 뿌리째 흔들리고 있기 때문이다. 사실보도라는 핑계로 발표 자료를 그대로 옮기는 것이 저널리즘이라고 할 수 없다면, 넘쳐흐르는 정보를 엄격하게 선별하고 사회와 역사의 흐름을 가늠할 수 있는 지혜를 신문에서 기대할 수 있도록 저널리즘은 새 지평을 열어야 할 것이다.

신문시장의 위기는 곧 저널리즘의 위기다. 미국, 일본 등 신문선진국이 머리를 맞대고 여러 갈래로 경험을 교환하고, 토론과 협의를 통해 신문의 현재를 점검하면서 미래를 예측하고 준비하고 있다. 한국신문의 사정은 그들보다 훨씬 열악한데도 당장의 경쟁에만 집착하고 있는 것은 아닌지, 4월 7일 신문의 날에 앞서 더욱 절실한 깊은 자성이 있어야겠다.

* 문화일보 1999. 4. 5

논단 7

신문은 탄압 속에서 큰다

> "
> 언론, 특히 신문은
> 권력과 대결하면서
> 탄압을 받으며 컸고
> 자유와 독립을 지켜왔다
> "

권력과 언론의 관계 상징… 푸틴의 정치보복

신문은 탄압 속에서 큰다. 러시아의 유일한 민간 TV인 NTV의 소유권이 친정부 인사에게 넘어간 것은 NTV의 대주주인 블라디미르 구신스키(Vladimir Gusinsky)의 반정부 성향 때문이었다. 지난 4월 국영회사로 하여금 NTV를 인수하게 한 데는 구신스키의 재산 운영에 관계된 비리가 핑계였으나 그 바닥에는 구신스키가 옐친을 대통령으로 만드는 데 크게 공헌했다는 정치색이 깔려 있었다. 누가 보아도 푸틴의 정치보복인 것이었다.

구신스키가 구속되었을 때 그의 변호인들은 5쪽 분량의 구속사유서를 복사하지도 못하고 "겨우 한 시간 정도 펜으로 메모할 수만 있게 할 정도"로 엄격한 통제를 당했다.

그렇게 언론을 친위세력으로 포진한 푸틴 대통령은 지난 달 서방기자를 포함한 500명이 넘는 기자들과 질문에 제한이 없는 기자회견을 즐겼다. 동시에 핵잠수함 쿠르스크호가 침몰한 채 수장된 해역을 기자들이 취재하도록 허용했다. 그런 한편으로 친정부 방송과는 장시간의 특별회견을 갖고 크렘린궁의 사생활을 소상히 밝히기도 했다. 반정부 언론이 없어진 상황에서 마음 놓고 언론을 위해 웃음의 서비스를 한 셈이다.

먼 러시아에서 벌어진 일을 묶은 파일에서 찾은 것은 권력과 언론의 관계를 이보다 더 상징적으로 설명하는 사례는 없다고 생각해서다.

올해 초 김대중 대통령이 언론개혁의 필요성을 제기한 데서 시작한 일련의 언론 목조르기는 대표적인 신문사주인 동아의 김병관 전 명예회장, 조선의 방상훈 사장 등 2명을 구속하는 것으로 한 고비를 넘겼다. (조희준 국민일보 전 회장의 구속에는 특별한 정치적 의미를 부여할 수 없다).

전대미문의 정치 공세를 벌이는 과정에서 정부 여당은 '조세정의 실현'이라는 판에 박힌 말을 되풀이했지만 권력 내부의 합의와 행동 통일이 이루어지지 않고서야 어떻게 이런 판을 벌이겠는가 하는 것이 일반적인 해석이다.

구속 이전부터 세금포탈이라는 혐의 사실을 흘려 인민재판식 성토를 벌인 끝이라 앞으로의 수사를 통해서는 더욱 부도덕한 범법자로 만드는 작업이 치밀하게 계속될 것은 뻔하다. 특별한 사태가 없는 한 기소되어 재판을 받고 법이 정한 실형을 받을 것임은 틀림없다. 개명한 문명국가가 대표적인 신문의 사주를 '도주와 증거인멸의 위험이 있다'는 이유로 구속 수사하는 것으로도 모자라, 법적·도덕적으로 용서받을 수 없는 무뢰한쯤으로 단죄하는 짓을 과연 생각해 낼 수 있겠는지. 참으로 권력의 무자비한 횡포에 전율을 금할 수 없다.

정부에 비판적인 신문사를 탈세 명목 단죄

언론사라 하더라도 탈세라는 범법혐의에 대한 죄값을 치르는 것 자체는 당연한 일이다. 그러나 문제는 언론개혁이라는 말로 시작한 사주처벌이 처음부터 미리 짜인 시나리오에 따라 정부에 비판적이거나 적대적인 신문사를 탈세라는 죄로 단죄하기 위한 정치공세였기 때문에 그 정당성이 크게 훼손되었다는 데 있다.

극단적으로 말하면 대통령이 언론개혁을 제안하지 않았다면 신문사의 세금포탈이나 비리는 덮어버릴 수 있었다는 역설이 성립할 수도 있다. 그러면 언론개혁은 신문사주를 처벌하는 것으로 끝장내고 말까. 설마 그렇게 될 리는 없을 테고 무엇인가 개혁이란 구호에 걸맞은 작업이 이어지겠지만 그건 이미 온전한 의미의 개혁이 아니다. 언론, 특히 신문은 권력과 대결하면서 탄압을 받으며 컸고 자유와 독립을 지켜왔다. 1970년대의 '동아 광고사태'는 그 귀중한 역사적 경험이다.

60년대 미국의 '뉴욕타임스'가 설리번이라는 지방공무원의 명예를 훼손했다고 소송에 걸렸을 때 '뉴욕타임스'를 옹호한 재판관은 "만일 기사의 한 부분이 허위라고 해서 신문을 처벌한다면 모든 신문은 공무원을 칭찬하는 데만 바쁘고 올바른 비판을 하지 않는 가공할 사태가 올 것이다"는 역사에 남는 판결을 내렸다. 신문의 비판을 틀어막기 위해 사주 구속이라는 비상수단을 강행한 김대중 정권은 임기 말을 얼마 남기지 않았다. 임기를 채운 뒤, 비판적인 신문도 다스리지 못하고 구속 처벌이라는 강수로 끝냈다는 평가에 어떻게 반론할 것인지를 지금부터 곰곰이 생각해 두어야 할 것이다.

*『주간동아』 2002년 4월 - 299호

논단 8

언론과 권력, 때로는 대결도 각오해야

> "
> 언론이 불필요하게
> 권력과 대결하는 것은
> 바른 길이 아니다.
> 그러나 독립되고 분별력 있는
> 언론의 길을 위해서는
> 필요하다면 당당하게…
> "

권력의 신문에 대한 무차별 공격

권력과 언론, 정부와 미디어의 미묘하고 서로 모순되는 갈등관계가 요새처럼 극명하게 드러난 경우는 지금까지는 물론 앞으로도 있을 것 같지 않다. 쉬지 않고 권력의 말을 옮겨야 하고, 그들의 은밀한 움직임을 취재하자면 그들과 밀착해야 한다. 그러나 반대로 언론이 권력을 감시하고 비판하기 위해서는 항상 일정한 선을 긋고 적당한 거리를 두는 관계를 유지해야 한다.

그 관계가 악화되어 때로 긴장을 넘는 갈등으로까지 발전할 수도 있지만, 권력과 언론은 서로를 떠나서는 하루도 존립할 수 없기 때문에 밀착과 갈등의 기복을 거듭하게 된다. 그러기에 권력과 언론의 관계는 예나 지금이나 진부하면서도 늘 새로운 과제다.

권력의 편에서는 언론이 권력을 위한 도구나 방편이기를 바라는 반면 언론은 결과적으로 정치의 도구나 방편일 수는 있으나 동시에 그 권력을 감시하고 비판하는 언론 본래의 책무가 더 중요하다고 보기 때문에 양자 사이에 팽팽한 긴장이 흐르는 것은 지극히 자연스럽다.

올해 초 김대중 대통령이 연두회견에서 언론개혁의 필요성을 제기한 뒤 벌어진 일련의 사태, 즉 국세청의 전 언론사에 대한 세무조사, 공정거래위원회의 언론사 조사와 규제개혁 차원에서 폐지했던 신문고시 부활, 두 번에 걸쳐 대통령이 세무조사를 옹호한 사실 등은 서로 밀접하게 연결되어 권력의 언론, 특히 신문에 대한 무차별 공격이라고 할만했다. 특히 대통령의 언론개혁 주장에 대한 신문계 내부의 분열과 논쟁, 방송의 극히 의도적인 신문 때리기 토론프로 제작이나 시민단체들의 신문 공세 등은 가위 전례 없는 언론 포위나 다름없었다.

세무당국의 세무조사나 공정위원회의 조사 등은 물론 합법적인 법집행이다. 언론은 공익적인 면이 강하다 해도 엄연한 기업이고, 기업인 이상 세무조사 등 합법적인 법집행에서 예외일 수는 없다. 오히려 지금껏 세무조사를 유예한 권력이 태만했다는 비난을 받아 마땅한 일이기도 하다. 그런 합법성이 있음에도 불구하고 최근의 사태가 정치적인 언론공격이라는 오해를 받도록 확대시킨 책임은 전적으로 권력 쪽에 있다고 보아야 할 것이다.

언론, 특히 사세가 큰 신문의 경우 권력을 감시하기보다는 그 자체가 권력이 돼버렸다는 비난을 들은 지 오래고 더구나 권력의 필요 때문에 오래도록 세무조사를 받지 않은 상황에서 세무조사에 이의를 제기할 수 없는 것은 물론이다.

그럼에도 불구하고 이번 경우는 합리적인 정당성에 큰 회의가 남게 된다는 데 논란의 핵심이 있다.

무엇보다도 방송 신문을 망라한 전 언론사를 동시에 조사대상으로 삼았다는 것은 그 정당성을 크게 훼손할 뿐 아니라 자의적인 법집행, 권력이 언론을 장악하려는 저의가 있다는 지적을 면할 수 없다. 더구나 대신문 대열에서 소외된 군소신문이나 시민단체의 응원, 공영방송을 비롯한 모든 방송사들이 대신문을 향해 적의에 찬 공격을 가하는 전례 없는 사태는 합법적인 법집행의 진의를 크게 왜곡하는 무리수라는 비난을 면하기 어렵다.

대신문들은 모두가 이른바 족벌체제로 운영되는 사기업이다. 그들은 웬만한 재벌기업이 무색할 정도로 덩치가 크며 더구나 언론사이기 때문에 밖에서는 알 수 없는 특혜와 권위를 누렸을 것이 틀림없다. 그것이 오만과 독선으로 흘러 강자를 옹호하고 약자를 괴롭힌다는 지적이 끊이지 않았지만 스스로는 경영의 투명성을 보장할 수 있는 자율적인 조치들을 거의 묵살할 뿐 아니라 시장 질서를 파괴하는 더욱 과격한 물량경쟁으로만 치닫고 있다. 이른바 시장원리만으로는 도저히 이해할 수 없는 막대한 부채를 안고도 적자경영을 무릅쓰는 출혈경쟁을 멈추지 못하고 있다는 비난이 그치지 않았다. 그런 점에서 언론개혁이나 세무조사가 긍정적으로 이해되고 있는 것도 사실이다.

할 말을 못하는 '언론의 비굴'

그러면 이 같은 권력의 공세에 대한 언론계의 대응을 어떻게 볼 것인가. 한마디로 업계 내부의 분열로 인한 전력 약화, 그 틈새를 권력이 효과적으로 이용하고 있는 상황에서 권력의 눈치를 살피느라 할 말을 줄이고 있다고 밖에는 볼 수 없다. 공세의 표적이 된 대신문들은 야당의 비판과 대정부 공세를 충실하게 중계하는 데 그쳤을 뿐 그들 자신의 다운 반론을 펴지 못하고 있는 것과는 반대로 언론개혁, 세무조사의 정당성을 옹호하는 군소신문과 시민단체들은 당당하게 그들의 주장을 외치는 꼴이 되었다. 신문 내부, 신문과 방송 간의 이런 논쟁은 사태의 본질을 흐리게 하는 지극히 부자연스러운 현상이다.

일반론으로 말해 언론이 권력을 감시 비판하기 위해서는 그 합법성과 정당성을 포함한 결정과정을 소상히 밝히는 데서 출발해야 한다. 예를 들어 세무조사는 과연 정당성이 있는가, 어떤 과정을 거쳐 누가 결정했는가, 일반기업의 조사와는 어떻게 구분되는가, 특히 모든 언론사를 한꺼번에 조사하는 이유는 무엇인가 등 언론이 작심하기 나름으로는 파고 들어야 할 문제점이 허다했다. 말하자면 언론개혁이나 세무조사의 일반론에 대한 시비에 그칠 것이 아니라 보다 충실하게 사태의 앞뒤를 보도하고 그 바탕에서 비판하는 기사 논평이 쏟아져 때로는 권력의 횡포에 정면으로 도전하는 날카롭고 깊은 추궁이 나옴직도 했다.

언론사도 기업이기 때문에 평소에도 세무당국에는 할 말을 아끼고 몸을 사리는 것처럼 비쳤는데 막상 언론이 직접 당사자가 된 마당에는 더욱 조심스럽게 몸을 낮추고 있다는 인상을 씻기 어렵다. 이 점과 관련, 참으로 실망스러운 것은 1월초의 대통령 회견이다. 대통령이 모두 발언에서 언론개혁의 필요성을 제기하고 약간의 방법론까지 언급한 뒤 문답에서 이 문제가 전혀 다루어지지 않았다는 사실이다. 대통령이 제기한 국정문제에 대해 현장기자들은 그 진의를 캐는 보충질문을 하는 것이 당연했다.

다음날 신문사설들이 원론적인 반론을 펴기는 했으나 회견 때의 무감각 때문에 설득력은 떨어졌다. 그 뒤 신문업계 내부, 신문과 방송 사이에 벌어진 혼란스러운 분열상은 권력이 사태를 장악하는 데 더없이 좋은 핑계를 만들어주고 말았다.

시간이 흐르면서 선두에 선 신문들이 세무조사의 부당성을 지적하고 권력과 언론의 관계를 정면으로 다룬 칼럼을 자주 싣기는 했으나 다른 국정현안에 대한 보도나 논평의 강도에 비하면 훨씬 낮은 것이었다. 언론을 직접 겨냥한 권력의 무분별한 조사에 언론이 할 말을 다하지 못하고 있는 이유를 독자들은 알고 싶다. 혹 언론이 약점을 호도하기 위한 몸조심이라고 한다면 어떻게 반론할 것인가. 당당하지 못한 언론의 자세에 울화가 치밀 뿐이다.

법집행이 권력의 편의와 자의에 빠질 때 권위를 잃고 질서가 무너지는 것과 똑같은 이치로 언론이 필요한 때 할 말을 못하는 것 또한 언론의 비굴이며 무릎 꿇음이다. 언론과 권력이 긴장관계를 버릴 때 권력은 독선에 빠지고, 그것은 동시에 언론에게는 굴종 외의 아무것도 결과할 것이 없다.

언론, 특히 신문은 이번 세무조사 후 엄청난 변화를 겪게 될 것이 분명하다. 그 변화가 권력이 바라는 방향이든 그 반대든 한 가지 분명한 것은 시장을 지배하고 있는 대신문들은 어떤 형태로든 자신을 개혁해야 하는 절박한 상황에 몰리게 되었다는 점이다. 이미 유력신문의 한 사주가 개혁의 초기구상을 밝히기도 했지만 현재와 같은 소유구조, 경영형태가 온존될 수 없을 것이라는 전망은 내릴 수 있다. 권력과 압력단체의 기선을 잡는 자기개혁과 자기무장 뒤에 언론은 보다 당당하고 의연하게 때로는 권력과 맞설 수도 있는 저널리즘의 정도를 걸어야 할 것이다.

언론이 불필요하게 권력과 대결하는 것은 바른 길이 아니다. 그러나 독립되고 분별력 있는 언론의 길을 위해서는 필요하다면 당당하게 권력과의 대결을 각오해야 한다.

그러나 그 개혁이 어떤 형태가 되든 시장경쟁의 원칙이 무너져서는 안 된다. 경쟁을 부도덕한 것처럼 죄악시하는 것은 자칫 권력을 시장에 불러들이는 결과를 낳을 수도 있다. 권력의 시장개입은 곧 독립적인 언론의 죽음을 의미하는 것이다. 때로 무질서하다는 비난을 받기도 했던 경쟁 때문에 신문이 오늘과 같은 발전을 이룩했다는 사실만은 올바로 평가돼야 마땅하고, 그것이 한국신문의 자랑이기도 하다.

*『관훈저널』 '권두시론' (2001. 3 봄호)

논단 9

「경향사우회보」에 쓴 생전 마지막 원고

저널리즘의 위기

> "
> 공정보도 원칙 고집만이
> 신뢰회복의 길
>
> 자기반성・재창조력 있는 한
> 생명력은 영원
> "

힘 앞에서 할 말을 다 할 수 있어야

요즘 언론의 행태를 보면 어이없을 때가 많다. 그래서인지 언론인들 스스로 자성의 목소리가 나온다. 자기반성의 기회가 아무리 많고 투철해도 모자람이 없을 것이다.

내가 평생을 바친 언론은 산업면은 말할 것도 없고 그 알맹이인 저널리즘마저도 시대의 변화를 따라 가기에도 아주 힘에 겨운 각박한 나날을 맞고 있다. 권력의 제4부라거나 세태에 경종을 울리는 목탁의 구실을 한다는 말은 지금에 와서는 한갓 지난날의 영광을 되살리는 형용사쯤으로 전락해버린 느낌이다.

　유사업종과의 끝 간 데 없는 출혈경쟁은 언론산업이 맞고 있는 비교적 새로운 장벽이다. 그에 못지않게 언론을 옥죄는 또 다른 압력은 언론에게 아주 낯익은 정치권력과 광고권력이라는 교활하기 그지없는 폭풍이다.

　더욱이 언론산업이 겪고 있는 환경의 변화는 저널리즘 자체의 변화, 또는 그 정신의 질적인 변화라고 해야 할 것이다. 저널리즘이 객관보도의 원칙을 거의 종교처럼 지키고 있다는 것을 알아차린 권력이 객관보도 원칙의 틈을 파고들기 위해 저들의 필요를 채워줄 기구를 만들어 수도 없이 사실의 단편을 나열해서 어느 것이 진실인가를 판별 할 수 없게 만들고 있다. 권력의 이 교활한 수법은 객관보도의 원칙에만 충실하려는 저널리즘을 혼란스럽게 만들고 결과적으로는 불충실한 저널리즘을 양산하고 있다.

　저널리즘이 신뢰를 회복하는 데 왕도는 있을 수 없다. 정치권력이나 광고권력은 설사 타의가 없는 선의라 해도 배제하고 언론 스스로의 힘만으로 답안을 찾아야 할 운명적인 숙제이다. 오직 정확하고 균형 잡힌 공정보도의 원칙을 고집하는 길 외의 옆길은 있을 수 없다. 때로 권력과의 대립마저도 서슴지 않는 의연한 자세야말로 올바른 저널리즘이 지향해야 할 가치이고 사명일 것이다.

　오늘날의 한국 언론이 저널리즘의 기본가치보다 그들이 신봉하는 정치이념을 상위에 놓고 마치 특정정파의 이해관계를 대변하는 것과 같은 행태야말로 가장 바람직스럽지 못한 옆길로 새는 길이라고 보지 않을 수 없다.

정파의 이해관계는 결국 생명이 길지 않다는 것은 역사가 엄연히 가르치는 진리이다. 골이 더 깊이 파이기 전에 하루라도 빨리 언론계가 머리를 맞대고 스스로 겪고 있는 이 문제의 본질을 파헤치고 극복할 방법을 찾는 작업에 착수해야 한다고 생각한다.

권력 앞에 의연할 수 있는 저널리즘, 힘 앞에서 할 말을 다 할 수 있는 저널리즘의 진정한 생명력은 바로 끊임없는 자기반성과 재창조력이라는 것을 보여야 한다. 영원토록 발전해야 할 저널리즘의 내일을 위해 서로가 마음과 손을 맞잡고 나서야 할 때라고 생각한다.

03

자칭 비주류 풍운기자 방랑기
• 삶과 언론, 이런 일 저런 일

1. 미니회고록
2. 언론계 선후배 대화
3. 정치부 명콤비 일화 - 조용중 & 조세형
4. 정신영 기자 50주기 추모사

• 미니회고록(自敍 조용중)

자칭 비주류 풍운기자 방랑기

> "
> 기자로 마감하고 싶은 내 인생도
> 물론 설계한 것이 아니었다.
> 그러나 나의 볼품없는 가능성을
> 한껏 발휘할 수 있었다는 점에서
> 후회 없는 선택이었다.
> "

"투표해서 기자 뽑긴 처음이오"

1953년 서울 환도와 함께 창간된 자유신보 사회부 기자로 출발한 나는 꽤 많은 언론사를 돌아다녔다. 신문사는 여섯 군데, 통신사가 두 군데, 방송사 한 군데에서 기자로, 간부로, 중역으로, 그리고 사장으로 근무했다. 그 가운데 조선일보에는 두 번, 경향신문에는 세 번 들어갔다. 오라는 교섭을 받고 거절한 데를 따져보니까 세 군데다. 언론단체도 두 군데의 장을 지냈다. 속 모르는 이가 보면 화려한 경력이지만 얼마나 경망하고 속이 좁으면 그 많은 데를 뛰어다녔느냐고 핀잔을 주기 십상이다. 그 보잘 것 없는 기자생활에 관한, 이 글은 하찮은 신변잡기다.

어느 회사에도 각별하고 깊은 인연이 없고, 어디에서도 목돈이 될 만한 퇴직금을 받은 기억이 없다. 회사의 기록에 남을 만큼 공헌한 일도 없고, 자랑할 만한 특종기사도 남기지 못했다. 한창 나이에 겪은 두어 번의 두더지 취재는 미련한 먼지와의 싸움이었을 뿐 값진 특종은 못 되었다.

그 하나는 자유당 때 국회의장 테이블 밑에 숨어들어가서 여야 협상을 엿들은 것이 있다. 큼직한 테이블 밑은 이웅희(李雄熙) 기자와 내가 겨우 쭈그리고 앉을 만했다. 테이블 주인인 이기붕(李起鵬) 의장이 안 나온 지 오래 돼서 케케묵은 먼지가 수북했다. 숨 쉴 때마다 먼지가 날려 기침을 참을 수 없는 걸 견디면서 두어 시간 여야 정치인들의 말을 엿듣는 것은 고문이었다. 그러나 다음날 정치인들한테 들켜서 회담 자체가 깨지고 말았다.

또 하나의 두더지 취재도 먼지와의 싸움이었다. 민주당 최고위원 회의가 열린 안국동 윤보선(尹潽善) 최고위원 댁 사랑채에 붙어 있는 광에 미리 숨어들어갔다. 광은 넓기도 했지만 사람 손을 타지 않아 쌓인 먼지는 상상을 초월했다. 어렵사리 최고위원들의 말을 들을 수는 있었으나 내게는 암호로 밖에 들리지 않았다. 먼지 때문에 숨도 쉴 수 없는데 오줌은 왜 마려운 가. 문자 그대로 진퇴양난! 겁 없이 큼직한 골동품 항아리에 실례를 한 뒤의 상쾌함은 특종보다 나았다. 회의 결과는? 먼지로 엉망이 된 양복 세탁비가 아깝게 됐을 뿐이었다.

대망의 기자가 되면서부터 나는 정치부나 경제부, 아니면 문화부 같은 데서 일하고 싶었다. 살벌한 강력경찰과 아귀다툼을 하면서 사건·사고를 뒤쫓는 일은 나 같은 약질은 할 짓이 아니라고 생각했다. 조선일보 사옥에 함께 있던 세계통신에서 정치부로 오라는 교섭을 받았을 때 허겁지겁 달려간 것은 그 때문이었다.

첫날 어느 정당의 창당 선언문을 쓰면서 "…라고 선언했다"고 쓴 내 기사를 본 고흥상(高興祥) 국장이 "…라는 선언문을 발표했다"고 쓰는 것이 옳다고 고쳤을 때 불만을 참느라 애를 먹었다. 그러면서 언젠가는 바로 아래층의 조선일보에도 갈 수 있는 날이 오겠거니 하는 꿈을 꾸었는데 너무 빨리 그날이 오고 말았다.

평화신문 조세형(趙世衡) 기자가 미국에 공부하러 간 뒷자리로 옮긴 얼마 뒤였다. 조선일보 거물기자 김주묵(金周默) 씨가 "이미 투표도 끝냈고 회사도 승낙했다"면서 조선일보로 오라는 것이다. 아니 투표라니? 김씨는 국회 출입기자 10여명을 사무차장실에 모아놓고 "내가 국회의원 선거에 나서기 위해서 그만두는데 누구를 데려오면 좋겠는 가 추천하라"고 비밀투표를 시킨 결과 내가 뽑혔다는 것이다. 언변이 썩 좋았던 김씨가 "이런 식으로 기자를 뽑은 건 국회 출입기자 사회에서도 처음이고, 조선일보에서도 처음이오."라고 말하는데 나야 거절할 까닭이 없었다.

그렇게 해서 조선일보에 첫 입사를 했다. 첫 입사라고 말하는 데는 까닭이 있다. 다음에 두 번 째 입사를 하게 됐으니 말이다.

나를 짓누르는 비주류 콤플렉스

나는 기자사회의 출신성분으로 따지면 비주류였다. 대학을 마치지 못했고, 공채 몇 기 입사가 아니었기 때문에 대학동창과 입사동기가 없는 외톨이고, 그래서 주류에 낄 수 없는 비주류였다. 여러 군데를 부지런히 옮겨 다녔다는 점에서 잡초였다. 당당한 주류 틈에서 때때로 눈에 안 보이는 업신여김과 흔적 안 나는 짓밟힘을 당하면서 혼자 힘으로 안간힘을 다해 버텨야만 했다.

외톨이고 비주류라는 내 출신성분은 평생을 통해서 나를 짓누르는 콤플렉스였다. 그걸 감추기 위해 실없는 소리로 허세를 부렸고, 나도 모르게 흥분하면 아무데서나, 아무때나, 아무한테나 거칠게 대들고 듣기 민망한 쌍소리를 뱉는 버릇이 생겼다. 힘깨나 쓴다고 기자쯤 깔아뭉갤 듯이 까부는 권력층, 주류라고 티를 내면서 으스대는 같은 기자들을 보면 괜히 부아가 치밀어서 같은 말이라도 비비 꽈야만 직성이 풀리는 것은 나도 못 말렸다. 가끔 "너는 잘나가다가 왜 꼭 비뚤어지는 말로 모두를 긴장시키느냐?"고 걱정스럽게 충고하는 말을 들을 때면 정말로 할 말이 없다.

속물근성에 화가 치민 해프닝 하나

오랜 진통 끝에 한일회담이 타결되어 1965년 6월 일본 총리관저에서 조인식이 있기 전날, 나는 워싱턴 취재를 마치고 도쿄에 들렀다. 서울에서 온 이동원(李東元) 외무장관이 묵고 있는 영빈관으로 다른 특파원들과 함께 몰려가서 장관의 코멘트를 요청했으나 선약을 이유로 거절하고 김동조(金東祚) 주일대사와 함께 시이나(椎名悅三郎) 일본 외상의 만찬초대에 나가고 있었다.

"저런 개새끼들! 가긴 어딜 가? 잘 먹고 오래 살아라. 나야 애비 잘못 만난 죄로 기자질 하고 있지만 당신 같은 놈들 땜에 나는 평생 기자할란다!"

그들의 뒤통수에 대고 퍼부은 욕설 - 그렇다, 그건 틀림없는 욕설이었다 - 로 영빈관 로비는 순식간에 조용해졌다. 그 자리에는 두 나라 정부 관리도 있었을 테고, 두 나라 기자들이 꽉 들어찬 데서 벌어진 삽시간의 해프닝이었다. 나란히 걸어 나가던 장관과 대사가 돌아서서 무어라고 중얼거리는 동안 장관 비서관 이병호(李炳豪) 씨가 급히 뛰어와서 내 어깨를 잡았다.

"형님, 왜 이러십니까? 형님, 참으세요."

나와는 아직 교제가 없는 그가 오죽 급했으면 그렇게 형님을 연발했겠는가. 잠시 장관과 대사가 돌아선 동안 괜한 흥분 - 그렇다, 괜한 흥분이다 - 에 제정신을 차리지 못한 나는 다시 큰 소리를 질렀다.

"여보쇼, 이 장관! 내일이면 조인인데 회담에 반대하는 국민들에게 무어라 말이 있어야 할 것 아니오. 일본 외상하고 저녁자리를 갖는 것보다 그게 더 중요하지 않소?"

흥분한 내 말을 듣는 둥 마는 둥 두 사람은 그냥 나가버렸다. 특파원 몇 사람이 내게 가까이 와서 입에 발린 소리를 했다.

"잘했어! 그 새끼들 좀 당해야 돼! 이동원이하고 김동조가 으르렁거리더니 시원하게 됐어. 우리가 하고 싶은 말 당신이 다 했어…."

나는 그때 조선일보 부국장이었다. 박정희 대통령의 미국방문을 취재하고 오는 길에 도쿄에 들른 것이다. 일본 상주는 아니지만 회사 직책으로 보아서는 내가 상급자였다는 생각으로 그런 실속 없는 헛배짱을 부린 것이다. 그러나 그들은 엄연한 주류다. 주일특파원이란 자리는 아무나 못하던 시대였던 것이다.

뒤숭숭한 판에 장관과 대사는 바로 돌아왔다. 아마 저녁자리는 내게 창피당한 사건을 핑계대고 다음으로 미룬 모양이다. 어색한 긴장 속에서 회견이 시작되자 나는 바로 일어섰다. 새삼스레 내 소속과 직함을 밝힌 뒤 "아까 소란을 피운 것을 사과합니다. 나는 기자로서 한일협정에 대한 반대여론을 알고 있다면 장관은 조인을 앞두고 소신을 밝힐 필요가 있다는 생각이었는데 무시해버리니까 흥분했던 겁니다." 쑥스러운 말을 하고 앉자 장관이 무어라 연설투의 말을 했는데 내 말에 대해서는 이렇다 저렇다 언급이 없었다. 완전히 묵살해버린 것이다.

이 장관은 같은 날 서울을 떠나면서도 한일협정 반대 데모군중들한테 봉변을 겪었다는 것을 뒤에 알았다. 여담이지만, 장관과 대사는 그 뒤에도 만날 기회가 있었지만 어느 쪽도 그때 일을 화제로 꺼내지 않았다. 나중에 그런 사실을 들었을 조선일보 방일영(方一榮) 회장이나 어느 간부도 물론 아는 척을 안했다.

내가 그런 해프닝을 벌인 것은 한일회담이나 협정에 대한 내 나름의 신념이나 확신이 있어서가 아니었다. 그 많은 기자들이 간단하게라도 한마디 할 것을 조르는 것을 묵살하고 거드름을 피우며 나가는 두 사람의 오만하기 짝이 없는 매너에 화가 났다는 것이 솔직한 고백이다. 이 사회의 주류라고 자부하는 고위관료들이 상급자 앞에서는 차마 못 볼 정도로 비굴하게 굽실거리다가도 기자들을 향해서는 저토록 거만하게 구는 속물근성에 혼자서 화가 치민 것이다.

정치를 구경만 한 정치부 기자 逆說

나는 주로 정치부에서 일했다. 정치를 취재하면서 얻은 교훈은 정치를 보고 전달하는 '정치부 기자'와, 정치라는 무대에서 스스로 기사를 통해 정치플레이를 하는 '정치기자'가 엄연하게 공존하고 있었다는 것이다.

정치부는 취재방식이나 기자들의 처신도 다른 데와는 확연하게 구분되었다. 말이 정치기사지, 사실은 정치인의 동정, 좋게 말해서 정계 동향을 전하는 게 정치기사의 전부다. 겉에 드러나는 정치현상보다 그 현상을 있게 하는, 기자들에게는 보이지 않는 작용이랄까, 힘이나 실체를 밝히고 보도 평가하는 정치기사는 찾기 어려웠다. 싫어도 그들과 한 통속이 돼서 이해관계까지도 같이하면서 그들이 자신들의 필요에 따라 흘리는 것을 뉴스라는 이름으로 옮기는 경우가 많았다.

대개의 경우 기자 자신도 의식하지 못하는 가운데 그렇게 되는 것 같았다. 더구나 대변인을 통해서 얻는 기사는 잘 포장된 정치의 겉모양만 전하는 데 그칠 뿐, 정치 그 자체는 아니었다. 워싱턴포스트의 노련한 정치기자 데이비드 브로더(David Broder)가 정치보도는 정치인끼리만 통하는 내부거래와 같다고 한 것은 아주 적절한 지적이었다.

파벌정치를 하는 일본이나 당수가 군림하는 한국에선 그 정도가 더 심한 것 같다. 이해관계를 같이하는 인사이더끼리 바깥에서는 알아들을 수 없는 암호로 통하는 정치의 사회에는 아무리 기자라도 가까이할 수 없는 엄연한 장벽이 있게 마련이다. 파벌담당을 두고 있는 일본의 정치부 기자 사회에서 '응접실 취재'와 '안방 취재'가 그 기자의 능력을 가름 하는 잣대가 되고 있다는 것과, 정치부 기자 사회에는 으레 어느 정당 영수의 '장학생'이 있는 한국의 경우는 같은 풍토의 같은 맥락일 것이다.

끼리끼리 똘똘 뭉쳐서 남이 볼세라 몰래 흥정과 거래를 하는 정치의 세계는 이해관계가 다른 사람이 끼어 들 수 없는 배타적이고 폐쇄된 사회다. 그 사회에 기자들을 끼워주는 것은 자기들의 정치를 위해서 기자라는 매개가 절실하게 필요하기 때문이다. 말하자면 폐쇄된 정치의 세계를 여는 척하는 제스처를 통해서 그들의 이익을 극대화하려는 것이다. 어쩌다 그 장벽을 넘어온 기자들에게는, 단적으로 말하면 더불어 정치를 하거나, 아니면 배척해 버리는 2가지 선택밖에는 없다.

정치가 언론을 중요한 매개로 활용하는 한 정치는 기자를 방관자로 놔두기는커녕 직접 플레이어로 삼아 정치 자체에 끼어들도록 갖은 수단을 동원하는 것이 그 사회의 특징이다. 진부하면서도 늘 새롭게 논의되는 정치와 언론의 관계가 요즘 와서 차츰 상호보완이니 상호침투니 하고 알 듯 모를 듯한 말로 학자들이 떠드는 것도 그 미묘한 사회를 반영하는 것이다.

그런 사회에서 나는 정치를 방관하기만 했다. 정의감이나 신념 등 거창한 안목으로 정치를 본 것이 아니라 그냥 일상적인 시대의 현상쯤으로 보았다. 어떻게 보면 냉소적이기까지 했다. 더구나 정치의 플레이어가 돼서 그 안에 파고들 엄두도 내지 못했다. 그만큼 나는 정치에 무관심했고 정치 무능력자였다. 안 될망정 욕심도 내보지 못하는 반편이었다. 역설이지만 그게 편해서 그렇게 한 것뿐이다.

민주당 신파도 되고 구파도 되고…

조선일보에 처음 들어갔을 때 이규홍(李圭弘) 씨가 정치부장이었다. 말없고 점잖았던 그는 모든 걸 내게 맡기다시피 했다. 의원들을 완력으로 끌어내고 국가보안법 개정안을 억지 통과시킨 24파동 때는 천관우

(千寬宇) 씨가 편집국장이었다. 그는 내 기사를 읽지도 않고 편집자가 단 제목을 "춤추는 赤裸의 權力"이라고 고쳤다. 파동의 성격을 절묘하게 꼬집은 제목을 보면서 저게 편집국장의 붓 - 천 국장은 늘 붓을 쓰고 있었다 - 의 힘이구나 하고 감탄했던 것을 기억한다.

그때까지의 국회 기사에는 깰 수 없는 정형이 있었다. "…어느 날 몇 시 몇 분 누구의 사회로 시작된 몇 차 국회 본회의에서는…" 식이다. 이걸 "…국회는 어느 날…" 식으로 고쳐 썼다. 그걸 본 만년기자 홍종인(洪鍾仁) 선생이 큰 소리로 호통을 쳤다. "이것 봐, 신문기사는 역사를 기록하는 거야. 국회라는 헌법기관의 회의를 그 따위로 쓰는 건 국가에 대한 모독이야. 시간, 장소가 기사의 생명인 것도 모르나?" 그러나 다음날도 "국회는…"은 계속되었다.

일본 신문에서 "…에서는"이라는 기사 서두가 없어지는 데 10년이 걸렸다는 설이 있지만 조선일보에서는 며칠 만에 성공했다고 그때 함께 일했던 조세형 씨와 즐거워했었다.

그때는 민주당 신파, 구파의 싸움이 차츰 심해져서 기자들도 편을 가르고 있었다. 나는 '구파 기자'로 구분됐다. 동아일보가 워낙 분명한 친구파였기 때문에 경쟁관계인 조선일보는 자연스럽게 친 신파가 된 환경에서 소수파인 내가 친 구파기자로 분류된 것은 자연스러웠다. 그 때문인지 동아일보에서 교섭이 들어왔다. 동아일보는 정치·경제가 한 부장 밑에 있을 때였다. 신문사 가운데 유일하게 제 날짜에 월급을 줄 뿐 아니라 연말이면 보너스까지 또박또박 주는 동아일보는 월급쟁이 누구나 부러워하는 직장이었다. 다만 조선일보와 달리 떠들썩하거나 자유분방한 분위기는 아니었다.

동아일보에서 1년 남짓 있었다. 김성열(金聖悅) 부장의 해외출장 때문에 차장으로 데스크 일을 보았다. 그 사이 5·16을 만났다. 얼마나 일이 서툴렀으면 5·16 당일의 기사출고를 하면서 혁명위원회가 발표한 혁명공약을 빠뜨릴 정도였다. 중징계 받을 만한 실수였지만 그냥 넘어간 이유를 모르겠다. 동아일보에서는 신파 기자로 분류되었다. 모두가 당당한 구파 행세(?)를 하는 판에 소수파인 내가 신파로 몰린 것은 당연한 일이었다.

당시 신파는 관료출신과 흥사단계가 주류를 이루었고, 구파는 한민당 이래의 보수세력이 주류였다. 신·구파 다 같이 정치부 기자도 자기들 편의대로 신·구파로 구분해서 편가르기를 해야만 직성이 풀렸고, 기자들도 그걸 당연한 것으로 받아들이던 시대였다. 그 무렵 신·구파의 전위였던 김영삼(金泳三), 김대중(金大中), 이철승(李哲承) 씨 등과는 많이도 싸우면서 친해진 사이였다. 그러나 본능적으로 적과 동지를 구분하는 두 김씨의 나에 대한 평가는 정반대였다. 김영삼 씨는 '저놈은 신파 앞잡이'라고 평가했고, 김대중 씨는 '저놈은 구파'라고 경멸하는 식이었다. 그래서 두 김씨의 어느 쪽 장학생에도 끼지 못한 얼치기가 나의 위상이었다.

막강 조선일보 정치부장… 나의 호시절

5·16 얼마 뒤 조선일보가 윤주영(尹胄榮) 편집국장 체제로 바뀌면서 이규홍 씨 후임으로 나를 정치부장으로 발탁한다고 해서 두 번째로 조선일보에 왔다. 물론 서툴 기 짝이 없는 데스크였다. 큰 소리로 세련 안 된 욕설을 마구 쏟았던 나의 'good old days'였다.

그때 조선 정치부는 막강했다. 많을 땐 11명이었던 부원 가운데 나 홀로 학력도 기수도 없는 외톨이였다. 그 외로운 나를 도와서 부원들은 밤을 낮으로 삼아 열심히 뛰었다. 무턱대고 소리 지르고 윽박지르고 닦달하는 나름의 통솔(?)을 속으로는 욕하면서도 그들이 따랐던 것은 내가 분수에 없는 욕심을 부리거나 아무하고도 뒷거래하는 흔적이 없었기 때문이라고 나는 자부할 수 있다.

물론 틈을 쪼개서 남모르게 공부도 열심히 해야만 했다. 분야를 가리지 않고 닥치는 대로 책을 읽었다. 일본에 가 있던 김윤환(金潤煥) 씨는 내 책 심부름을 싫증도 안 내고 해주었다. 그 무렵 서울상주가 허용된 일본 특파원들이 자주 놀러 와서 내가 책을 읽고 있는 걸 보고는 일본 소설을 사다 준 이도 있었다.

민주공화당의 사전조직으로 혁명적인 정계개편이 이루어지고 헌법을 개정하는 게 아니라 제정한다는 의욕으로 각계 거물을 망라한 기초위원회를 구성하는 등 정치가 요동치고 있을 동안 조선일보 정치기사는 타지를 압도했다. 학연과 지연, 개인적인 연분이나 고리를 뛰어넘은 날마다, 시간마다의 싸움에서 조·석간을 채워나갔다. 그 경황없는 동안에 관훈클럽 총무가 되었으나 바쁘고 돈이 없어서 자주 모이지도 못했다. 어쩌다 모이면 겨우 무교동 갈비탕으로 허기를 채우고는 성사도 못 시킨 스타일북 타령이나 했다.

최고회의 이후락(李厚洛) 공보실장을 연사로 불렀던 게 기억에 남는다. 그를 연사로 부른 데는 까닭이 있었다.

지금의 문광부 자리를 청사로 쓰던 최고회의는 청사 밖에 가건물을 짓고 면회실과 기자실을 차렸다. 헌병이 지키는 정문 옆의 기자실은 운

전기사 대기실만도 못할 만큼 초라했다. 출입기자들이 혁명군인을 상대로 겁도 없이 항의했지만 반응이 없자 취재를 거부하자는 주장이 나왔다. 동아일보에서 최고회의를 커버하던 나도 항의 대열에 끼기는 했으나 취재거부 주장에는 반대했다. 어느 경우라도 기자는 취재를 해야 한다는 것이 내 생각이었다. 기자의 역할은 취재거부라는 플레이를 하는 것이 아니라 기자실이 없더라도 취재는 해야 한다고 우겼다.

그 소동을 수습하는 방편으로 최고회의는 현역군인 공보실장을 이후락 씨로 바꾸었다. 그는 기자실을 청사 안으로 옮기고 적당한 회유책으로 기자들을 달래는 재주를 부렸다. 그런 인연으로 내가 총무로 있는 관훈클럽에 연사로 나온 것이다. 지금과 달리 그때의 연사는 그러나 연설보다는 좌담으로 끝냈다.

사장 비서실장… 편집국장… 제작 총국장

회사의 기동력은 턱없이 모자랐다. 취재비란 아직 생각도 못했을 때 방우영(方又榮) 상무한테 떼를 써서 약간의 용돈을 받아 더러 부원들 교통비로 쓰기도 하고, 일이 끝나면 무교동 뚝배기집에서 생색도 낼 수 있었다. 1년 남짓 뒤에 국장이 선우휘(鮮于煇) 씨로 바뀌고 나는 편집의 김경환(金庚煥) 씨와 함께 부국장으로 승진했다. 김씨가 편집을, 나는 취재부문을 맡으라는 것이었다. 회장, 국장 등과 함께 인사문제를 의논하는 자리에서 내 주장대로 목사균(睦四均) 씨를 사회부장으로 하기로 하고 본인에게도 미리 귀띔을 해주었다.

그런데 다음날 발령은 전혀 엉뚱하게 나버렸다. 그럴 때면 우선 발령권자한테 경위를 알아보는 등 전후사정을 살피는 것이 순서다. 그런 요령이 없는 나는 그날로 덜컥 사표를 내버렸다. 약속을 안 지켰다고 항의한답시고 특유의 호기를 부린 것이다. 그러나 그 호기에 놀랄 사람은 아무도 없었다.

한참 놀고 있는데 방 회장이 쉬는 동안 일본 구경이나 하고 오라고 달래는 것이다. 고맙기도 하고 얼떨떨하기도 한 가운데 일본의 김윤환 특파원 집에 얹혀 지내기를 몇 달, 평생 처음 겪는 일본의 무더위는 단벌짜리 실업자에게는 너무나 힘겨웠다.

한여름을 지낸 뒤 사장 비서실장 발령을 받고 돌아왔다. 아니, 부국장 출신보고 비서실장이라? 기자면 평생 기자지 비서실장이라는 건 참으로 견디기 어려웠지만 참았다.

그 자리는 할 일은 물론 없고, 해야 할 일도 없었다. 보다 못한 선우 국장이 "조용중이는 내가 데리고 있겠다"고 해서 다시 편집국 부국장으로 돌아왔다.

대부분의 기사를 전화로 송고하던 때 하루는 정치부 리영희(李泳禧) 기자가 외무부에서 보내는 기사를 받아 편집에 넘겼다. 북한이 유엔가입을 신청했다는, 3급 비밀쯤 되는 특종이라는 것이다. 1면 편집을 맡은 최병렬(崔秉烈) 기자가 큼직한 제목으로 낸 기사는 바로 필화사건으로 발전했다.

리 기자와 선우 국장이 불려가고 나도 최 기자와 함께 서울지검에 불려가서 조사를 받았다. 조사하던 검찰관이 엉뚱한 질문을 던졌다. "보아 하니 당신은 학력도 그렇고 다른 신문에서 왔는데 무슨 연고로 부국장이라는 중책을 맡게 됐느냐. 조선일보 사주하고 특별한 인척관계가 있는 거 아니냐"는 것이다. 참기 힘든 모욕이었지만 말도 아닌 말로 그 자리를 벗어났던 것은 검찰이 두려워서 일 것이다.

그렇게 딱한 부국장 노릇을 하고 있을 때 서울신문 편집국장 주문을 받았다. 박대통령의 숨은 참모라는 장태화(張太和)씨가 서울신문을 인수하게 되어 진용을 새로 짜는데 국장으로 오라는 것이다. 중간 심부름은 같이 있는 이자헌(李慈憲)씨. 도저히 거절할 수 없는 여러 방법으로 압력을 가해오는 바람에 방 회장에게 의논을 했다. 눈을 크게 뜬 방 회장이 "가게. 가 있다가 마음에 안 들면 돌아오면 되지"하며 용기를 주는 바람에 가기로 했다.

나이 40 전에 국장이 된다는 것은 내게는 충격이고 흥분이었다. 그런 높은 자리, 천관우 씨처럼 소신이나 실력이 없고서는 바랄 수 없는 자리에 오른 것이다. 나는 뚝심과 돌파력으로 버티자고 턱없는 욕심을 다지고 덤볐지만 결과는 보기 좋은 참패였다. 미국과 일본에 실력파 특파원을 파견하자고 서기원(徐基源), 정인량(鄭仁亮) 씨를 어렵게 모셔왔으나 주일 서기원 씨만 성사되고 정인량 씨는 전쟁이 한창이던 월남에 가는 것으로 참아야 했다.

편집국장 1년을 지낸 뒤 제작총국장이라는 생소하고 신문사상 초유의 자리가 내게 떨어졌다. 편집국장을 떼면서 편집과 공무 등 제작부문을 함께 맡긴다고 머리를 짜내서 만든 자리였다. 바로 그만둘 수는 없고, 작년부터 미루어오던 미 국무성 계획 참가를 수락해서 6개월 동안 미국구경을 하고 머리도 식힐 수 있었다.

귀국해서 얼마 안 돼 방 회장이 불러서 갔더니 경향신문 박찬현(朴瓚鉉) 사장이 함께 앉아 있다. 눈치를 채기는 했으나 아무 말이 없어서 돌아왔는데 며칠 뒤 박 사장이 편집국장으로 오란다. 그때 박 사장은 사내 배척운동에 시달리고 있을 때였다. 경향에 첫 번째 - 첫 번 째라고 하는 데도 사연이 있다. 그 뒤 두 번을 더 갔었으니까 - 가보니까 밖에서 보던 것과는 달리 안은 어수선했고 내가 통솔하고 힘을 내기에는 너무나 버거운 혼란이었다.

신문史에 남을 駐 美·日특파원

겨우 1년 남짓 지난 뒤 주 미일 특파원이라는, 역시 신문사상 전례도 없고 코믹하기까지 한 발령을 받았다. 그럼 어디에 본거를 두어야 한단 말인가. 아무도 정답을 낼 수 없는 이 발령을 놓고 당시 동양통신 편집국장이었던 김규환(金圭煥) 씨는 "그만큼 창피 당했으면 당장 사표 쓰고 나와 버려! 내가 쓸게…" 하는 것을 고민도 않고 거절했다. 너무 자주 옮긴 것에 대한 뒤늦은 반성이기도 했고, 갈 만한 자리도 없기 때문이었을 것이다.

그러는 사이 사장이 바뀌었다. 신진자동차 김제원(金濟源) 씨가 경향을 맡았다. 김 사장은 일단 일본에 가 있으라고 권했다. 혼자 몸으로 일본에 가서 미처 인사도 마치지 못했을 때 두 번째 편집국장 발령이 났다.

박정희 대통령의 3선 개헌이 통과되고 1971년에는 민주당 김대중 씨가 무서운 회오리바람을 일으키는 대통령 선거를 치르면서 나의 분별없는 박치기 처세도 더 거세졌다. 무분별한 권력의 간섭을 받으면서도 적당히 요령을 피우는 재주는 못 부릴망정 왜 모 나는 말로 유난을 떠는 가. 내가 보기에도 참 딱하다는 생각이 들 정도로 그들과 말싸움을 벌였다. 힘으로는 겨루지도 못하면서 괜히 흥분하고 큰소리만 지른 것이다. 하루는 정보부의 누군가가 "우리가 보기에 김대중이는 공산당이 틀림없는데 당신도 그러면 공산당으로 몰릴 테니까 조심하라"고 하기에 "그래, 나 공산당이다. 잡아가든지 뭘 하든지, 느이들 맘대로 해, 개새끼"하고 버럭 소리를 지르는 식이었다.

그때 경향신문은 정보부 아니라도 깔볼 만큼 허약했었다. 그런 사정을 잘 아는 어느 친구가 "여보 조형, 모두가 겪는 일인데 같은 값이면 안 싸울 수 없어요? 뒤가 없어서 싸울 힘도 없는 처지에 소리만 지르면 어떡합니까?"하고 통사정하던 생각을 하면 지금도 부끄럽다. 권력과 대항하자면 여럿이 힘을 합쳐서 싸우든지, 아니면 정보부에 줄을 대서 편하게 지낼 꾀를 내든지 둘 가운데 하나를 골라야 되는 건데….

김제원 씨에 이어 최치환(崔致煥) 씨가 사장이 되자 다시 사정이 바뀌었다. 정치인 최치환 씨는 곧 남다른 수를 썼다. 하루는 사장실로 나를 부르더니 손수건을 꺼내 눈물을 닦으면서 무어라고 혼잣말을 중얼거리는 것이다. 몇 번이나 같은 제스처를 한 끝에 그는 미국 근무를 하면 어떻겠느냐는 것이었다. "어떻게든 당신 편을 들려고 노력했지만 정보부가 말을 안 들어 할 수 없다"는 것이 최 사장이 눈물을 거두고 한 말이었다. 그 말은 반은 진짜고 반은 거짓말이라는 걸 나도 알지만 그걸 따질 힘이 없었다.

초등학교에 다니는 남매를 데리고 지낸 워싱턴 생활은 유익한 경험이었지만 그야말로 실의의 나날이었다. 사무실이 없는 건 당연했고, 침실 2개짜리로 남매가 같이 지내는 것은 법에 위배되니 나가라는 독촉을 받으면서 견뎌야 했다. 초등학생 이상이면 한 침실을 쓸 수 없다는 규정 때문이다. 명목뿐인 체류비, 서울의 친척한테 맡겨두고 온 두 아이들 생각에 마누라가 우유 한잔, 그 달고 맛있는 오렌지 한 알도 마음 놓고 만지지도 못하는 것은 정말 서러웠다.

겨울의 워싱턴은 지낼 만하지만 눈이 왔다 하면 폭설이었다. 최 사장은 그 눈 속에 워싱턴에 오면서 특파원인 내게는 연락도 안했다. 밥 한끼 함께 먹고 아무 말도 없이 떠나더니 총무국 대기라는 발령이 곧 날아들었다. 10개월, 겨우 시내 지리나 익혔을까 할 때였다. 재미는커녕 두고 온 자식들 생각에 눈물만 흘리다가 떠나는 나를 보고 사업하던 친구가 미국에 눌러앉으라고 진정으로 권고하는 것을 뿌리친 것은 새로운 도전이 겁났기 때문일 것이다. 그때는 그렇게 미국에 눌러앉는 게 유행이라고 할 만한 때였다. 욕할 힘도 빠진 채 떠나는 우리 네 식구를 위해 특파원 모두가 댈러스 공항에 나왔던 게 어제 같다.

중국연구도 비주류답게

귀국하는 날로 사표를 내고 처음으로 취직부탁을 하고 다녔다. 신문이 아닌 방송에 발을 디딘 것이 이때였다. 동양방송(TBC) 라디오 뉴스 진행을 맡았다. 실직의 두려움을 겨우 알게 돼서 두말 않고 방송에 나가기 시작한 것이다. 이미 자리를 굳힌 봉두완(奉斗玩) 씨와 함께 라디오 아침뉴스를 진행했다. 라디오 뉴스가 무엇인지도 모르면서 겁도 없이 마이크를 잡았는데 TV에 자리가 비는 바람에 TV 뉴스도 맡았다. 저녁 9시 메인 뉴스앵커가 된 것이다. 신문사 편집국장을 지낸 거물앵커였다.

그것도 성에 차지 않아 시들해져 있는 판에 1974년 어느 날 한양대학병원에 입원해 있던 문화방송(MBC) 이환의(李桓儀) 사장한테서 잠시 들렀으면 하는 전갈이 왔다. 전북지사를 지낸 뒤 MBC를 맡고 있던 그는 곧 MBC가 경향신문을 통합하게 된다면서 신문의 전무이사를 맡길 생각이라고 말했다. 자, 좋다고 치자. 그럼 경향신문에는 세 번째 가는 거구나 하는 착잡한 생각에 얼른 대답을 못했다. 방송에 비해서 신문은 여러 가지 면에서 달랐지만 특히 수입구조면에서 현격한 차이가 났다. 신문이고 방송이고 주수입원은 광고인데 신문 광고는 라디오 광고에도 턱없이 못 미쳤다. 요즘과는 많이 다른 상황이었다.

더구나 신문이라도 광고 업무는 신문담당 전무의 업무 밖이었다. 방송 신문 외에 업무담당 전무가 광고 분야를 맡고 있었기 때문이다. 따라서 나는 신문제작이나 경영문제에 겨우 절반의 책임밖에는 없는 어정쩡한 위치를 점하는 처지가 되었다. 그러나 열심히 눈치도 살피고 큰 바람도 없어서 5년째가 됐는데 10·26으로 세상이 홱 바뀌었다. 서울신문 주필을 하던 이진희(李振羲) 씨가 사장으로 왔다. 나와는 동아일보에서 함께 일한 처지였건만 전혀 아는 체를 하지 않았다.

12·12도 지나고 새 질서가 잡혀가는 1980년 초 중역끼리 모인 자리에서 나는 일괄사표를 주장했다. 사표를 내란 말도 없는데 그럴 필요가 있느냐고 이의를 다는 이도 있었지만 사표는 모두 수리되었다. 언론통폐합 이전에 나왔으면서도 자진해서 사표 쓰고 나온 중역이기 때문에 통폐합의 희생자라고 재지도 못하게 됐다.

바로 신영(信永)기금의 장학생 자격을 얻어 컬럼비아대 동아시아연구소 초청 형식으로 뉴욕으로 떠났다. 뉴욕공항에서 세관원이 뭣 하러 왔느냐기에 "중국을 보러왔다"니까 "농담이겠지. 중국이야 가까운 서울에서 봐야지, 왜 미국까지 오느냐"고 조크를 했던 것은 한국과 중국의 관계를 몰랐던 세관원의 무식이었다. 뉴욕의 1년은 또 다른 실의의 나날이었다. 마침 반체제운동의 중심에 있던 바이화(白樺)라는 동갑내기 작가의 작품(苦戀, 짝사랑)을 놓고 벌인 중국의 당군정 간의 불꽃 튀는 싸움을 발견한 것은 참으로 의미 있는 자위였다.

평소 중국문제를 살펴보았으면 하는 욕심으로 동아시아연구소를 택했다. 당시 중국문제라면 정치·외교·안보 등의 측면에 관한 연구가 주류였다. 그런 흐름을 무시하고 문학작품을 둘러싼 권력층의 논쟁을 다룬 것도 결과적으로는 비주류, 소수파다운 접근이었다고 혼자서 웃고 있다.

귀국한 뒤 여행사를 하는 친구가 도와달라기에 부사장 자리에 앉았으나 그 친구의 실망만 키웠을 뿐 아무런 도움도 주지 못하면서 근 3년을 버텼다.

언론연구원 김경환 씨가 병으로 세상을 뜨자 노철용(盧哲容) 원장이 그 자리를 맡게 해주었다. 언론계의 변두리로 돌아온 나는 그때까지의 총량보다 더 많은 일을 벌이고 해냈다. 지금 모두가 귀중하게 활용하고 있는 KINDS라는 데이터베이스를 구축한 것은 지금도 자랑할 만한 나의 아이디어요, 설계였다.

이사에서 원장으로 자리가 바뀐 뒤 연합통신 사장으로 옮겨간 것은 젊어서 함께 일했던 최병렬 문공부 장관의 도움이었다. 통신에 전혀 생소했기에 사막 한가운데 외따로 내팽개쳐진 것이나 다름없던 나를 맞이한 것은 단체교섭을 빌미로 한 노조의 전면파업이었다. 노조는 나를 시험하기 위해선지 파업을 보름이나 끌었다. 사 안팎에서 별의별 시비와 저항이 있었지만 이른바 강경대응은 피하고 순리로 해결하려고 노력했으나 끝내는 사장자격 시비로까지 확대되고 말았다. 전임 김종규(

金鍾圭) 사장의 잔여임기를 마치고 후임 선임이 가까워올 무렵 코믹한 해프닝이 벌어졌다.

아침 중역회의에서 연합의 월간화보 표지에 당시 노태우 대통령 사진을 쓸 것이라는 말을 듣고 가볍게 핀잔을 주었다.

"노태우? 아니, 엊그제 여론조사에서 꼴찌던데 그러잖아도 안 팔리는 잡지에 그런 인기 없는 노태우를 써요?"

다음날 최 장관이 전화를 해왔다. "그런 무책임한 말을 할 줄 몰랐다"고 섭섭하다는 말을 했다. 나는 변명도 할 수 없었고, 변명을 해달라고 누구 힘을 빌릴 재주도 없었다. 심지어 어느 국장은 그렇게 잠자코 앉았으면 어떡하냐고 내게 동정을 표했지만 나로서는 한 발도 내디딜 힘이 없었다. 솔직히 말하면 힘도 없었지만, 그런 줄이 없다는 것을 나 자신이 너무 잘 알고 있었다.

그 때문에 1990년 연말에 맞이한 연합통신 10주년 파티는 주무장관이 안 나오고 치렀다. 그래서 통신사 사장은 파업만 한 번 겪고 물러났다. 결과론으로 말하면 연임 안 되기를 잘했다. 어차피 나 같은 비주류, 소수파에게는 어울리지 않는 벅찬 자리였다.

연합에 있는 동안 서울신문 서기원 사장이 KBS로 옮겼다. 나더러 그 자리를 맡으라고 청와대 참모진이 일을 꾸미면서 내게 귀띔을 해왔다. 한편으로 굴뚝같은 욕심이 생겼지만 참았다. 마침 친하게 지내던 그 참모에게 사양의 뜻을 전했다. 서울신문은 그러잖아도 연합 출신과 교대하는 일이 잦은데 이번에도 또 그러면 정부에도 별로 플러스가 안 될 거라는 게 내 사양의 변이었다. 전혀 뜻밖인 내 말을 듣고 난감해하는 그의 표정이 어색했다. 그때의 사양은 자랑할 게 못된다. 다만 내 어쭙잖은 인생관일 뿐이다.

무력감 속에 보낸 ABC 6년

연합을 그만둔 뒤 성곡재단(省谷財團) 한종우(韓鍾愚) 씨 부탁으로 『省谷 金成坤傳』을 쓴 것은 좋은 공부였다. 이미 세상을 뜬 사람의 전기를 쓴다는 것은 한국 풍토에는 어울리지 않는 일이었다. 그 일을 막 끝낸 뒤 유력신문 사장들의 합의로 ABC협회를 맡은 것은 또 하나의 색다른 경험이었다.

처음부터 신문사가 부수를 공개할 리 없을 거라고는 짐작했었다. 그러나 그 이유를 ABC협회에 몽땅 떠넘기는 배짱에는 배신감 이상으로 화가 치밀었다. 그 경우도 내게는 마땅한 대항수단이 없었다. 정치인들의 말 바꾸기가 무색할 정도로 이 핑계 저 핑계 대고도 모자라서 자기들이 합의해서 만든 원칙을 트집 잡는 데는 야속할 뿐이었다. 차라리 법으로 부수를 공개하도록 강제하면 어떻겠느냐고 떼를 쓰는 데 이르러서는 할 말이 없었다. "부수공개만은 제 힘으로 할 수 없습니다. 다른 거라면 뭐든지 도와 드리죠"라고 통사정하던 사장도 있었다. 협회의 운영기금을 출연한 광고업계는 신문의 힘에 눌려 말로만 압력을 가하는 데 그쳤다.

진정으로 독립되고 책임 있는 신문이 되려면 일단 약속을 한 이상 부수공개쯤 당당하게 자율적으로 해결하기를 바라는 것은, 신문시장을 모르는 바깥사람들이나 지껄이는 소리인 듯싶었다. 더구나 신문업계가 급격하게 부익부, 빈익빈 시장구조로 바뀌면서 동업자라는 의식보다는 피나는 경쟁에만 집착하는 풍토가 돼버리는 바람에 신문협회는 부수공개 문제를 성의 있게 다루지도 않고 있었다. 각 신문사가 부수공개 원칙에는 합의해 놓고도 스스로 만든 자율기구가 10년이 넘도록 기능하지 못하게 하는 것은 어떤 핑계를 대든 한국신문, 나아가서는 한국사회의 후진성을 웅변한다고 생각했다. 그런 무력감 속에서 보낸 6년은 내 직장생활 가운데 긴 편에 드는 것이었다.

후회 없는 선택 '기자로 마감'

누구나 스스로 인생을 설계해서 살 수는 없을 것이다. 기자로 마감하고 싶은 내 인생도 물론 설계한 것이 아니었다. 그러나 나의 볼품없는 가능성을 한껏 발휘할 수 있었다는 점에서 후회 없는 선택이었다.

나는 어릴 때 김광섭(金珖燮)의 「돌」이라는 짤막한 시를 아껴 외우곤 했다. 못생긴 돌이라도 굽이굽이 흐르는 시냇물에 부대끼는 동안 모서리가 닳고 곱게 다듬어지듯 인생을 살라는 달관을 읊은 노래였다. 철이든 후에는 중국 전국시대의 저항시인 굴원(屈原)의 어부사(漁父詞)를 좋아하게 되었다. "滄浪之水 淸兮 可以 濯我纓, 滄浪之水 濁兮 可以 濯我足"(푸른 강물이 맑거든 내 갓끈을 씻을 것이며, 푸른 강물이 흐렸거든 내 발을 씻으면 될 것을…), 뜻을 이루지 못한 굴원이 저항에도 지쳐 천하를 원망하면서 실의에 빠져 있을 때 세상을 달관하며 살고 있는 어부가 이 말로 굴원을 깨우쳤다는 것이다. 러시아 저항시인 에프토첸코는 30대에 벌써 자서전을 썼다. 나도 30대에 그걸 읽으면서 "정의는 완행열차와 같아서 항상 늦게야 당도하는 것인가 보다"라는 멋진 대사를 외웠다. 그로부터 40년이 지난 오늘, 나는 어설프게 지각하는 정의를 기다릴 만큼 순수하지도 못한 것을 자책하고 있다.

경력

- 자유신문 기자
- 세계통신 기자
- 평화신문 기자
- 조선일보 기자
- 동아일보 정경부 차장
- 조선일보 정치부장, 편집국 부국장
- 서울신문 편집국장, 제작총국장
- 경향신문 편집국장, 주미특파원
- IPI 회원
- 중앙일보 논설위원 겸 TBC 논평위원
- MBC 경향신문 전무
- 한국언론연구원장
- 연합통신 사장
- 한국ABC협회 회장
- 고려대학교 석좌교수
- 문우언론재단 이사장

저서

- 대통령의 무혈혁명
- 저널리즘과 권력
- 미군정하의 한국정치 현장
- 고련 (苦戀)
- 성곡 김성곤 전

*『관훈저널』(2003. 6. 15)

• 언론계 선후배 대화 - 조용중 전 연합통신 사장

"현장을 기록하는 기자로 기억되고 싶어요"

대담 기자 : 허영섭 이데일리 논설실장 (관훈클럽 : 2015. 1. 16)

　　언론계의 대선배인 조용중(趙庸中) 전 연합통신 사장과 2015년 1월 16일 오후 한국프레스센터 회의실에서 마주앉았다. 그렇잖아도 평소 뵙고 싶었는데 '선후배와의 대화'라는 핑계를 내세워 꼬치꼬치 물어볼 수 있는 기회가 주어진 것은 개인적으로도 영광이었다. 갑자기 휘몰아치던 눈발이 어느덧 잦아들긴 했으나 겨울철의 스산한 바람소리는 창 밖에 여전했다.

　　근황을 섞어 몇 마디 얘기가 오가다가 자연스럽게 본인에 대한 자평(自評)에서부터 대선배의 말문이 열렸다. "현역시절 특별히 기억될 만한 기사를 쓴 적도 없고 내세울 것도 없는데 이렇게 인터뷰 대상이 된 것이 어색하다"고 했다. '선배와의 대화' 코너에 초대된 소감이다. 단순히 쑥스럽다는 기분을 말하는 것이 아니었다.

화려한 언론계 경력의 '풍운 기자'

- 언론계에서는 '풍운아'로 통하시는 것 아닌가요.

"경력으로는 '풍운 기자'라고 할 수는 있겠지요. 그보다는 '이단아', '비주류'라는 생각이 더 크지요. 과거 신문사 생활을 자격지심으로 버틴 게 아니었나 생각이 드는 게 그런 때문입니다. 점잖지 못한 욕설로 기껏 '욕쟁이' 별명이나 들으면서 지냈거든요. 편집국에 드나드는 중앙정보부 사람들에게도 욕을 퍼붓긴 했지만 저항이라기보다는 그냥 내뱉는 수준에 지나지 않았나 여겨집니다. 심지어 험구로 소문난 민관식(閔寬植) 장관조차 나에게 '저 사람, 버릇 못 고치겠구먼'이라며 혀를 내두르곤 했어요. 자기보다 입이 더 걸다는 뜻이었겠지요."

대학을 마치지 못한 채 언론계에 발을 들여놓았고, 여러 신문사를 돌아다녔지만 어느 회사에서도 오래 견디지 못했다는 것이다. 따라서 선후배 간의 동료의식이 부족한 외톨이 처지에 자칫 아무 흔적도 없이 묻혀버리는 게 아닌가 하는 초조함이 거친 입버릇으로 나타나게 된 것 같다는 실토다. 차분한 말투가 마치 신앙고백을 듣는 묘한 기분이다.

- 언론계 경력이 누구보다 화려하신 편이지 않습니까.

"요즘말로 '스카우트 됐던' 경우가 몇 번 있었습니다. 내가 먼저 바라지 않았는데도 말이지요. 가깝게 지내던 조세형(趙世衡)이 미국에 공부하러 가면서 자기 자리를 메워 달라고 해서 평화신문으로 옮기게 됐고, 조선일보에는 선거에 출마하는 김주묵(金周默) 기자의 빈자리를 메우기 위한 기자들 투표로 뽑혀가게 됐지요. 그 뒤 동아일보 정경부 차장으로 옮겨가게 된 것도 당시 김성열(金聖悅) 부장에 의해 제의를 받았던 것이니까요."

1953년 자유신보로 시작해 세계통신과 평화신문을 거쳐 조선일보와 동아일보를 오가며 기자생활을 했다. 서울신문과 경향신문에서 편집국장을 지냈고 언론연구원장과 연합통신 사장도 지냈으니, 당연히 풍운아다. 더 나아가 한국ABC협회 회장, 문우언론재단 이사장, 고려대 신문방송학과 석좌교수를 지내기도 했다.

얘기가 어느 정도 진행되면서 지난 연말 시상된 관훈언론상으로 화제를 돌렸다. 조 전 사장이 한승헌(韓勝憲) 변호사와 공동 심사위원장을 맡아 심사과정을 이끌었기 때문이다. 특히 이번 관훈언론상은 권위를 더 높이기 위해 시상 부문을 전면 개편하고 상금도 부문별로 1000만원씩으로 높였다. 현역 기자들의 응모 기사들에 대해 만족스러웠다는 답변을 기대하며 질문을 던졌다.

- 이번 관훈언론상을 심사하면서 느끼신 소감이 있으실 테지요.

"사실은, 심사기간 중 병원에 입원해 있어야 했기에 응모작들을 제대로 살필 수 없었다는 점을 먼저 솔직히 인정합니다. 그러나 응모작마다 고생을 한 흔적이 느껴지면서도 전체적으로는 기대에 미치지 못했다는 아쉬움이 듭니다. 응모기간이 짧았던 데 비해 응모작이 많이 들어온 게 그나마 다행이었지요. 올해는 더욱 도전적인 작품들이 많이 들어오기를 기대합니다."

조 전 사장은 지난해 9월 수술을 받았다. 관훈언론상 심사기간에 병원에 입원해 있었다는 것이 그런 뜻이다. 아직도 완쾌하지 않아 외출할 때는 휠체어 신세를 져야만 한다. 이날의 인터뷰 자리에도 휠체어를 타고 나왔다. "상반신이 아무리 멀쩡해도 팔다리가 성하지 않으면 남들이 알아주지를 않는다"는 농담이 가볍고도 유쾌하다.

- 관훈언론상에 나타난 요즘 기자들의 기자정신에 대해서도 한 말씀 해주시지요.

"구석구석 기자정신에 투철 하려는 노력이 엿보이는 것도 사실입니다. 기사를 소설 형식으로 쓴다거나, 인터넷을 통해 조사보도를 시도한다거나 하는 노력은 평가할 만합니다. 하지만 그것만으로는 모자랍니다. 기자 근성이라고 할까요, 끈질기게 파고드는 자세가 필요합니다. 저널리즘이 권력과의 관계에서 어떻게 이 시대를 이끌어갈 것이냐 하는데 대한 기자사회의 고민이 필요하다는 것이지요. 관훈언론상이 한국의 퓰리처상을 지향한다고 하지만 퓰리처상도 수없이 좌초를 겪으면서 성장해 왔음을 기억해야 합니다."

조 전 사장은 이 대목에서 박근혜 대통령의 신년 기자회견 얘기를 먼저 꺼냈다. 현역 기자들의 '기자정신'에 대한 보충 사례로서다. 청와대

기자 근성을 강조하는 조용중 전 연합통신 사장 (사진 오른쪽)

에서 신년회견이 있었던 것이 그보다 나흘 전인 12일의 일. 목소리가 은근히 카랑카랑해진 것이 할 얘기가 적지 않은 듯했다. 질문자로서는 질문할 새도 없이 받아 적기에 바쁠 수밖에 없었다.

"신문들이 대통령 신년 기자회견이라고 해서 내용도 없는 것을 두세 페이지씩 할애할 필요가 있었는지부터 생각해 봐야 합니다. 광고까지 없애가며 미주알고주알 보도했거든요. 기자들이 자기 맡은 질문만 하는 형식부터가 문제입니다. 질문이 돌아가다가 답변이 부족하면 대신 추궁해가며 보충질문이라도 해야 하는데, 유감스럽게도 그런 기개가 느껴지지 않았습니다. 기자들이 머리로는 저널리즘을 완벽하게 이해하고 있는지 몰라도 현실을 돌파해나가려는 의지가 부족한 것이 아닌가 약간의 회의가 듭니다."

조 전 사장은 "그런 식이라면 기자회견이 아니라 중계일 뿐"이라며 얘기를 계속 이어나갔다. 미국의 저널리즘을 '도당(clique) 저널리즘'이라고 비판한 워싱턴포스트 데이비드 브로더(David Broder) 기자의 저서 『Behind the Front Page』를 인용하기도 했다. "미국만의 얘기가 아니라 우리 언론도 정치권과 같은 '내부자(insider)'의 일원이 돼버린 게 아니냐"는 걱정이다.

얘기는 다시 신년 기자회견이다.

"대통령이 1년 만에 기자회견을 한 것인데, 출입기자단 차원에서도 그 자체에 대한 관심 표명이 있었다면 훨씬 모양이 좋았을 것입니다. 이를테면, 기자단 대표가 질문 모두에 '앞으로는 자주 만날 수 있으면 좋겠다'든지, 아니면 회견 마무리에 공치사일망정 '좋은 말씀 고맙다'는 인사말 하면서 '다음에는 언제쯤 뵐 수 있겠느냐'고 웃으면서 질문을 던졌다면 아마도 참석자 모두가 함께 웃고 넘어갈 수 있었을 것입니다."

한 마디, 한 마디가 가슴을 콕콕 찌른다. 역시 대통령과 기자, 또는 권력과 기자와의 관계를 머리로만 말할 수 있는 것은 아닌 모양이다.

그는 대통령 기자회견과 관련해 1950년대 중반 평화신문 시절의 조세형 기자를 사례로 꺼냈다. 경무대에서 이승만 대통령의 기자회견이 열렸을 때 자유당의 도당위원장 금권선거에 대해 불쑥 질문을 던짐으로써 벌어졌던 사건이다. "도당위원장 선거에 돈봉투가 오가고 있었는데도 이 대통령만 모르고 있던 것을 조세형이 지적했던 것"이라는 설명이다. 이 대통령의 답변이 어물쩍 넘어갈 수밖에 없었으나 그 불똥은 즉각 조세형 본인에게 튀게 된다. 회견이 끝나고 경무대에서 신문사로 돌아오는 사이에 '파면' 인사가 나붙은 것이었다. 권력층에서 평화신문 사장에게 인사 주문이 있었을 것임은 두말할 필요가 없다.

조 전 사장은 특히 조세형 기자와는 절친했던 사이로 알려져 있다. 조세형이 언론계를 떠나 국회의원과 주일대사를 지내고 지난 2009년 일흔아홉의 나이로 타계하기까지도 가깝게 지냈다.

- 작고한 조세형 전 주일대사와는 막역한 관계로 알려지고 있습니다만.
"매우 가까웠지요. 나를 평화신문으로 이끌었기도 했고, 어떤 때는 내가 남에게 말을 함부로 한다며 나무라기도 했습니다. 성격은 많이 달랐습니다. 조세형은 자기 의견 표출에 직설적이었으니까요. 한때 조선일보 정치부에서 같이 근무할 적에는 '조용중이가 조세형 그늘에 가려 맥을 못 춘다'는 얘기까지 들어야 했거든요. 내가 조선일보에서 동아일보로 옮기게 된 데도 그런 배경이 어느 정도는 작용했을 겁니다."

- 요즘은 과거에 비해 언론 환경이 상당히 변한 것 아닌가요.
"글쎄요, 외형적으로는 많이 발전했다고 봐야지요. 그러나 신문 페이지는 늘었는데 오히려 각 기사의 길이는 줄어드는 추세가 바람직한 것인지 따져봐야 합니다. 6하원칙을 충실하게 지키는 것은 좋지만 상황 설명이 안 되는 경우가 적지 않거든요. 자꾸 미국 얘기만 하다가 욕 먹을지 모르지만, 그 사람들은 필요할 경우에는 길게 쓰지 않습니까."

그러면서도 최근의 청와대 문건유출 보도에 있어서는 정반대의 불만이다. "지루할 만큼 장황한 기사들이 많았다"는 생각 때문이다. 기사인지, 가십인지, 논문인지 구분하기조차 어려웠다는 것이다. "얽히고설킨 얘기를 늘어놓으면서도 핵심이 없었다"고 그는 지적했다.

이념 갈등이 지면에 여과 없이 나타나는 것은 심각한 문제

- 우리 사회의 보수·진보 간 이념갈등이 심각해졌고, 그에 따라 언론계 내부에서도 이념대립 현상이 나타나고 있습니다. 혹시 그에 대한 처방 같은 게 있을까요.

"지성인들의 사회에서 이념갈등 자체를 탓할 수는 없습니다. 자연스런 현상으로 받아들여야 한다는 것이지요. 하지만 그런 갈등이 지면(紙面)에 여과 없이 나타나는 것은 문제라고 생각합니다. 주장과 사실 보도에 대한 엄격한 구분이 필요합니다. 보도와 논평의 분리 원칙을 지키는 서양 신문의 태도를 본받아야 합니다."

지난해 문창극(文昌克) 국무총리 지명자에 대한 지명철회 논란도 이념갈등에서 빚어진 결과라고 조 전 사장은 진단했다. "처음에는 그렇지 않았으나 도중에 좌파가 주도권을 잡고 아젠다를 설정해가며 공세에 나서면서 문제가 확대됐다"는 것이다. 그는 당시 언론계의 다른 원로들과 함께 「우리들의 입장」 성명을 발표하기도 했다.

- 과거 언론활동을 하시면서 가장 기억에 남는 것을 한두 가지만 꼽으신다면.

"언론연구원장으로 있으면서 카인즈 서버를 구축한 것이 가장 잘한 일 같습니다. 결과적으로, 아직 연판을 떠서 신문을 만들던 시대에 컴퓨터 시대를 미리 내다본 셈이 됐지요. 그러나 개인적으로 쓰라린 기억도 적지 않습니다. 1960년대 경향신문 박찬현(朴瓚鉉) 사장이 불러서 편집국장으로 간 것까지는 좋았으나 1년 만에 '주미일(駐美日) 특파원'이라는 전례 없는 발령을 무릅써야 했지요. 임지가 괌이냐, 하와이냐 하고 얘기들이 많을 수밖에 없었습니다. 그러고도 경향신문이 신진자동차로 넘어가면서 다시 편집국장으로 복귀했으니, 남들은 '조 아무개가 누구 줄을 잡았겠거니' 하며 굉장하단 눈길로 바라보았겠지요. 그 뒤 최치환(崔致煥) 사장이 나를 워싱턴 특파원으로 발령을 냈지만 결국 하방(下放)당한 셈이지요."

- 그동안의 취재경험을 살려 쓰신 책도 많으시던데요.

"몇 권 안 됩니다. 『대통령의 무혈혁명』『저널리즘과 권력』『미군정하의 한국정치 현장』 등 정도이니까요. 그러나 모두 취재기자로서의 현장 기록이라는 점에 의미가 있다고 생각합니다. 역사를 해석하는 건 역사학자들의 몫이고, 저널리스트의 역할이란 역시 현장을 기록하는 것이 아닐까요. 요즘도 비슷한 맥락에서 미국 NSA의 정보수집 내막을 폭로한 스노든에 대해 관심을 집중하고 있는 중입니다. 대영제국이 무너

졌듯이 무차별적으로 세계의 통신을 도·감청하는 미국의 제국주의 수법도 무너질 것인가 하는 것이 초점입니다."

그는 지난해 관훈저널 여름호에 「목숨을 걸어야 취재할 수 있는 나라」라는 제목으로 파키스탄의 언론 현실을 소개한 바 있다. 그 글도 이러한 관심의 부산물이라는 것이다. "미국 루스벨트 정부 안에서 활약하던 소련 스파이들에 대해 관심을 가졌으나 아프간 전쟁으로 눈길이 바뀌었다가 다시 지금의 '스노든과 NSA'로 바뀌었다"고 했다.

- 기자로서 다큐멘터리에 대한 중요성을 말씀하시는 것인지요.

"훌륭한 다큐멘터리로서 일본 아사히신문 국제문제 대기자로 활약했던 후나바시 요이치(船橋洋一)의 『더 페닌슐러 퀘스천(The Peninsular Question)』을 들 수 있습니다. 북핵 문제의 전말을 취재한 역작이지요. 일본의 주간문춘 기자 출신인 다치바나 다카시(立花隆)의 『다나카(田中) 금맥 연구』나 한국전쟁을 다룬 할버스텀(David Halberstam)의 『Coldest Winter』 등은 저널리스트 필독의 다큐멘터리라고 생각합니다."

그는 지난해 10월 발간된 윈트라웁(Stanley Weintraub)의 『A Christmas far from Home』이라는 책도 함께 소개했다. 역시 6·25전란 중 맥아더 장군의 작전 실패에 대한 얘기다. "아직 읽어보지는 못했고, 오늘 낮에서야 아마존에 책을 주문했다"며 기대가 대단했다.

올바른 핵심(core) 저널리즘은 영원히 살아남는다

- 언론의 미래가 어떻게 될 것이라 생각을 해보셨는지요.

"언젠가 이코노미스트 특집기사에 '2020년대에 이르면 미국 신문이 몇 개 밖에 남지 않고 사라질 것'이라고 예측한 것을 읽은 적이 있습니다. 신문 환경이 그만큼 위협받고 있다는 것이겠지요. 하지만 올바른 저널리즘, 즉 정론(正論)은 영원히 살아남을 것입니다. 뉴욕타임스의 표현대로라면 '핵심(core) 저널리즘'이랄 수도 있겠지요."

- 신문기자가 아니었다면 어떤 직업을 택하게 되셨을까요.

"글쎄요, 어린 시절 한동안은 아나운서가 꿈이었지요. 중학교 때까지도 아마 그런 생각이 아니었나 싶습니다만. 기자가 된 것도 그런 연장선이 아니었던가 생각이 듭니다."

- 질문 순서가 바뀐 듯도 합니다만, 요즘 근황은 어떠신지요.

"몸도 불편해서 나돌아 다닐 수는 없고 그냥 무료하게 지내고 있습니다. 갈수록 시력이 떨어져 안경을 쓰고도 책을 보는 게 불편하다는 게 큰 불만이지요. 서재라고 해서 오래 앉아 있으면 갑갑하니까 마루로 나와서도 책을 보게 되는데 콘사이스도 양쪽 책상에 놓여 있지요. 영어 실력 모자란 것도 너무 안타깝습니다."

그렇게 책을 보면서 원고를 쓰고, 버리고를 반복하는 게 그의 일과다. 쓰다가 옆에 미뤄놓은 분량도 수북하단다. "새로 무슨 일을 시작한다면 욕심이겠고, 지금껏 벌여놓은 일만이라도 제대로 마무리했으면 좋겠다"고 했다. 이미 여든 중반에 접어든 자신의 나이를 염두에 둔 듯했다. 최근 어느 국가기관에서 자신의 과거 경험에 대해 사흘 동안 녹취를 받아가기도 했다고 소개한다. 요즘에는 다리 운동을 하는 것도 중요한 일과에 포함돼 있다.

- 언론계 선배로서 후배들에게 어떤 이미지로 기억되길 바라시는지요.
"아까 얘기한 대로 현장을 기록하는 기자로 기억됐으면 합니다. 현역 기자들께서도 현장의 중요성을 좀 더 심각하게 받아들였으면 좋겠습니다."

당초 한 시간 정도로 예정됐던 인터뷰 시간은 어느덧 두 시간을 넘어서야 끝났다. 창밖에는 겨울철 이른 저녁의 어둠이 깔리고 있었다.

• 정치부 기자 조용중 일화 ①
투표로 조선일보 기자가 되다

> "
> 비밀투표로 기자를 뽑은 것은
> 국회출입기자 역사상 처음이자
> 조선일보 역사로도 처음인데
> 그가 왜 뽑혔을까?
> "

출마하는 '거물 기자' 김주묵 후임으로

"투표 결과 당신이 조선일보로 가는 것으로 결정됐소."

1957년 가을, 평화신문 정치부 기자 조용중(趙庸中)은 엉뚱한 통고를 받았다. 자잘한 기사를 챙기기보다 머릿속으로 항상 천하대세(天下大勢)의 흐름을 쫓고 있어 별명이 '천하대세'인 조선일보의 '거물 기자' 김주묵(金周黙)이 따로 불러서 하는 말이었다.

김주묵은 일본 와세다대학 법학부 출신으로 장면(張勉) 국무총리 비서관을 지내다 1952년 30대 중반에 조선일보에 들어왔다. 그는 키는 작지만 통이 커 다른 기자들이 함부로 대하지 못하는 큰형님이자 거물 기자로, 당시 신익희, 조병옥 등 거물 정치인이나 하던 보우 타이(나비

넥타이)를 하고 다니는 멋쟁이였다.

그는 고향인 충북 음성에서 4대 민의원 선거에 출마하기로 결심한 후 사무차장실에 국회 출입기자 10여 명을 모아 놓고 일장 연설을 했다. 정계진출의 변(辯)을 한참 이야기한 다음 김주묵은 자신의 후임으로 누가 좋겠느냐고 물었다. 조선일보 국회 출입기자로 뛰면서 선임 기자의 이름을 더럽히지 않을 사람이 누군지 "투표로 하는 게 어때?"라고 제안했다. 비밀투표 결과 조용중이 당선됐다.

김주묵은 조용중에게 "이런 식으로 기자를 뽑은 것은 국회 출입기자 역사상 처음이자 조선일보 역사로도 처음"이라고 말했다. 조용중으로서는 거절할 이유가 없었다. 그는 1953년 서울 환도와 함께 만들어진 자유신보 사회부 기자로 언론계 생활을 시작해 여러 언론사를 옮겨 다녔다. 조선일보 사옥에 세 들어있던 세계통신 정치부에 있을 때부터 조용중은 바로 아래층에 있는 조선일보 편집국으로 갈 수 있는 날이 오겠거니 고대하고 있었는데, 예상보다 빨리 그날이 온 것이다.

'내가 왜 뽑혔을까?'

조용중은 곰곰 생각해 보았다. 보통 말이 앞서는 사람은 글을 못 쓴다고 하는데, 자신은 목소리 크고 아무 데나 나서서 되는 소리 안 되는 소리 하면서 대들기도 잘 하는 성격인데다가, 글도 가히 못 쓰지 않으니 조선일보 기자가 될 만하다고 인정받지 않았는가 생각했다.

당시 조선일보 분위기가 그랬다. 점퍼 입고 다니는 사람, 보우 타이 하고 다니는 사람, 중절모 쓰고 다니는 사람 등 제각각 자유분방했다. 주필 홍종인은 그런 기자들을 따라다니며 "그게, 그게 기자요?"라며 단정하게 양복을 입을 것을 주문했다. 편집기자와 취재기자 간에 언쟁이

커져 고래고래 소리를 지르며 싸우는 일도 많았다. 조용중이 보기에 조선일보는 "세상은 괴짜 천재들이 만들어 가는 것"이라며 기자들의 거친 면을 다 받아주는 곳이었다. 정월 초하루 업무국에서 나눠주는 출근부는 사나흘 후면 어김없이 드럼통 난로 속에 땔감으로 던져졌다. 그러니 이웃 신문사에서 어느 기자가 문을 발로 차고 들어갔다가 징계를 받았다는 말을 듣고는 "그럴 수도 있는가?" 하고 다들 놀랐다.

주필 홍종인과 겨뤄 그 고집을 꺾어

1957년 조용중이 처음 조선일보에 입사 했을 때 정치부에는 이규홍(李圭宖)부장 아래 서너 명의 기자가 있었다. 일본 메이지대(明治大) 법학과 출신인 이규홍은 광복 직후 중앙통신 기자로 언론계에 입문 한 후 1948~49년, 1954~62년 두 차례에 걸쳐 조선일보 정치부장을 지냈다. 그는 조용중, 조세형(趙世衡), 김인호(金寅昊), 김영수(金榮洙) 등을 영입하고, 견습 1기 이정석(李貞錫), 2기 이종식(李鍾植), 송기오(宋基五)를 데려와 훈련시키면서 정치부의 기틀을 다졌다.

이규홍은 직접 나서서 지휘하기보다 기자들에게 자율권을 많이 줬다. 그는 조용조용 이야기하는 부드러운 성품으로 남한테 싫은 소리를 하지도 않지만, 누구한테 싫은 소리 듣는 것도 좋아하지 않았다. 홍종인이 편집국에 들어오면 "또 왔다. 저 잔소리 듣기 싫다"면서 의자를 돌려 앉았다.

조선일보에 들어섰을 때 조용중은 그야말로 천의무봉(天衣無縫)이라는 말이 떠올랐다. 물 흐르듯 자연스러운 분위기였는데, 뭐라 꼭 집어 말하기 어려운 활기와 인간미가 넘쳤다. 점심시간이 되면 부 단위,

국 단위로 우르르 몰려나가 밥을 먹었고, 제일 높은 사람이 돈을 냈다. 당장 신문용지 살 돈이 없어 사채를 끌어 쓰기 바쁜 형편이었지만, 화기애애하고 훈기가 돌았다.

그렇다고 해서 신참이 제멋대로 할 수 있는 분위기는 아니었다. 조선일보에는 역사와 전통에서 우러나오는 권위가 있었고, 제각각인 것 같았던 기자들도 이것을 바탕으로 한 덩어리로 움직였다. 이 때문에 아무한테나 대들고 큰 소리를 치던 조용중도 처음에는 주눅이 들었다.

그러나 얼마 안가 주필 홍종인과 겨뤄 그 고집을 꺾어 놓는 '사건'이 생겼다. 당시 국회 관련 기사 첫머리는 "0일 0시 0분 0의 사회로 시작된 0차 국회 본회의에서는……"으로 시작하는 것이 정형처럼 돼 있었다. 그것을 조용중은 '국회'를 주어로 해 '국회는 0일……'이라는 문장으로 바꾸어 버렸다. 기사는 독자들이 읽기 쉽도록 간단명료하게 써야 한다는 게 그의 소신이었다. 그것을 본 홍종인은 큰 소리로 호통을 쳤다.

"이것 봐, 신문기사는 역사를 기록하는 거야. 국회라는 헌법기관의 회의를 그 따위로 쓰는 건 국가에 대한 모독이야. 시간, 장소가 기사의 생명인 것도 모르나?"

그러나 조용중은 굽히지 않았다. 다음날도 그 다음날도 줄기차게 '국회는……'이라고 기사를 썼고, 홍종인도 더 이상 잔소리를 하지 않았.

조용중은 국회 출입기자로 함께 뛰던 조세형과 즐거워 했다.

"기사 첫머리를 '……에서는'으로 시작하는 관행을 없애는 데 일본 신문은 10년이 걸렸다는데, 조선일보에서는 단 며칠 만에 성공하지 않았어?"

• 정치부 기자 조용중 일화 ②

정치부 명콤비 – 조용중 & 조세형

> "
> 조용중 정치부장은 60년대 초
> 각 신문사의 유능한 기자들을
> 스카우트해 조선일보 정치부를
> 최강의 팀으로 만든 부장이었다.
> "

50년대 말 함께 국회 출입… 단짝이자 라이벌

조용중(趙庸中)과 조세형(趙世衡)은 한양 조(趙)씨 동성동본에 동년배(조용중이 한 살 위)로, 각기 세계통신과 평화신문 기자로 국회에 출입하던 시절부터 죽이 잘 맞았다. 자유당 정권의 말기 증상이 기승을 부리던 1950년대 말 각 언론사의 쟁쟁한 국회 출입기자들은 삼삼오오 떼를 지어 술을 마셨다. 취재 경쟁은 치열하다 못해 살기등등했지만, 술집에서는 모두 동지처럼 어울렸다. 화제는 모조리 정치 이야기로 자유당 정권의 폭정에 함께 비분강개했다.

그 중에서도 조용중과 조세형은 둘도 없는 술 친구였다. 뚝배기 하나 앞에 놓고 발효기간이 짧은 카바이드 막걸리나 동동주로 값싸게 취하며 열변을 토했다. 조용중이 이 편도 저 편도 들지 않으면서 정치 현장을 냉소적으로 바라보았다면 조세형은 현장에 직접 뛰어들어 한번 뜯어고쳐 보겠다고 열을 올렸다. 조세형이 고향 김제에서 언제든 입후보해 보겠다고 하면 조용중은 "옳아. 옳아"라면서 맞장구를 쳤다. 그 말대로 조세형은 20여 년 후인 1978년 신민당에 입당하고 다음 해 10대 국회의원에 당선되면서 정치인의 길을 걸었다.

1958년 말 조세형이 조선일보에 스카우트됐다. 그는 먼저 와 있던 조용중과 함께 국회에 출입하며 단짝이자 라이벌을 이뤘다. 조용중이 민주당 구파(舊派), 조세형이 신파(新派)를 주로 담당했는데, 한쪽이 취재원을 만나겠다고 일어서면 다른 한쪽도 따라 일어섰다. 이들은 새벽같이 돈암동 조병옥(趙炳玉) 집으로 가서 한마디 듣고, 다시 순화동 장면(張勉) 부통령 공관으로 달려갔다. 저녁때는 조병옥과 장면의 터줏대감 비서들과 어울려 술을 마셨다. 이렇게 늘 둘이 붙어 다니니 다른 기자들은 "한 신문사에서 기자 한 명만 오면 되지"라고 불평했다.

막강한 팀… 두 사람 모두 "기자시대 전성기"

공동 취재한 기사를 누가 쓸지도 날마다 신경전이었다. 정치부장 이규홍이 교통정리를 맡아 조세형이 쓴 기사를 조용중에게 던져 주며 고치라고 하고, 조용중이 쓴 기사는 조세형에게 손보라고 했다. 자존심 센 두 사람이 맞붙었으니 욕을 해대며 싸울 때도 많았다. 그러다가도 술자리에서는 금세 친구로 돌아갔다. 피를 말리는 경쟁 속에 애증이 엇갈리는 관계였다.

가는 날이 장날이라고 조세형이 조선일보에 첫 출근한 1958년 12월

24일은 자유당 정권이 국가보안법 개정안을 힘으로 밀어붙여 통과시키면서 '24파동'이 터진 날이었다. 조세형은 편집국장에게 꾸벅 인사만 하고 난장판이 된 국회로 향했다.

가까스로 본회의가 시작되려는 순간 난리가 났다. 어디에서 그 많은 무술경위가 있었는지 수백 명의 가짜 경위들이 나타나 유도와 태권도로 야당의원들을 하나씩 거꾸러뜨리더니 끌고 나갔다. 그 처참한 광경에 2층 발코니에 있는 기자석에서 고함이 터져 나왔다. 울분을 참지 못해 울음을 터뜨리는 기자도 있었다.

망아지 끌려가듯 걷어 채이고 짓밟히면서 쫓겨나는 야당의원들……. 민주주의가 짓밟히고 죽어가는 현장을 목도하는 기분이었다. 상기된 표정으로 편집국에 들어서는 두 사람을 보고 정치부장은 조용중에게 1면 스트레이트, 조세형에게 3면 스케치 기사를 쓰라고 지시했다. 조세형은 입사 첫날부터 팔이 떨어지도록 원고를 썼다.

두 사람은 현장에서 느낀 비분(悲憤)을 신문지면에 마음껏 쏟아부을 수 있었다. 편집국장이나 정치부장 모두 이들이 써내는 기사에 이렇다 할 제약을 가하거나 수정을 요구하지 않았다. 스스로 용기만 있다면 얼마든지 신문지면에 쓸 수 있었으니 두 사람 모두 이때를 '기자 생활의 전성기'였다고 추억한다. 조용중, 조세형 두 사람은 열심히 뛰었고, 누가 보아도 막강한 팀이었다.

윤보선 집 골동품 항아리에 '실례'하며 특종

당시 조선일보 정치부는 특종을 하기 어려웠다. 민주당, 자유당 정치인들이 각기 자신들의 성향에 맞는 신문사에 정보를 흘렸는데, 조선일보는 어느 편에도 기울지 않는 중립이었기 때문이었다. 조용중은 여야 정치인들의 대화를 엿듣기 위해 국회의장 탁자 밑에 숨기도 했다. 한번은 민주당 최고위원 회의 내용을 엿듣기 위해 윤보선(尹潽善) 집 사랑채에 붙은 광에 숨어들었다. 먼지 때문에 숨쉬기도 어려운데 갑자기 소변이 마려운 게 아닌가. 말 그대로 진퇴양난이었다. 별수 없이 큼직한 골동품 항아리를 택해 실례를 했다. 그 뒤의 상쾌함은 특종의 기쁨 못지않았다.

1960년 조용중은 동아일보로, 조세형은 민국일보로 옮기면서 두 사람의 팀워크는 끝을 맺었지만, 조용중은 1962년 1월 다시 조선일보로 돌아와 1965년까지 정치부장, 편집부국장을 지냈다. 조용중은 각 신문사의 유능한 정치부 기자들을 스카우트해 조선일보 정치부를 최강의 팀으로 만든 부장이었다.

1962년 8월 민국일보에서 조선일보로 건너온 남재희(南載熙)는 민국일보 시절엔 조세형 부장 밑에서, 조선일보에 와서는 조용중 부장 밑에서 일하면서 두 사람 모두를 가까이에서 지켜볼 수 있었다.

조세형에 대해 남재희는 "기사를 잘 쓸 뿐 아니라 명필에 속필이고 성품도 서글서글해 찬사가 절로 나오는 부장 이었다"고 회고한다. 키가 훤칠한 호남인 조세형은 편집국 난로에 누렇게 눋은 표가 나는 스프링 코트를 입고 다녔다. 그는 처음에는 '크라크 장군'이란 별명으로 불리다 코가 우뚝하여 나중엔 '조 코'로 통했다.

조용중도 명문에 속필인데다 시원시원한 성격이 조세형과 비슷한 점이 많았다. 한 가지 다른 점이라면 "이 자가……" "저 자가……"로 시작되는 독설형 말투였다. 한 언론인이 정치인과 술을 마시면서 "이

자가……저 자가……" 하다가 말다툼으로 번졌는데, 그 정치인이 "당신, 요즘 조용중 씨와 자주 어울렸지?" 하고 딱 알아맞추었다는 일화가 있을 정도다.

사장 호주머니 돈을 꺼내놓게 하여 부 회식

조용중 씨의 독설은 한일회담이 타결 되던 1965년 6월에도 어김없이 터져 나왔다. 조선일보 부국장이었던 그는 일본 총리관저에서 조인식이 열리기 바로 전날, 외무장관 이동원(李東元)이 묵고 있던 영빈관으로 다른 특파원들과 함께 몰려갔다. 장관은 일본 외상 시이나 에쓰사부로(椎名悦三郎)가 초청한 만찬에 가야한다며 기자들의 질문에 일언반구도 안 하고 주일대사 김동조(金東祚)와 함께 영빈관을 나섰다.

"저런 XXX들! 가긴 어딜 가? 잘 먹고 오래 살아라. 나야 애비 잘못 만난 죄로 기자질 하고 있지만 당신 같은 놈들 땜에 평생 기자 할란다!"

그들 뒤통수에 대고 조용중이 욕설을 퍼붓자 영빈관 로비는 일순 조용해졌다. 두 나라의 정부관리, 기자들이 꽉 들어 찬 곳에서 벌어진 해프닝이었다. 걸어 나가던 장관과 대사가 돌아서서 무어라 중얼거리는 동안 장관 비서관이 급히 뛰어와 조용중의 어깨를 잡았다.

"형님, 왜 이러십니까? 형님, 참으세요."

조용중과 일면식도 없던 비서관이 오죽 급했으면 형님을 연발했을까. 조용중은 그러나 다시 큰소리를 질렀다.

"여보쇼, 이 장관! 내일이면 조인인데 회담에 반대하는 국민들에게 무어라 말이 있어야 할 것 아니오. 일본 외상하고 저녁 하는 것보다 그게 더 중요하지 않소?"

흥분한 그의 말을 들었는지 말았는지 두 사람은 그냥 가버리고 특파원 몇 명이 다가와 "잘 했어! 우리가 하고 싶은 말 당신이 다 했어······"라고 했다.

조용중은 자신의 독설이 뿌리 깊은 '비주류 의식'에서 나온 것이라고 고백 한 적이 있다. 대학을 마치지 못했고 공채 출신도 아니라서 대학 동창도 입사 동기도 없는 외톨이에 비주류라는 콤플렉스가 일생 따라다녔다고 한다. 한 달에 두 번으로 나눠 나오는 월급도 제때 받기 급급했던 시절, 편집국에 내려온 사장이 눈에 띄면 정치부장 조용중은 "기자들은 손가락 빨아먹고 사는 줄 아십니까? 봉급 언제 나옵니까? 밥 사 먹을 돈도 없습니다."라고 거침없이 큰 소리를 쳤다. 책상 위에 다리를 얹어 놓고 앉은 삐딱한 자세 그대로였다. 사장 방일영이 지갑에서 돈을 꺼내 올려놓으면 그날로 부 회식을 했다. 조용중은 여당 출입과 야당 출입 기자 사이에 논쟁을 붙여 놓고 격론을 지켜보다 이쪽에도 저쪽에도 치우치지 않는 지면을 만들었다.

그가 영입해온 정치부원들은 대부분 서울대 법대나 정치학과를 나온 '주류'였다는 것도 아이러니다. 남재희, 김용태(金瑢泰), 최서영(崔瑞泳), 이자헌(李慈憲), 유한열(柳漢烈) 등을 영입했는데, 이들은 훗날 각 신문사의 정치부장, 편집국장을 거쳐 언론사 사장, 국회의원, 장관을 역임했다.

*『조선일보 사람들 (광복 이후 편)』- 조선일보사 사료연구실

• 정신영 기자 50주기 추모사

당신은 큰 꿈을 가진 기자였습니다!

정주영, 정신영 형제의 동상 제막식(2007.9.14). (사진 오른쪽 가운데 조용중 선생)

"

당신의 백씨 정주영 회장이 당신을 위해
관훈클럽에 바친 출연으로 재단을 만들고
당신의 이름을 간판에 내걸었습니다.

이 신영기금회관의 바른 자리에
당신의 생전 모습을 새긴 조각 작품을 걸어
당신과 백씨의 공헌을 기리고 있습니다.

"

정신영 당신이 이루지 못한 꿈을…

엊그제 내린 가느다란 비로 나무와 풀이 봄을 트고 산과 들의 이른 꽃들이 만발할 때를 기다리고 있는 4월입니다.

정신영, 당신이 반세기 전, 절제와 규범의 틀이 채 잡히지 않았던 신문이라는 경쟁의 마당에 뛰어들었을 때도 바로 이맘때였습니다. 훤칠한 키, 우람한 몸집에 타고난 듯 놀라운 친화력과 패기로 우리 모두를 압도했습니다.

그때, 같은 꿈을 꾸었던 우리의 훌륭한 친구들에게도 변화가 많습니다. 조세형, 김인호, 정인량, 권오기, 이정석 등 야심이 컸던 벗들은 세월을 못 이겨 먼저 당신 곁으로 떠났고 박권상, 김용구, 이웅희 같은 친구들은 이 자리에 못 나오는 것을 못내 아쉬워하고 있습니다. 당신이 독일에 있을 때 보낸 편지에서 조세형이 자주 내 소식을 전했다는 것을 알기에 당신을 기리는 이 자리에서 그 친구들 몫까지 합쳐서 추모의 말을 하게 되었습니다.

당신은 서른을 갓 넘긴 인생의 꽃다운 고비, 커다란 뜻을 이루고자 혼신의 힘을 다하고 있을 때, 몹쓸 병을 이기지 못하고 독일 땅 객지에서 외롭게 숨을 거두었습 니다. 그때 이래, 세상을 모르고 화분의 꽃같이 자랐던, 마음씨 고운 당신의 사랑하는 아내는 우주만큼 무거운 당신의 체중과 체온을 가슴에 품고 당신이 남기고 간 남매, 일경과 몽혁을 듬직하게 키워 오늘 우리랑 함께 이 자리에 앉아 있습니다.

당신이 없는 삭막한 세상에 그 남매를 그렇게 자랑스럽게 키우기까지 당신의 아내가 겪었을 상심, 절망과 회한, 그리고 끝도 없는 외로움은 아무도 헤아릴 수 없는, 오직 당신의 아내만이 겪는 나락의 세계였을 겁니다. 감히 누구도 그 감춰진 세계를 참견할 수도 없었고 말로 나마 위로를 건넬 수도 없었습니다. 그러나 당신의 아내는 그 나락의 검은 장벽을 걷어내는 일을 해내고야 말았습니다.

나약한 여성의 홀몸이었지만 강철보다 강한 어머니의 참모습이었습니다. 오늘 반백년을 맞는 당신의 기일은 그래서 당신을 기리는 자리인 동시에 당신의 아내가 당신을 위해 바친 헌신을 함께 위로하는 자리가 되어야 한다고 생각해서 미리 말했다는 걸 이해하시리라 믿습니다.

당신이 남긴 일경과 몽혁 남매는 벌써 일가를 꾸려 제 식구를 거느리고 있습니다. 당신의 친손과 외손들도 꾸밈없이 잘 자라고 있습니다. 남매는 집안에서는 당신보다 더 진한 사랑과 자상함으로 당신의 아내, 그들의 엄마의 외로움과 허전함을 달래 드리면서 돕고 있다고 나는 듣고 있습니다. 당신의 큰 보람이고 성공이라고 자부 하셔도 좋을 겁니다.

당신의 아버지 같은 백씨 정주영 회장이 당신을 위해 관훈클럽에 바친 물심양면의 지원을 빠뜨려서는 안 될 겁니다. 당신의 백씨는 당신이 생전에 회원으로 있었던 관훈클럽에 남달리 따뜻한 관심을 가졌고 벌써 30여 년 전에는 누구도 생각 못하는 큰 출연을 시작하셨습니다. 당신의 여러 중씨들과 그 후대들도 그 높은 뜻에 따라 출연을 해마다 계속하고 있습니다.

관훈클럽은 그 출연으로 재단을 만들면서 당신의 이름을 간판에 내걸었습니다. 오늘 당신이 처음 찾은 작지만 아담한 이 회관의 바른 자리에도 당신의 생전 모습을 음각으로 새긴 조각 작품을 걸어 당신과 백씨의 공헌을 기리고 있습니다. 관훈클럽은 이로써 아무한테도, 어느 권력에도 아쉬움 없이 꿋꿋하게 큰소리를 칠 수 있도록 올바르게 발전하는 기반을 다지고 있습니다. 정신영 당신이 이루지 못한 꿈을 아쉬워하는 당신 백씨의 은덕이라는 걸 잊지 않고 있습니다.

따뜻한 체취를 느끼는 연애편지

먼 객지 독일의 함부르크에서 음악 공부를 하던 아내와 아름다운 교제를 시작하던 때 당신이 애인한테 건넨 편지를 이 자리에서 공개하는 것은 당신을 기리는 가장 빠른 지름길이라고 생각합니다.

소련의 반체제 시인으로 이름을 날린 우리 또래의 예프토셴코가 남긴 '너무 이른 자서전'이란 수필을 연상시키듯 당신이 건넨 열 장짜리 두툼한 편지는 흔해 빠진 연애편지가 아니라 '소자서전'이라는 제목부터 유머가 넘치는 자기 소개서였습니다.

달필로 빽빽하게 쓴 글씨들을 따라 읽으면서 당신의 애인은 당신이 얼마나 당당하고 소탈한, 꾸밈이 없는 사나이인가, 바위도 옮길 듯한 듬직한 신뢰감을 느끼면서 동시에 가끔은 절로 나오는 웃음을 참지 못했을 겁니다.

자서전의 시작은 당신 집안의 내력, 형제에 얽힌 이야기, 태어난 고향에 대한 향수 등을 차분하게 밝혔습니다. 그러고는 앞으로의 교제를 염두에 둔 듯 "장기적으로 나가면 몰라도 단기 접촉에 있어선 좋은 평을 못 받았습니다. 공부는 잘 평가 받아서 겨우 중의 상 내지 상의 하 정도로 평가하고 있습니다."라고 냉정한, 그러나 아주 겸허하게 남의 이야기처럼 당신 자신을 돌아보았습니다.

외로운 객지에서 처음으로 만난 연애상대에게 이렇게 재미없이 딱딱한 연애편지를 쓰는 사람이 어디 있었겠습니까? 그걸 보면 당신은 무섭게 자기를 절제할 줄 아는 사람이었습니다.

그러고는 "내 성격은 외향형, 이론형인지 행동형인지 모르겠으나 아마 중간 얼치기로 생각합니다. 언제나 무엇이든 불만이고 입이 무거운 편이 못 됩니다"라고 자서전의 끝을 맺었습니다. 객지에서 만난 연애 상대한테 주는 연서의 끝머리치고는 너무나 무뚝뚝한, 애교도 매력도 없는 편지였다고 생각 안 하십니까? 하다못해 잘 있으라는 인사말 한마디, 언제 만나자는 약속의 말도 없는 이 편지를 보고 당신의 애인은 그 순진하고 소탈한 마음씨에 배꼽을 잡고 웃으면서도 다른 한편으로는 한없는 친근감을 느꼈을 거라고 믿습니다.

아마도 당신의 아내는 오늘까지도 그 편지를 거듭 읽으면서 당신의 모든 것을 몸으로 느끼고 또한 당신이 남기고 떠난 남매에게서 당신의 따뜻한 체취를 느끼면서 50년 세월을 참고 견뎠을 거라고 짐작하는 건 어렵지 않습니다. 각박한 세태에 아무도 흉내 낼 수 없는 기특한 정신영의 아내로 손색이 없다는 걸 오늘 당신 앞에 보고 겸해서 말합니다.

독일 유학 중에도 글쓰기에 집념

당신은 당신 말대로 옆 사람의 딱한 모습을 그냥 지나치지 못했을 뿐 아니라 무엇이든 부탁을 받고는 모른 척하질 못했습니다. 옛스승을 위해서 귀중한 학술자료를 어렵게 구해서 보낸 일은 말할 것도 없습니다. 읽고 난 독일어 신문이라도 좋으니 보내 달라는 서울의 신문사 친구들의 부탁을 받고는 여러 날치 묵은 신문 뭉치를 보내는 호의를 베풀기도 했습니다.

서울에 보내는 편지마다 친구들이 어떻게 지내는가를 알려 달라고 채근하는 것도 잊지 않을 정도로 당신은 잔정이 많았습니다.

57년 10월, 그러니까 동아일보사를 그만두고 독일로 떠나는 마음이 급한 길에 당신은 당신과 함께 국회 출입 기자를 했던 선배기자 김준하의 망원동 집에 들러서 "첫 아이를 낳으면 필요할 거"라면서 누비포대기를 첫 아기 출산 축하선물로 주고 갔습니다. 내 친구이기도 한 김준하는 당신 이야기만 나오면 그 고마운 마음씨를 자랑하는 걸 나는 자주 들었습니다.

우리가 관훈클럽이라는 작은, 그러나 뜻은 큰 모임에서 어울리는 동안 당신은 이미 커다란 꿈을 설계하고 있었습니다. 그러기에 신문사에 얼마 있지 않고 새로이 경제학 공부를 위해 독일 유학의 길을 떠났습니다. 그러면서도 당신은 신문에 대한 애착, 글쓰기에 대한 집념 같은 걸 끝내 버리지 못했다는 것은 당신이 서울을 떠난 뒤에 보낸 수많은 글들이 그것을 잘 보여주고 있습니다.

그 글들은 당신이 얼마나 열정을 쏟아 취재를 했는가, 우리에겐 낯선 격동의 현장을 얼마나 실감 있게 전달하려고 노력했는가를 말해주고 있습니다. 오늘의 후배 후학들이 길이 본받아야 할 본보기라고 자랑하실 만합니다.

정신영, 반백년이란 세월을 보낸 뒤에야 당신 앞에 서니까 지난 일들이 자꾸만 되살아나서 두서없는 말이 길어졌습니다. 용서하십시오. 평안한 당신의 영생을 빕니다.

* 『관훈통신』 140호 (2012. 4)

부록

왕복 서한집

조용중 선생 - 정진석 교수 e-mail 편지

왕복 서한집

조용중 선생 – 정진석 교수
e-mail 편지

조용중 선생이 영국 유학 중인 정진석 교수에게 보낸 편지와 관훈클럽 일본 문화여행 중 구마모토성 앞에서 (2003).

소중했던 인연 담은 20여통… 진한 울림!

나는 일본 텐리대학 조선학과 교환교수로 한국어를 가르치던 때인 2000년부터 조용중 선생과 메일을 교환하기 시작했다. 앞서 1985년 나의 영국 체재 때에는 항공우편으로 소식을 주고받았는데, 일본에 가 있던 시절 이후에는 인터넷 메일로 소통하게 되었다.

2000년 4월 초에 시작되는 신학기 강의를 위해 일본에 갔던 날은 3월 30일이었다. 1년 뒤에 귀국했고 선생을 자주 뵐 기회가 있었지만, 메일을 보내주시는 경우도 많았다. 개인적인 사연도 있지만 언론과 학문에 관해서 논의한 내용도 있다. 주고받은 메일을 모두 보관하지는 못하지만, 2000년부터 2013년까지 사이에 보내온 메일 20여 통이 남아 있다.

지금 정리해 보니 참으로 소중한 기록이라는 사실을 깨닫게 된다. 주관적인 인물론이 아니라, 본인이 직접 쓴 자료이기에 더 진솔하고 생생한 느낌을 준다. 서양에서는 유명인들의 사후 서한집이 많이 출간된다. 일기와 서한은 당사자의 가장 진솔한 모습이 담겨 있기 때문에 인물을 이해하는 데 필수적인 자료가 된다. 우리나라 근대 인물 가운데 서한이 정리된 경우는 매우 드물다. 더구나 언론인의 경우 유례가 전혀 없을 것이다. 그런데 조용중 선생이 보내주신 메일이 20여 통이나 남아 있으니 언론인 추모문집 가운데 이런 자료는 처음일 것이다.

컴퓨터에 저장되어 있던 메일을 열어보니 선생의 언론인으로서의 자세, 후학을 배려하고 격려하시는 따뜻하고 섬세한 마음이 다시 느껴져서 감회가 새롭다. 당시에는 무심코 지나쳤던 일들인데, 시간이 흐른 뒤에 돌이켜보니 가슴 깊은 곳에서 진한 울림이 온다. 선생과의 소중했던 인연, 무언의 가르침을 메일을 통해서 복원해 본다. 메일에 등장하는 경향신문 이광훈 주필은 조용중 선생보다 먼저 2011년에 저세상으로 떠났다.1) 날짜 순으로 메일을 정리하고 설명이 필요한 대목은 각주로 처리하여 필자의 짧은 해설을 덧붙였다.

처음으로 메일을 보내주시던 2000년 당시 선생은 한국ABC협회 회장에 재임 중이었다. 한국ABC협회 회장(choyj@kabc.or.kr)을 거쳐 관훈클럽 고려대학교 석좌교수(chowww@dreamx.net), 그리고 직장 없는 시기(chowww1@gmail.com) 등 신분이 바뀔 때마다 메일 주소도 달라진 사실도 흥미롭다.

후학을 배려하고 격려하시는 진솔한 모습

2000-05-10 choyj@kabc.or.kr

다음 글은 내가 일본 나라현(奈良縣) 텐리대학(天理大學) 교환교수로 재직 중이던 시기에 처음으로 주고받던 메일이다.

---

1) 이광훈과의 인연은 다음 글 참고.「문학평론가, 잡지인, 언론인으로 살다간 이광훈 (추모문)」, 관훈저널(118호), 2011년 봄, pp.136~142. 같은 글이『이광훈문집, 추모글 꺾이지 않는 묵향이여』(민음사)에도 실려 있다.

정진석 교수께

　언젠가, 몇 해 전 정교수가 영국에 계실 때 안부를 전할 때만 해도 워드조차 없었던 것을 기억합니다. 그 뒤 내가 뉴욕에 있을 때의 편지도 물론 갈겨 쓴 편지였죠. 세상이 달라졌는지 우리가 달라졌는지 하여튼 이런 워드를 쓰는 데 그치지 않고 이걸 다시 전송 - 정확하게는 전송도 아닐 테고 무어라고 해야 하는지 모르겠오만 - 을 하게 됐구려.

　그 바쁜 새살림 준비 중에 보낸 편지는 정말 반갑게 받았습니다. 실은 지난 10여일간 시드니엘 다녀오는 바람에 답장이 늦어졌습니다. 아무튼 바로 정착이 되었다는 소식은 반갑네요. 더구나 차를 사서 - 그 차라는 게 오른쪽 운전석, 그걸 익히는 데도 신경이 쓰이는 일인데 - 관광을 했다니 그건 모험이기까지 합니다.

나야 다른 여행객들만도 못한 어정쩡한 여행을 한 것이 여러 해 전이라 지금은 아무런 기억도 없지만 정교수의 학자다운 관찰에 놀랄 뿐입니다. 앞으로 1년이면 또 한 사람의 신진 일본 연구가가 등장할 것을 기대해도 되겠다 싶군요. 정진을 바랍니다.

　나는 이번 국제기구의 회의로 시드니를 다녀왔는데 예나 지금이나 우리가 아옹다옹 싸우는 게 좁은 땅덩어리 때문인지 아니면 전통인지 참으로 딱하다는 생각이 듭니다. 가령 외국인이 서울이나 어느 지방에서 회의를 한다고 가정했을 때 과연 그들이 준비했던 식의 식당하나라도, 하다못해 휴식공간이라도 있겠느냐 하는 통탄 같은 게 가슴을 짓누르는 걸 느꼈습니다. 시드니라는 세계적인 도시와 서울을 단순 비교하는 어리석음을 탓할지 모르지만 그럼 역사라는 건 무엇이냐 싶은 안타까움이 커지는 것을 견딜 수가 없군요. 우리는 세계화, 서양화를 위해서 넋을 잃고 있는데 저들은 세계와, 국제사회와 어떻게 하면 차별화를 할 것인가를 놓고 궁리를 하고 마침내는 오늘의 훌륭한 도시를 이룬 것이 아닌가 하는 생각이 듭니다. 가령 정교수가 그곳에서 발견하는 가장 일본적인 것, 가장 동양적인 것들이 실은 우리가 아주 옛날에 가졌던 것들, 지금은 털어내려고 애쓰고 있는 전통이라는 것과 표리를 이루고 있다는 것을 생각할 때 한국의 그 많은 애국자와 지식인들은 경건한 반성을 해야 할 것 같습니다.

며칠 동안의 여행 끝에 괜한 소리 같지만 이런 실없는 소리라도 해야 직성이 풀릴 것 같아 안타깝습니다.

7월에 잠시 귀국? 그건 너무 싱겁네… 하긴 그땐 방학이니까… 여비는 넉넉할 테니 자주 여행이나 하십시오. 우리가 알고 있는 일본의 다른 면이 틀림없이 많을 거라고 생각합니다. 특히 관서의 몇 곳은 일본의 자존심, 도쿄하고도 또 다른 일본의 다른 면모가 약여

할 겁니다. 그러다간 강의나 연구보다는 일본은 있다거나 없다 식의 베스트셀러가 나올지도 모르지만 그건 또 그것대로의 의미가 있겠지요.

오늘 모처럼 주룩주룩 장마처럼 비가 내립니다. 애타게 기다리던 비가 내려서 갈증이 풀리는 것 같습니다. 잠시 조는 시간에 답장 대신해서 안부를 전합니다.

건투를 빌면서 7월 귀국 때를 기다리겠습니다.

5월 10일 낮 조 용 중

조용중 회장님,

지난번 시드니 다녀오신 후에 보내주신 편지는 감사했습니다. 회장님 말씀대로 제가 런던에 있을 때에는 손으로 쓴 편지나 원고를 급히 우송할 일이 있으면 DHL이라는 걸 이용해야했습니다. 세계 어디나 48시간이면 배달된다고 요란하게 선전을 해놓고는 막상 찾아가면 하는 말이 "2 Working Days"라는 겁니다. 토요일도 쉬는 날이니 만일 금요일에 부치면 토, 일 이틀을 뺀 48시간, 결국 4일이 걸리는 겁니다. 그러고도 요금은 호되게 비쌌습니다.

그 때 회장님과 이종전 이사께서 계신 언론연구원에 원고를 보내기 위해 우체국이나 그 DHL 지사를 찾아 뛰어가곤 했던 일이 생각납니다. 그런데 이제는 이렇게 e-mail이라는 걸 이용해서 손쉽게 우편을 주고받게 되었으니 세상에 얼마나 달라졌는지 정말 놀라울 지경입니다. 거기다가 조 회장님의 연세에 이런 문명의 이기를 활용하시면서 많은 책을 읽고 계시니 조 회장님은 인생을 값지고 보람 있게 사시는 분이라는 생각이 듭니다. 벌써 저의 나이만 되어도 인터넷을 못하는 교수가 적지 않은 현실이니까요.

고인이 되신 공병우 박사의 자서전에는 자신이 개발한 타자기는 자전거, 컴퓨터는 비행기로 비유하면서 컴퓨터로 글 쓰는 일이 너무도 신기해서 노래가 절로 나온다면서 지은 시를 보았던 기억이 납니다. 한국의 어떤 언론인은 이렇게 편리한 e-mail 쓰는 법을 배운 다음에는 너무도 신기하고 재미가 있어서인지 매일 제게 스트레스를 안겨주는 편지를 보내는 바람에 답장 쓰느라고 곤욕을 치르기도 했습니다. 그래도 요즘은 별로 소식이 없으니까 그나마 궁금하고 기다려지기까지 합니다!2) 편지란 참으로 묘한 것인가 봅니다. 그런데 저는 좀 더 차원 높은 편지, 역사적 사료가 되는 편지에 관한 이야기를 하고자 합니다.

저는 일본인들의 그 기록문화에 놀라곤 합니다. TV 프로그램을 보아도 유려하면서 힘이 넘치는 멋진 붓글씨로 쓴 일기 또는 오랜 옛날에 건축된 사찰 같은 데서 발견된 역사적인 기록들이 흔히 화

---

2) '한국의 어떤 언론인'은 경향신문 논설주간 이광훈을 지칭한다는 사실을 조용중 선생은 알고 있었다.

면에 비칩니다. 개인의 일기도 남겨두었다가 역사의 사료로 활용되는 것을 봅니다. 편지도 마찬가지입니다. 영국인들은 편지를 하나의 문학 장르로 승화시켜 Letter Writer라는 문인의 칭호를 붙여 주고 있습니다. 그래서 영국에 있는 동안 『샘이 깊은 물』에 영국의 편지 문화에 관한 글을 기고했던 적이 있었습니다. (*필자 주, 「한국과 영국의 편지문화」, 『샘이깊은 물』, 1986. 3) 그런데 일본사람들도 편지와 일기를 많이 쓰고, 소중히 보관해서 후세에 역사의 자료로 삼는다는 점에서 영국인들과 닮은 점이 많은 것 같습니다.

저는 요즘 한국의 언론과 관련 있는 사람들의 자료를 틈틈이 찾아보고 있습니다. 그 가운데는 일본의 유명한 언론인 겸 정치인이면서 방대한 『근세 일본국민사』를 쓴 논객 도쿠도미(德富蘇峰)를 만납니다. 잘 아시다시피 도쿠도미는 초대 총독 데라우치(寺內正毅)의 요청으로 경성일보와 매일신보의 '감독'으로 초빙되어 무단정치 기간에 일본에서 한국의 언론계를 원격조종했던 적이 있었습니다. 그는 1900년대의 무단정치 기간에 해마다 한국에 몇 차례씩 내왕한 적도 있었습니다. 그런 그가 당대의 유명한 인물들로부터 받은 편지가 책으로 출간되어 있습니다. 책을 편찬한 사람들은 편지의 말미에 어떤 봉투에 어디의 소인이 찍혀 있다는 사항 같은 걸 적어서 역사 연구에 도움을 주고 있습니다.

편지 가운데는 우리와 관계있는 인물들이 보낸 편지가 꽤 많이 보입니다. 초대 총독 寺內正毅, 주한 일본 헌병사령관이었던 육군 소장 明石元二郎, 그리고 경일과 매신의 사장을 지내는 阿部充家 같은 인물들이 보낸 수많은 편지를 두쿠도미는 고스란히 보관하고 있었고, 그것이 역사의 자료로 출간된 것입니다. 1895년 민비시해 사건에 관련되어 추방되기도 했던 菊池謙讓 (사건 당시 시사신보 기자: 후에 서울에서 大東新報 발행)이 시해사건 직후부터 보낸 편지도 있습니다.

두쿠도미의 서한집은 1982년에 제1권이 나온 후 연차적으로 출간되어 3집까지 완간되었으니 이곳의 학자들에게는 하등 새로울 것이 없는 자료입니다. 그러나 저는 이곳에 오지 않았으면 그런 자료가 출간된 줄도 모르고 한국 언론사를 연구했노라고 으스댔을 테니 창피한 일이 아닐 수 없습니다.

총독 데라우치의 일기 (『寺內正毅 日記:1900~1918』)도 출간이 되어 있습니다. 민비시해 사건 때에 시해음모의 비밀 본거지였던 한성신보의 당시 사장 아다치(安達謙藏)의 자서전도 소화 35 (1960)년에 벌써 출간되었다는 사실을 「熊本國權党と朝鮮における新聞事業」(佐佐博雄, 1977)이라는 논문의 註에서 발견했는데 천리대 도서관에는 그 책이 없는 것 같아서 아직 찾지는 못했습니다.

경성일보-매일신보의 사장을 지내는 사람들의 기록으로는 黑木勇吉의 『秋月左道夫, その生涯と文藻』(講談社, 1972.), 御手洗辰雄, 『新聞太平記』(1952) 같은 책도 있습니다. 무슨 대단한 발견도 아니고, 책의 내용에도 참고할 가치가 별로 없다 하더라도 그런 책이 나와 있었다는 사실을 몰랐던 것이 저로서는 부끄러운 일입니다. 전직 대통령에 관한 기록도 公刊되지 않고 있는 우리의 실정과 비교할 때에 일본과의 문화적 격차를 실감하지 않을 수 없습니다. 그런 자료들을 책으로 출간할 수 있는 학문적, 知的 풍토도 새삼 부럽습니다.

밖에는 비가 내리고 있습니다. 장마가 시작되는 모양입니다.

서울도 더워졌을 줄 압니다.

奈良縣은 일본에서 바다와 접하지 않은 아주 희귀한 縣이랍니다. 넓은 분지에 자리 잡고 있기 때문에 고대 일본의 정치와 문화의 중심지였는지도 모르겠습니다. 그러나 여름은 무덥고, 겨울은 덥다는데 아직은 그런대로 견딜 만합니다. 장마가 시작되면 무덥다니 그 호된 무더위가 어떤지 기다려봅니다.

이곳은 萬葉集의 고장입니다. 서울에서 이영희씨가 쓴 『노래하는 역사』(조선일보 출판국, 1994)라는 책을 사 가지고 왔는데, 그 글이 조선일보에 연재되던 당시에는 황당한 엉터리 이론에 냉소하면서 신문을 팽개친(?) 일도 있었습니다. (한국의 어떤 언론인이 제가 쓴 글이 실린 신문을 보면 팽개친다고 말했는데도 글의 내용은 다 알고 있어서 不可思議입니다)3) 그런데 심심풀이로 이곳에서 그 책을 읽어보니까 그럴싸하다는 생각이 드는 부분이 더러 있는 것 같습니다. 적어도 우리의 문화가 이곳에 전파된 사실은 지울 수 없는 역사적 진실이며, 일본인들은 굳이 그것을 숨기려 하지도 않는 것 같습니다.

지난주에는 고베에 갔더니 (왕복 기차비만도 3만 원 가량입니다!) 관광버스에서 전통적인 일본 술과 일본식 짠지를 만드는 회사로 안내했습니다. 우연히 그 회사의 자료관에 걸려 있는 설명서를 보니 일본에서 술 만드는 기술을 가르쳐 준 사람도 백제인 이랍니다. 백제인 아무개가 (이름은 기억하지 못했습니다) 누룩을 가져다가 술 만드는 법을 가르쳐주었다는 옛 문헌이 있다고 밝혀두었더군요. 그러니 萬葉集에는 우리의 옛 언어가 숨어있을 것이고, 그들의 문화와 풍습에는 우리가 잃어버린 것들이 원형대로 보존되어 있다는 주장도 나올 법 한 일 아니겠습니까.

쓰다가 보니 두서없이 길어졌습니다. 다 아는 이야기에 열을 올린다고 웃으실지도 모르겠습니다. 그래도 저는 몰랐던 사실, 알았더라도 엉터리였던 걸 바로잡는 계기로 삼고 싶습니다. 다만 아쉬운

---

3) "한국의 어떤 언론인"은 역시 이광훈을 지칭.

점은 이곳에도 가르치는 일 때문에 바빠서 책을 읽고 도서관에 자주 드나들 시간이 없다는 점입니다. 그리고 이곳은 시골의 작은 대학이니 도서관에 없는 책이 많아서 고민입니다. 엉터리 일본어 실력으로 도서관에서 책을 찾는 일도 그리 용이한 작업은 아닙니다. 자료가 부족하다는 점에 있어서는 도쿄나 교토였으면 훨씬 좋았을 텐데, 하는 생각이 듭니다. 그러나 저는 달리 위안을 삼습니다. 백제와 고구려의 학자, 예술가들이 이곳에 문화를 전수했던 그 역할을 천년이 지난 지금 제가 담당하고 있는데 가르치는 일에 소홀할 수 없다는 생각입니다. 그래서 개인적인 희생을 기꺼이 감수하고 있습니다. 특히 이 마지막 부분은 이광훈 고문께 전하는 말입니다. 이 편지를 이 고문 (주: 이광훈 경향신문 논설고문)께도 보내겠습니다.

7월에 가서 뵙겠습니다. 건강하시기 빕니다.

2000년 6월 9일 정 진 석 드림

2000-06-11 choyj@kabc.or.kr

정진석 교수에게

일본의 여름, 그 장마를 기억합니다. 그런 비 가운데 보내신 e-mail을 보니 그 심경을 알만합니다.

정교수의 안부를 보고 문득 혼자서 객지 살림을 할 때를 회상합니다. 외출에서 돌아와서 우편함을 뒤지던 때의 기억을 지금도 생생하게 간직하고 있습니다. 편지가 있었을 때의 반가움과 고마움, 그리고 없었을 때의 허전함과 배신감이라니! 겪어보지 않고서는 모를 안타까움을 새삼 되살려 봅니다. 언젠가는 누군가가 답장을 보낼 것을 기대하면서 실로 많은 이들에게 편지를 갈겨썼던 것도 아울러 기억합니다.

이런 소릴 하고 나서야 연구와 교수에 바쁜 정교수에게는 해당이 안 되는 말이라는 걸 깨달았지만 그냥 보냅니다. 이광훈 씨의 말로는 정교수가 만각을 했는지 이제 서야 이영희 여사의 학문을 부러워했다니 참으로 가상할 뿐이네요. 일본 현지에서 한국을 바라볼 때의 그런 심경을 이해한다면 주제넘은 말로 들리겠지만 분명히 일본과 한국의 그런 공통점이랄까 역사의 상통점을 누구나 알게 되기 때문이죠. 내가 해놓고도 이게 무슨 말인지 잘 모르기는 하오만 그것도 그대로 넘어가야겠구려.

금년은 여름이 좀 이른가 보오. 벌써부터 한여름 정도로 더워지니까 아마 정교수가 귀국하는 7월 말쯤에는 대단할 겁니다.

클럽의 저널 여름호에 50장짜리 잡문을 쓰는 데 애를 먹었습니다. 글 같지도 않은 걸 쓰느라고 시간도 많이 걸렸지만 내용이 도무지 성에 차질 않아서 영 께림직 합니다. 아마 책이 나올 때는 서울에서 만나게 될 것 같군요. 이렇게 힘이 드는 것을 나이 탓이라고 돌리다면 좀 서글픈 일이기는 한데 어쩔 수 없겠다고 체념하고 싶습니다.4)

나는 말복 무렵에 북해도에 가자는 유혹을 받고 있는 중입니다. 그 뒤 8월 말에는 클럽의 백두산 관광이 예정돼 있고… 이래저래 돈 쓸 일만 생기는데 빠질 수도 없군요.

며칠 전 진철수 씨가 왔다 갔습니다. 인터넷 관계로 새 사업을 시작한다는 말을 듣고 부럽기도, 기가 막히기도 했습니다. 그 나이에 정력적으로 돌아다니는 것을 보고 부러웠고 미국시민이 왜 자꾸 고국을 드나드는가 싶어 기가 막혔습니다. (off the record!)

결국 우리는, 아니 나는 누군가를 이런 식으로 씹어야만 직성이 풀리는 체질인가 봅니다. 呵呵!

편지 고마웠습니다. 찌는 더위가 곧 엄습할 테니 몸조심하시고 다시 연락하십시다.

2000-10-16 choyj@kabc.or.kr

오랜만에 반갑게 받았습니다. 여전하시다니 다행입니다.

실은 소식이 없기에 연구에 정진하느라 시간 할애가 어려운 줄 알았더니 또 그런 구설수에 오르셨군요. 아무튼 논객으로 활약하시

---

4) 저널 여름호에 50장짜리 잡문을 썼다는 부분은 『관훈저널』 2000년 여름호에 실린 조용중 선생의 「민주화 운동 그리고 언론」이라는 글이었다.

면서 그런 정도의 구설수는 오히려 인기?를 위해 사서라도 해야 될 값어치 있는 일로 치부해야 마음이 편하리라 생각합니다. 『교수와 광인』은 사서 읽어야겠다고 생각합니다.

저는 요즘 일본서 나온 유미리의 『가면의 나라』(신조사 문고)를 권하고 싶습니다. 정규교육도 안 받은 젊은 작가가 그런 정도의 시사적인 감각, 정교한 문장을 구사할 수 있다는 건 제겐 놀라움이었죠. 결국 글이란 천부적인 소양과 직결되는구나 하는 실없는 생각을 했습니다.

해방 후를 되돌아보는 것은 참으로 잘하신 것 같네요. 역작을 기대하겠습니다. 사실 오늘의 사정이 똑 같은 것은 비단 해방 후와 오늘만의 문제는 아니지 않습니까? 그러기에 역사에서 배우지 못하는 자는 오욕의 역사를 되풀이할 수밖에 없다는 진리가 나오는 거 아닐까 합니다만…

가령 중국의 역사를 다룬 잡서를 읽으면서 늘 감동을 받는 것도 그런 까닭이겠죠. 일본사람들이 그런 역사서를 꾸준히 내고 널리 읽히고 있는데도 한계가 있는 것은 역사가 가르치는 바를 제대로 소화하지 못하는 인간의 약점 때문이라고 생각합니다. 그런 점에서 정교수의 해방 후 역사 바로 보기는 훌륭한 노작이 될 것으로 기대해 마지않습니다.

얼마 전에는 관훈에서 백두산을 다녀왔고 북을 통해서 백두산을 보고 온 사장 두 사람을 불러서 귀환보고도 들었는데 두 자리에서 저는 현재의 이른바 보도행태에 대해 나름대로의 의견을 말한 바 있습니다. 그러는 가운데 나 속마음으로는 이러다간 날 보고 홍종인이라고 비웃겠구나 하는 착각을 하기도 했습니다. 좀 과장된 착각이긴 하지만 요즘 같은 세태에서 새로운 형태의 홍박이 나와야 하겠다는 생각을 자주 하게 됩니다. 언론이란 결국은 권력의 다른 형태라는 엄연한 한국적 현실을 좀 더 진지하게 반성하는 출발점을 확인해야 할 때인 것 같습니다.

왜 이런 쓸데없는 소리를 지껄이는지 아마 불만이 많은 탓이리라 양해하십시요. 반가운 나머지 말이 길어졌네요. 건투하시고 또 소식 주십시오.

10. 16. 아침 조 용 중

2000-11-01 choyj@kabc.or.kr

정진석 교수께

강산이 온통 단풍 물결로 가을을 노래하고 있다는데 아직은 그 구경도 못한 채로 어둑한 방에 처박혀서 이 짓을 하고 있습니다. 일본에서 북해도와 四國을 주유천하 하셨다는 지난번의 편지를 읽고 괜히 심통이 난 것을 고백해야겠습니다. 아무튼 그곳에서 느끼는 것들이 애국심이 아닌 것이 없으니 돌아오셔서는 그런 온축(蘊蓄)을 살리는 방향으로 노력하시길 바랍니다.

그 편지에서 말한 기사가 관심이 있어서 훔쳐 읽었습니다. 아주 훌륭하고 유익하고 여러 가지를 생각게 하는 노작이었습니다. 실은 우리 같은 사람?이 했어야 할 작업이었는데… 하는 후회스러움을 감출 수 없었습니다. 아마 오래전부터 준비를 해두셨던 모양인데 기왕 일본에 가신 김에 국회도서관 같은 것을 이용했으면 훨씬 자료보완이 되지 않았을까 하는 아쉬움도 있습니다만 어떤지요?

예컨대 미군정과 좌익 언론과의 대결상황 같은 것은 흥미꺼리 이상의 가치가 있는 부분이라고 생각해서 하는 말입니다. 거기에 비하면 전후 일본의 언론을 다룬 연구는 수도 없이 많다는 것을 절실하게 반성하게 됩니다. 아무러나 『관훈저널』이 오랜만에 유용한 자료적 기사를 싣게 돼서 반갑습니다.5)

클럽은 3일부터 제주까지 날아가서 세미나를 한다기에 구경삼아 갑니다. 돈은 많아서 많은 사람을 모아서 밥 술 사고 재워주면서 이야기판을 벌인다는데 과연 그 값이 있을는지 언제나 마찬가지로 뒷전에 앉아서 불평이나 하는 내 처지가 딱하기만 합니다.

또 씰데 없는 소리로 비약해버렸습니다. 하긴 불치의 병이니까

---

5) 필자가 관훈저널 2000 겨울호에 기고한 「해방공간의 좌익 언론과 언론인들—조선인민보, 해방일보, 건국, 노력인민의 출현과 쇠퇴」라는 논문을 격려한 논평이었다.

하고 헤아려 주십시오. 오늘 낮에는 서정우 유경환 씨 등이 참여하는 잡지협회 행사에 다녀왔습니다. 모두들 남의 돈 쓰면서 화려하게 생색내는 기술이 부러울 뿐이었습니다.

어려운 작업의 성과물을 읽고 모른 체 할 수 없어서 이렇게 아른 체를 하는 것으로 대신하겠습니다. 더욱 건투하시고 좋은 글 많이 쓰시기 바랍니다.

2000. 11. 1. 오후 서울에서 조 용 중

조용중 회장님,

보내주신 메일 감사히 읽었습니다.

내일부터 제주도에서 관훈클럽의 세미나가 열리겠군요.

서울에 있었으면 저도 한번 따라가서 맑은 제주도 바람이나 쏘이고 저녁에 소주 한잔 마시는 재미를 맛보았을 텐데, 아쉬움이 많습니다. 이광훈 고문과 노래방에 가면 별로 미성은 아니지만 그래도 시골티가 물씬 풍기는 가락을 참고 들어 줄 텐데 그런 생각이 듭니다.

광복 후 좌익 언론 제 논문에 대한 격려의 말씀 감사합니다. 그러나 말씀하신 대로 더 많은 자료를 찾아보아야 하는 데 이곳에서 논문 쓰는 좋은 점도 있지만 한계도 있습니다. 그저께 31일에는 관훈으로 보냈던 논문을 약간 수정-보완해서 다시 메일로 보냈습니다. 그래도 완벽을 기하려면 한이 없기 때문에 그 정도로 일단 발표를 할 예정입니다. 조 회장님께서는 광복 후의 정치상황에 관한 책도 쓰셨고 그 분야를 많이 아시니 앞으로 더 많은 지도 해주시기 바랍니다.

우리는 일본에 비해서 기본적인 자료를 정리하는 작업에 너무나 소홀함을 다시 한 번 통감합니다. 우리 언론사 분야만 하더라도 아직 정리할 자료가 많은 데 흔히 세미나다, 토론이다 해서 공허한 일에만 돈을 쓰는 것 같아서 안타깝습니다.

늘 하는 이야기였지만 신영기금이 만든 언론연표와 한성순보-주보, 그리고 대한매일신보의 CD롬 제작은 꼭 한번 하고 싶습니다.6) 사상계도 CD롬으로 나왔는데 지난 10월 7일 이곳에서 열린 조선학회에 그걸 어느 서적 판매업자가 가지고 왔기에 값을 물었더니 처음에는 일본 돈 10엔, 우리 돈 100만원을 부르기에 정가가 60만원인지 70만원일 텐데, 했더니 나중에 저보고 정가대로 살 테냐고 하기에 생각이 없다고 말했습니다. 사실 저도 사상계에 관한 긴 논문을 썼지만 사상계는 너무 과대평가 되는 측면도 없지 않아서 기분이 별로 내키지 않았습니다. 더구나 잡지협회 모임에서 만났다는 유 모 씨라는 사람은 사상계 이야기만 나오면 광신도가 무슨 신성

---

6) 계훈모 편 '언론연표' Ⅰ Ⅱ Ⅲ (1881~1955), '한성순보-한성주보'(1883~188), '대한매일신보 한글판'(1907~1910)은 모두 내가 편찬하여 정신영기금이 출간했는데, 내가 일본에서 돌아온 후에 CD롬 제작을 마쳤다.

불가침의 성경 이야기하듯이 열을 올리는 모습이 솔직히 보기에 역겨웠습니다.

이야기가 다른 데로 흘렀습니다.

제주도에 편안히 다녀오시기 바랍니다. 이 편지는 이광훈 고문께도 보내겠습니다.

2000년 11월 2일 정 진 석 올림

다음 메일은 내가 일본 텐리대학(天理大學) 교환교수를 마치고 귀국한 후 서울에서 주고받은 메일이다. 조용중 선생은 2001년부터 고려대 석좌교수(관훈클럽 지원)로 1년간 강의를 맡았다. 이 시기에 주고받은 메일은 chowww@dreamx.net로 바뀌었다.

2001-10-03 chowww@dreamx.net

정진석 교수께

오랜만입니다. 추석은 어떠셨는지 궁금합니다. 요즘은 통 만날 기회도 없었고 해서 문안 겸해서 한 가지 뚱딴지같은 부탁을 드립니다.

따로 붙이는 편지를 정독?하신 다음 고견을 말씀해 주시기를 바랍니다. 별 것은 아니지만 금년을 마무리하는 작업으로 하나 궁리를 했는데 도무지 마음에 차질 않아서 도움을 청하는 겁니다. 대충 뜻은 아실 테니까 가까운 시일 안에 만나서 좋은 수정의견을 내주십시오. 답장을 기다리면서 우선 급한 데로 용건만으로 그칩니다.

10월 3일 밤 조용중

조용중 선생이 이때 부탁했던 내용은 '신문 신뢰도 향상을 위한 노력에 관한 설문'이었다. 설문은 다음과 같은 말로 취지를 설명했다.

언론, 특히 신문 방송에 대한 독자 시청자의 신뢰도를 높이기 위해서 여러 나라의 언론사가 여러 형태의 장단기 사업을 마련하고 있는 것은 잘 아시는 바와 같습니다. 미국신문편집인협회(ASNE)의 Credibility Project, AP통신 회원사 편집국장회의(APME)의 Credibility Roundtables 또는 일본의 제3자 기구 설립 등은 그 대표적인 예일 것입니다. 한국언론도 신뢰도 향상을 위해서 각별한 노력을 기울이고 있습니다만 다음 사항에 대해서 간단하게 적어 보내주시면 감사하겠습니다.

조용중 선생이 내게 자문한 설문에 대해 나름대로 답변을 보냈는데 결국 설문은 보내지 않기로 결정했기 때문에 여기서는 생략한다.

2005-05-24 chowww@hanafos.com

정진석 교수께

며칠 전, 아니 오래전부터 듣고 있던 역작을 막상 받아보면서 뭐라 말하기 어려운 감상에 젖었습니다. 쓸데없는 사설 늘어놓을 것 없이 무조건 고생하신 보람이 열매를 맺은 것을 축하합니다.

이럴 때 전화를 할 거냐, 편지를 쓸 거냐 로 잠시 - 지하철을 타고 오면서 - 고민을 한 끝에 오랜만에 손가락 운동을 하기로 했습니다. 책을 받자마자 점심 자리에서 권오기 사장을 만났습니다. 그 자리에서도 정교수의 역작이 화제에 올라 "아니 벌써 명예교수가 됐나? 참 세월 빠르구나" 하고 실없는 소리들을 했습니다. 그러면서도 속으로는 모두가 정교수의 역작에 찬사를 보냈습니다.[7]

이런 창피를 봤나! 12포인트로 치기 시작했는데 갑자기 제멋대로 이런 잔글씨로 바뀌고는 도무지 커지지가 않네!!

독학, 검정합격자의 서러움이올시다. 너무 오랜만에 쓰는 벌인가 봅니다. 이광훈이랑 연락해서 가까운 시간에 만나도록 합시다.

5월 24일 저녁 조 용 중

---

7) 당시 출간된 나의 저서, 『언론조선총독부/ 일제 치하 경성일보(일어), 매일신보(한국어), 서울프레스(영어) 3개 총독부 기관지 연구』(커뮤니케이션 북스)에 관한 격려였다.

조용중 회장님

감사합니다.

책을 내고 보면 미진한 부분이 발견되는 것은 어쩔 수 없는 일인 것 같습니다.

이전에는 한 번도 이런 책이 없었기에 꽤나 많은 시행착오를 거치면서 보완과 수정을 거듭했지만 책이 나오고 보니 더 넣었으면 좋았을 것이라는 부분과 미세한 오자와 탈자가 나오는 것 같습니다. 그래도 단점보다는 장점을 칭찬해주시니 감사합니다.

2000년도에 일본에서 메일로 소식 전해 드렸던 때가 떠오릅니다. 그때도 이 책 자료 모으는 일에 열중했던 생각이 납니다.

책 출간으로 홀가분한 시간은 잠깐이고, 이를 토대로 더 깊이 있는 연구를 진행해야 한다는 책임감을 느낍니다. 격려의 말씀에 용기가 납니다.

다시 한 번 감사의 말씀 드립니다.

2005. 5. 24. 정 진 석 올림

2008-09-10 chowww@hanafos.com

정진석 교수께

이 편지가 외대에는 가지 않길 바랍니다.

사실 이럴 때는 전화보다는 이런 메일이 훨씬 편리하다는 걸 새삼 느끼면서 '보람'이라는 게 무엇인가를 되짚어 보았습니다. 그건 평생 외길에 대한 보람일 수도 있고 그 끈질긴 탐구와 그 성과에 대한 보람일 수도 있지만 요컨대 한국말이 가지는 흔치 않은 멋진 말이라는 걸 느꼈습니다.

우선 진심으로부터의 축하를 해야 되는 걸 괜한 객소리를 했습니다. 아침 마당을 걸으면서 내내 그 생각을 골똘히 한 탓입니다. 내일이면 만나는 데도 우선 이런 객소릴 해둬야 할 것 같아서 세수하러 가기 전에 인사부터 해둡니다.[8]

부인께서 더 기뻐하시겠네요. 훌륭한 내조가 이런 거라는 걸 몸으로 보여주신 부인께도 축하를 드립니다.

이걸 치는 동안 다섯 번을 다시 쳤다는 것은 혼자만 아시도록…

조용중

`2011-02-10` chowww@hanafos.com

정진석 교수께

아까는 점심 잘 먹고 할 이야기는 못하고 헤어졌군요.

무슨 비밀 문건이라도 감추어놓은 것처럼 한 게 미안했습니다.

실은 너무 엉뚱한 것이라 그랬지만… 그 길로 건대를 갔죠. 병

---

[8] 나의 제22회 인촌상 (2008.10.8.) 수상 기사를 보고 보내준 축하 메일이었다.

원 건물만 요란한 줄 알았는데 상허도서관이란 게 장난이 아닙니다. 접수에서 등록을 하려고 하니까 점잖은 직원이 응대를 하더니 그 책은 법대도서관에 있는데 라며 그곳으로 데리고 가서 책을 들고 복사를 하겠느냐고 하기에 그렇다고 했더니 다시 복사실에 와서 도와주고…

그리하여 한 시간이 걸려서 4백 장 한 권을 모두 복사했습니다. 무슨 책이냐 하면

Strangers on a Bridge: the Case of Colonel Abell

짐작하시겠지만 62년에 있었던 스파이 교환의 주인공이었던 루돌프 아벨의 미국 변호인이 쓴 회고록입니다. 한 두 줄을 인용하기 위해서 하다 보니 극성스럽게 됐는데… 정교수는 늘 경험하시는 일일 테니까 그렇지만 나도 뿌듯한 기분으로 집에 들어와서 몇 장 뒤적이다가 이걸 치고 있습니다.

왜 그곳에만 그게 있느냐? 그 직원이 자료를 뒤져보니까 70년대에 미 8군에서 각 학교에 공짜로 제공하는 일이 있어서 받았다는 겁니다. 전에 언론연구원에서도 그런 책을 몇 권 받은 일이 있었는데…

그래서 우리는 아직도 미국의, 미 제국주의의 시달림과 은혜를 동시에 입고 살고 있다는 걸 실감하고 있습니다.

괜한 걸로 시간을 까먹게 해서 미안했습니다.

조 용 중

* 조용중 선생은 1930년생이니 81세였던 때에도 자료를 찾아 건국대학교 도서관을 직접 방문했고, 원하는 책을 발견한 과정과 그 기쁨을 내게 보내주신 것이다. 여기서 그치지 않고 다음 해 10월 2일에는 다음과 같은 메일을 보내왔다. 1년 넘는 동안 자료를 찾고 미국의 신문을 검색하는 노력을 끈질기게 계속하고 있었음을 알 수 있다. 진실을 추구하는 집념은 언론인이면서 동시에 연구하는 학자의 면모를 느끼게 한다.

2012-10-02 chowww1@gmail.com

정진석 교수께

추석은 잘 보내셨죠? 저도 얼렁뚱땅 보냈습니다.

오늘은 제게는 좀 까다로운 부탁이 있어서 망설인 끝에 정교수를 꼽았습니다!!

제가 하는 일은 아무런 진전이 없는데 더구나 별것도 아닌 장애물이 버티고 있어서 정교수의 도움이 필요하다고 판단한 겁니다.

1. 1962년 2월 10일, 동서독을 잇는 다리에서 미국의 Powers라

는 비행기 조종사와 소련의 Abel이라는 스파이가 맞교환으로 풀려난 사건을 기억하실 겁니다.
2. 냉전이 한창이던 때 역사적인 사건인 건 틀림없는데 그렇게 미국과 소련이 스파이를 맞교환하라는 주장을 맨 먼저 제기한 용감한? 신문이 있었습니다.
3. 그 신문이 New York Daily News입니다. 문제는 문제의 사설 텍스트를 구할 수 없다는 데 있는 겁니다. 물론 정확한 날짜도 알 수가 없고…
4. 겨우 알 수 있는 건 다음과 같은 Abel 변호사의 저서 기록뿐입니다. 그걸 근거로 그 신문의 홈페이지에도 들어가 나름대로 검색도 해보고 홈페이지에 편지도 써보았으나 묵묵부답이라 괜히 혼자서만 낑낑거리고 있다가 에이 하고 구세주를 찾은 겁니다.
5. Abel을 변호하던 미국인 변호사 James Donovan이 쓴 회고록 Stranger on a Bridge의 기록은 이렇습니다. (이 책이야말로 언젠가 건대 도서관에서 복사했다고 정교수한테 자랑했던 겁니다)

…"And the New York Daily News editolially proposed an Abel-Powers

swap… such a trade looks like a natural".
6. 왜 내가 굳이 문제의 사설에 집착하는지 나도 모르겠지만 하여튼 그 핑계로 - 아무 것도 않고 있습니다. 이 장벽을 넘는 데 정교수의 도움이 필요합니다.
7. 요 며칠 사이 이 문제를 다룬 미 국무성 기록을 PDF로 받아서 뒤지느라 녹초가 돼 있습니다. 괜히 장광설을 늘어놨더니 스트레스가 좀 풀리네요.
8. 밤이 늦었습니다.

조 용 중

정교수께

장광설을 늘어놓느라 핵심을 하나 빠뜨렸군요. Donovan의 회고록은 일기체로 쓴 건데 문제의 사설이 나온 것은 Wednesday, May 11, 1960이었습니다.

괜한 수선을 피운 걸 후회하고 있습니다.

조 용 중

조용중 회장님

추석 연휴에도 불철주야 연구에 몰두하시는 모습에 놀라서 잠이

번쩍 깨었습니다.

말씀하신 New York Daily News를 검색해 보았지만 저의 실력으로는 당장 해답을 찾을 수 없는 것 같습니다.

우선 Google Chrome에서 New York Daily News까지는 어렵지 않게 찾아들어갔는데 그 다음이 문제였습니다. 이용하려면 회원으로 가입해서 로그인을 해야 하는 모양입니다. 그러니 시간을 두고 무슨 방법이 없는지 연구해 보기로 하겠습니다. 그냥 검색으로는 Abel을 찾기가 어렵군요. 당장 시원한 해결책을 찾아드리지 못해서 죄송합니다.

저의 아둔함을 절감하면서 앞으로 계속 연구하도록 하겠습니다.

또 하루의 휴일입니다. 좀 쉬시면서 연구와 집필을 계속하시기 바랍니다.

정 진 석 드림

2013-04-22 chowww1@gmail.com

정진석 교수께

감히 무슨 축하를 한단 말이냐고 자책을 하면서 "감히 역작의 출간을 축하" 합니다.9)

그동안 별로 새 소식을 못 듣고 있었던 걸 후회합니다. 엊저녁에

---

9) 나의 저서 『나는 죽을지라도 신보는 영생케 하여 한국동포를 구하라, 대한매일신보 사장 배설의 열정적 생애』(기파랑)을 받고 보내주신 글이다. 책을 받고 고맙다는 인사조차 하지 않는 사람이 많은데 조용중 선생은 언제나 진심어린 격려의 말을 전해주셨다.

우편함을 열어보고 우선 당황했고 그런 역작을 보내주신 걸 감사했습니다. 책을 읽기도 전에 싱거운 말 같지만 이렇게라도 책 받은 데 대한 인사부터 차려야 한다는 강박관념으로 메일을 칩니다. 그 끈기와 노력이 존경스럽고 그 일에 매달린 시간과 정력이 얼말까 혼자서 가늠해볼 뿐입니다.

그만 훨씬 못한 것들을 하면서도 엄살을 부리고 있는 제 자신이 부끄러울 뿐입니다.

뭐 시답잖은 잔 일이 하나 밀려있어서 아직 책의 표지만 보고 성급하게 이 짓을 하고 있다는 걸 용서하시고 다음 만날 기회를 기대하겠습니다. 대단한 성취를 마음껏 축하해드리고 싶어서 급하게 몇 자 적습니다.

조 용 중

조용중 회장님께,
과찬의 말씀에 부끄러울 따름입니다.
시간에 쫓기면서 급히 만들고 나니 책이 나온 후에도 아쉬움이 많이 남습니다.
책이나 신문은 한번 출간된 후에는 영원히 고칠 수 없는 상태로 남게 된다는 사실을 잘 알면서도 하는 수 없이 - 불가항력으로 책은 나오고 말았습니다. 더 충실하게 더 많은 자료를 넣을 수도 있었는데 말입니다.

축하 말씀 너무도 고맙습니다. 깊이 가슴에 새기고 앞으로 책을 낼 기회가 있을 경우에 교훈으로 삼겠습니다.

강승훈 회장께서 내일(23일) 원로 언론인들의 사적 모임이 롯데백화점에서 있다면서 나오라기에 참석할 예정입니다. 거기서 뵙겠습니다.

건강하시기 빕니다.

2013년 4월 22일 정 진 석 올림

2013-07-02 chowww1@gmail.com

정진석 교수께

아직 초복도 안 지냈는데 벌써 이렇게 더우니 올 여름은 단단히 각오해야겠군요.

아무 일 없으실 것으로 혼자 생각하고 있습니다. 저도 잘 지냅니다.

지난번 정교수께 부탁했던 미국 신문의 사설 텍스트를 발견하는데 성공했다는 것을 알리지 않고는 배길 수가 없어서 메일을 칩니다. 아무 것도 아닌, 그러나 내게는 썩 중요한 걸림돌이었는데 그걸 넘어섰다는 게 반갑고 기뻐서 이런 자랑을 합니다.

어떻게 했느냐고? 메일 두 번 친 거밖에 없습니다. 한참 전인데 진철수 씨 한 테 어려운 부탁이라면서 메일을 보냈죠. 한 사흘 뒤에 진 선생한테서 일이 잘 돼서 반갑습니다 라고 회신이 왔더군요! 깜짝 놀라서 첨부를 열어보니까 pdf 파일이 열리는 거야!

내용은 다 아는 겁니다. 문제는 그 사설의 날짜와 끝 부분의 한 대목이었는데 full text라 그게 모두 카버된 거죠. 기뻤지만 그 기쁨 때문에 온몸에서 힘이 빠지는 바람에 아무 것도 못하고 있습니다. 거기다 날씨는 더웁고…

원 세상에 이런 사소한 데 집착해 가지고 뭘 하겠다는 건지, 내가 쓸 글의 한 줄에도 낄까 말까한 부분에 이렇게 넋을 팔아서 뭘 하겠다는 건지, 참으로 한심합니다.

아마 정교수는 이런 일을 수도 없이 겪었을 것으로 짐작하면서 알려드리는 내 심정을 알아주십시오. 북해도는 가실 거죠?

조 용 중

축하드립니다.

원본 기사를 찾을 때까지 끈질기게 추적하시는 집념과 탐구정신에 경의를 표하지 않을 수 없습니다. 마침내 진철수 선생이 해결해

주셨다니 처음부터 그쪽에 부탁하셨어야 할 일을 저처럼 아둔한 사람에게 下問을 하셨으니 시간만 허비하시고 궁금증만 더하신 것이었습니다. 거듭 죄송한 마음이 듭니다.

　날씨가 무덥습니다. 우연한 기회에 조 회장님께서 지팡이를 짚으신다는 이야기를 들었습니다. 물론 근거도 없고, 일고의 가치조차 없는 유언비어가 틀림없다고 생각했습니다. 젊은 저도 오래 전부터 지팡이 신세를 지고 있지만, 조 회장님께서는 지팡이가 필요하신 게 아니라 1920년대에서 1930년대의 기자들이 멋으로 단장을 짚고 다녔으니 그런 멋을 부리시는 것이라면 충분히 수긍이 되는 일이라고 생각했습니다.

　이번 월평 모임은 7월 15일로 예정되어 있으니 그때 뵙겠습니다. 홋카이도는 따라갈 생각입니다. 13년 전 일본에 있을 때 가 본 적은 있지만 조 회장님 수행하여 다시 한 번 아름다운 자연을 찾아보는 것도 큰 의미가 있을 것 같기 때문입니다.

　건강하시기 빕니다.

2013. 7. 3. 정 진 석 배상

정교수께
　일고의 가치가 없는 게 아니라 엄연한 사실이올시다. 그 보다 더 궁금한 건 그런 게 화제가 된 자리에 대해섭니다. 발가락에 문제가 생겨서 치료?를 위해 동네 병원을 포함, 무려 다섯 군데의 병원 피부과 진료를 받았으나 아직도 투병?을 하고 있는 중.

점쟁이한테 알아본 결과는 전생에 죄를 많이 지으면 그렇다니까 사람의 힘으로는 어쩔 수 없다고 체념하고 있자니 답답해 죽을 지경입니다.

손세일이가 대작 연재를 끝내서 축하 점심을 약소하게 차릴까 하는데 함께 하실 생각이 있을까요? 아직 본인의 뜻은 모르지만 우리끼리라도 우선 택일을 해 두죠.

내주 화수목(9, 10, 11) 중 하루로 하고 장소는 주차 우선으로 정교수가 작정하는 것으로 하면 어떨까요? 전에 손세일과 함께 간 일이 있는 집 가운데 교대역 근처에 램하우스라는 양고기 집은 정교수가 익숙하지 않을까 걱정입니다. 좋으시다면 거기도 후보지로 삼고 연구했으면 싶습니다. 천천히 생각해두시고 알려주십시오.

조 회장님,

지팡이의 사연을 듣고 보니 별로 걱정할 일을 아닌 것 같습니다.

일생 동안 언론 현장에서 '발로 뛰시고', 자료를 찾아다니시느라 역시 발을 너무 혹사하신 탓으로 진단이 됩니다. 좀 쉬시고, 속도를 줄이시면 곧 회복이 되실 것을 확신합니다. 대작을 집필하시기 위해서라도 다리를 아끼시기 바랍니다.

손세일 의원의 대하 실록 평전 집필 완성을 축하하는 모임은 하루빨리 일정을 확정하시면 좋겠습니다. 내주 화수목(9, 10, 11) 중 어느 날이나 좋습니다. 저세상으로 먼저 떠난 이광훈의 표현을 빌리자면 다른 모든 스케줄 전부 취소하고 말석에 가서 앉겠습니다. 장소도 교대역 근처 램하우스 양고기 집을 인터넷으로 검색해서 찾아가겠습니다.

날자 잡아주시기 바랍니다.

정 진 석 드림

조용중 회장님

어제는 조 회장님 덕분에 좋은 시간 가질 수 있었습니다. 호주 양고기가 동의보감에 나오는 보양식이라니 더구나 기분이 좋았습니다. 멋으로 짚고 다니시는 것으로 알고 싶었던 지팡이를 던지고 나오신 모습도 좋았습니다.10)

오늘 성곡재단에서 집 주소를 물어보는 전화가 온 것으로 보아 『별일 없제』는 곧 도착할 것 같습니다. 감사드립니다. 월요일 월평 모임에서 뵙겠습니다.

---

10) 손세일 선생의 『이승만과 김구』는 월간조선에 111회 연재로 마무리되었는데, 조용중 선생의 주선으로 7월 10일 이를 축하하는 조촐한 모임을 가졌다. 조용중, 신우식, 손세일, 나를 포함한 네 명이었다. 장소는 교대역 부근 양고기 요리집 '램 하우스'. 이에 대한 감사 메일을 보낸 것이다. 이때 연재를 끝낸 『이승만과 김구』는 2015년에 7권으로 출간되었다.

2013. 7. 11. 정 진 석 드림

2013-09-04 chowww1@gmail.com

정진석 교수께

　기억에 남을 좋은 사진을 보내주신 걸 받고 바로 답례를 못해 쩔쩔매고 있던 참에 좋은 핑계가 생겼습니다. 오늘 아침 신문을 펼쳐보면서 정교수의 썩 훌륭한 글을 읽고 많이 생각했습니다. 정교수 글의 내용도 그렇지만 주제를 잡은 센스에 더 놀랐습니다. 저도 과장하면 하루 종일(진짜 과장인데!) 컴퓨터에 매달려있지만 겨우 관심이 있는 분야만 뒤지다가 아무 것도 얻는 게 없는 걸 늘 후회하고 있는데 정교수가 아주 시의적절하고 의미도 큰 주제를 잡았다는 능력이 놀라웠다는 겁니다.11)

　오늘 아침엔 드디어! 긴팔을 입고 밖에 나갈 정도가 되었습니다. 곧 추석이고 연말이 되고 또 한 해를 보내는구나 하는 씰데(쓸데) 없는 궁상을 떨게 됐군요. 제 환부는 아직 쾌차가 안 돼서 병원 신세를 실컷 지고 있습니다.

　다음 월평회에는 맨 몸으로 갈 바랍니다. 좋은 핑계를 찾아서 회포를 풀었습니다. 정진을 바랍니다.

조 용 중

---

11) 조선일보에 기고한 「우리는 모두 잘 있다(All well here)… 이 한마디」(2013.9.4.)라는 나의 에세이를 보고 보내온 메일. 2차 대전 때 인천의 포로 수용소에 수감된 영국군 장교의 엽서에 관한 내용이었다.

조용중 회장님

　보내주신 메일을 받으면서 생각했습니다. 아, 이렇게 신속하게 메일을 보내주실 정도면 순발력이 젊은 사람보다 훨씬 뛰어나구나, 탄복했습니다. 후학들이 足脫不及으로 도저히 따라가지 못할 精力과 筆力을 동시에 지니고 계시다는 사실을 익히 알고는 있었지만 새삼 확인하게 되었습니다.

　시원치 않은 글을 조선일보가 귀한 지면을 크게 할애하여 삽화까지 곁들여 편집했으니 겉으로만 돋보였던 것 같습니다. 역시 사람이나 글이나 화장은 필요하다는 진리를 깨달았습니다. 실은 더 길게 써야 할 내용이 있었지만 신문의 제한된 지면 사정으로 내용을 건너뛰면서 엮다보니 아쉬움과 부끄러움이 큽니다. 실력 없는 사람은 원래 아는 문제도 답안지 쓸 시간이 모자랐다는 핑계를 대는 법이지요.

　30일 월평모임에는 멋으로 짚고 다니시는 지팡이를 완전히 던져 버리신 모습으로 홀가분하게 나오실 것을 기대합니다.

　격려 말씀 거듭 감사드립니다.

정 진 석 올림

`2013-11-07` chowww1@gmail.com

정진석 교수께

안녕하시죠. 어제 온 『대한언론』을 보고 정교수의 공로상 수상 소식을 듣고 진심으로부터의 축하를 드립니다. 실은 제가 받아서 바로 통으로 버리는 것 가운데 하나가 그 신문이었는데 어젠 무슨 생각에선지 버리지 않아 귀중한 소식을 알게 됐습니다. 만날 기회가 있더라도 오늘은 축하 인사를 드려야겠기에 파적 삼아 메일을 칩니다. 더욱 건승하시리라 믿습니다.12)

특히 지난번 언론인회에서 나온 책에 쓰신 한국 종군기자의 이야기는 무척 힘들고 어려운 작업이었다는 생각을 하면서 봤습니다.13)

어울리지 않는 이야기지만 최근 박현태 사장이 낸 『문제는 정치야 바보들아』 하는 책 보셨습니까? 지난번 것은 안 봤고 이번 건 대충 훑어봤는데 곳곳에 독서의 양과 폭을 짐작하게 해서 도움이 됐습니다. (내용 가운데 중략)

박권상이 이야긴 들으셨죠? 아직 그런 상태랍니다.

저는 다른 사정으로 여전히 지팡이를 의지하고 다니고 있습니다.

어디서든 언제든 뵙게 되길 바랍니다.

조 용 중

---

12) 대한언론인회가 시상한 제22회 '대한언론상'을 수상했다는 기사를 보고 보내온 축하 메일.
13) 대한언론인회 편 『우리는 이렇게 나라를 지켰다』에 실린 「6·25전쟁과 종군기자들」이라는 나의 논문에 대한 소감이었다.

조용중 회장님

감사합니다. 과분한 격려의 말씀을 주셨습니다.

시간을 거꾸로 거슬러 사는 사람들이 모인 대한언론인회가 무슨 생각으로 소생에게 상을 줄 생각을 했는지 얼떨떨한 기분입니다. 그리고 쑥스럽습니다. 의아하게 생각할 사람이 많을 것 같습니다.

그럭저럭 하다 보니 올해도 얼마 남지 않았습니다. 완연한 가을입니다. 단풍이 곱게 물 드는 기후 때문인지, 도심 녹지대와 가로수 단풍이 참으로 아름답습니다. 지난주에는 아리랑TV의 부탁으로 양화진 외국인 묘소 대한매일신보 사장 배설의 묘비를 찾아갔는데, 중국인 관광객들의 관광코스가 되어 있었습니다. 날씨도 좋고 묘지는 조경이 잘 되어 있어서 안내했던 영국 기자가 아름다운 서울을 칭찬하는 말을 들었습니다.

다시 지팡이를 짚고 다니신다는 말씀이시지만 그래도 젊은 제가 부끄러울 정도로 훨씬 잘 움직이시니 곧 쾌차하실 것으로 믿습니다. 건강을 빕니다.

2013. 11. 7. 정 진 석 드림

추모문집을 펴내고

1. 필연인지, 우연인지… 아름다운 사연 - 맹태균
2. 한 분 한 분의 회고… 아버님을 그려 봅니다
     - 조재신 (조용중 선생의 장남)
3. 『조용중 추모문집』간행기 - 박석흥

필연인지, 우연인지…
아름다운 사연

맹 태 균
• 전 경향신문 편집위원 • 전 대한언론 편집위원장

'조용중 대기자 추모문집' 출판에
방일영문화재단 지원을 받고 보니
방 회장님이 조선 정치부를 최강으로
키웠던 조 선배님에게 마음의 빚을…

이 기록~! 우리 언론사에 귀중한 증언

조용중(趙庸中) 대선배님과 나는 추모의 글을 올려야 할 만큼 친숙하지는 않았다. 내가 신문사를 몇 군데 옮겨 다녔지만 연이 닿지 않아 조 선배님 밑에서 한솥밥을 먹지 못했다. 하지만 50년대 자유당 정권 시절부터 언변과 필명을 날린 정치부 기자의 대부로 익히 알고 있었다.

언론계의 레전드로 존경했던 조용중 선배님의 말년에 내가 서울언론인클럽 언론상 (심사위원장 남시욱 전 문화일보 사장) 한길상 추천과 경향신문 사우회보 선후배 편집국장 대담 자리를 마련하여 그때 두어 번 직접 뵈었다.

그런 나에게 뜻하지 않게 '조용중 대기자 추모문집' 간행위원으로 기획과 편집의 명이 떨어졌다. 물론 남시욱 추모문집 간행위원장과 출판에 시동을 건 박석홍 전 대한언론 주필의 요청에 응한 것이다.

그리고 보니 선배 언론인 평전을 내손을 거쳐 펴낸 것이 오소백, 천관우, 이혜복 그리고 이번에 조용중 선배님까지 네 분이다. 이분들은 한 결 같이 언론인 외길을 걸은 언론계의 거인들로 후배들에게 귀감이 될 뿐만 아니라, 이 기록들은 우리 언론사에 귀중한 증언으로 남을 것이라고 확신한다.

그런 맥락에서 평생을 언론에 몸 담아 오신 조용중 선배님은 평소 사숙했기에 머리에 직간접적 각인된 몇 가지 기억을 떠올려본다.

먼저, 학창시절 그분의 글을 통해 '보수(保守)'에 대한 개념을 처음 접하게 된 기억이 있다.

그러니까. 조용중! 선배님의 성함을 처음 만나게 된 것은 내가 언론계에 들어오기 훨씬 전이었다. 1950년대 후반 고등학교 때이다. 자유당 시절로 일찍이 정치에 관심을 가진 나는 어느 종합잡지에서 조선일보 기자이셨던 조 선배님의 평론을 읽었다.

당시 야당인 민주당 당수 유석 조병옥(維石 趙炳玉) 박사에 관한 글이었다. '전형적인 보수주의자 조병옥'이라는 대목이 아직 머리에 희미하게 남아 있다. 그때 만해도 지금처럼 보수 진보에 대한 개념이 뚜렷하지 않아 보수가 개혁을 반대한다는 뜻으로 오해했던 나는 야당 당수가 보수주의자라는 데 좀 의아하게 생각했다.

조 선배님은 일선기자 시절에 민주당 구파 쪽을 맡아 취재하면서 친해진 조병옥 박사를 높이 평가한 것이다. 더욱이 조 박사와는 집안이고 어른끼리 가까이 지냈다고 한다.

조 선배님은 조병옥이 해방 이후 대한민국 건국에 대한 공로와 혼란 수습, 민주주의 확립에 기여했다고 본다.

조병옥이 우익 보수집단 집결체인 한민당의 주요 간부로 참여하면서 좌익진영과의 이념적 대결을 치열하게 버릴 수밖에 없었던 까닭은 그 뿌리가 깊다.

조병옥은 1927년 3월에 결성된 민족협동전선으로서 신간회운동에 참여해 서울지회장을 겸직하면서 체험한 것과 미국 유학당시 경제학을 전공하며 칼 마르크스 이론을 섭렵해 좌익의 실체를 누구보다도 잘 파악하고 있었다.

그래서 유석 조병옥은 반공정신이 강했고, 강인한 인상처럼 국가관이 분명했다. 배짱이 두둑한 '보수주의자' 유석을 보면, 오늘날 스몰 포테이토(small potato) 조무래기 정치인들과는 너무나 비교가 되어 존경의 마음을 금할 수가 없다.

두 번째 스쳐간 기억은 글만이 아니다. 어느 자리에서나 뛰어난 조 선배님의 언변이다. 언젠가 어느 언론상 수상식에서 준비 없는(?) 즉석 맞춤 축사에 감탄한 적이 있다. 상투적인 덕담과는 다르다. 조 선배님의 평소 내공을 익히 알고 있지만, 퓰리처상의 지역신문을 인용하며 지방기자 수상에 의미를 부여한 재치 있는 순발력! 기억이 새롭다.

세 번째 뚜렷이 남은 기억은 조 선배님의 언론에 대한 남다른 애착심이다. 항상 언론계 담론의 중심에 서있으면서 할 말을 하시고 쓸 것은 쓰셨다. 세상을 떠나기 전 병석에 계실 때 전화로 글을 받아 경향신문 사우회보에 실은 말씀이 아직도 귀에 쟁쟁하다.

다음은 마지막 후배들에게 남긴 유언 같은 글의 한 대목이다.

권력 앞에 의연할 수 있는 저널리즘,
힘 앞에서 할 말을 다 할 수 있는
저널리즘의 진정한 생명력은 바로 끊임없는
자기반성과 재창조력이라는 것을 보여야 한다.
영원토록 발전해야 할 저널리즘의 내일을 위해
서로가 마음과 손을 맞잡고 나서야 할 때이다.

조용중 선배님은 현재 언론위기의 가장 큰 요인으로 저널리즘의 확고하고 투철해야 할 가치관 퇴색과 사명감 저하를 들며 세상 떠나는 날까지 언론을 걱정했다.

오늘날, 우리 언론계에서는 이 같은 양식을 지닌 저널리스트를 찾기 어렵다.

정신이 번쩍 드는 조 선배님의 특유의 죽비 소리를 듣고 싶다.

故 방일영 회장님이 마음의 빚을 갚는가!

끝으로, 오묘한 생각이 든다. 조선일보 방일영 회장님과 조용중 선배님과의 남다른 사연 때문이다.

조 선배님이 조선일보 재직 시 사주인 방일영 회장님은 그를 높이 평가하여 편집국장으로 임명하려고 했다. 그러나 아우 되신 방우영 사장님이 지면혁신을 위해 편집부장 출신인 김경환 부국장을 편집국장으로 기용하겠다고 주장하는 바람에 인사를 몇 달을 끌다가 결국 조 선배님

에게는 편집국장의 기회가 오지 않았다. (방우영 회고록)

　조 선배님이 딱한 부국장 노릇을 하고 있을 때 서울신문 편집국장 주문을 받았다. 박정희 대통령의 숨은 참모라는 장태화(張太和)씨가 서울신문을 인수하게 되어 진용을 새로 짜는데 국장으로 오라는 것이었다. 도저히 거절할 수 없는 여러 방법으로 압력을 가해오는 바람에 방일영 회장에게 의논을 했다고 한다. 눈을 크게 뜬 방 회장이 "가게. 가 있다가 마음에 안 들면 돌아오면 되지"하며 용기를 주는 바람에 가기로 했다는 것이다.

　방일영 회장님은 조용중 선배님을 편집국장 시키지 못한 것을 못내 아쉽게 생각한 듯싶다. 그래서인지 훗날 서울신문 편집국장에서 물러난 조 선배님을 경향신문 편집국장으로 추천했다. 당시 박찬현 경향신문 사장에게 소개하여 편집국장이 된 것이다. (조용중 미니회고록) 그만큼 방일영 회장님은 조 선배님이 조선일보를 떠났어도 잊지 않고 계속 후의를 베풀었다.

　'조용중 대기자 추모문집' 출판에 방일영문화재단 지원을 받고 보니 그런 일들이 새삼 떠올랐다. 방일영 회장님이 하늘나라에서 조선일보 정치부를 최강으로 키웠던 조 선배님에게 '마음의 빚(?)'을 갚는 느낌이 든다. 필연인지, 우연인지….

　이 추모문집은 조용중 선배님의 진면목을 보여주고 싶어, 감각과 예지가 번뜩이는 그분의 칼럼과 고인을 그리는 애틋한 정서가 담긴 동료 후배의 글, 추억 속에 남아 있는 뒷이야기들을 담으려 했다. 추모에 어긋나는 글은 배제했다. 추모문으로는 내용상 다소 맞지 않는 부분도 있고, 시제(時制)가 틀리는 경우도 없지 않다. 다만 부분적으로 유사한 내용이 자주 나타나지만, 조 선배님에 있어서 공유된 경험이라고 여겼기에 수용했다.

   이 추모문집에서 빠질 수 없는 이들이 노환으로 또는 타계하여 글을 쓸 수 없다는 것이 퍽 아쉽다. 안타깝기는 하지만 그래도 서른 분의 글을 모은 것으로 위안을 삼는다.

한 분 한 분의 회고…
아버님을 그려 봅니다

조 재 신
• 조용중 선생의 장남

여러 어른들 회고해주시는
아버지의 언론인생은
저희들이 길이 간직하고 갈
유산이라고 생각합니다.

아버지 49재를 참석치 못하여 감히 몇 줄의 글로 대신하고자 합니다.
　아버지가 살아오신 인생을 조문을 오신 원로 언론인분들 한분 한분으로부터 유추를 해보면서 자식으로서 아버지의 인생을 하나도 알지 못 하였구나 라는 죄송한 마음뿐입니다
　언젠가 관훈저널에 기고하신 비주류 풍운기자 방랑기를 다시 읽으며, 어머니 팔순기념일에 너희들도 읽어보라고 주신 글이라고 기억되는, 한국사회의 격동기를 풍운기자 방랑기로 재해석하신 해학에, 자식의 입장으로 아버지의 언론인생을 조금이나마 이해하려 하지 않았음에 다시 한 번 머리 숙여 죄송하다는 마음뿐입니다.
　아버지의 언론인생은 저희가 이해를 할 수 있는 영역 밖이지만, 글을

올려주신 분들께서 회고해주시는 아버지의 자취는 저희들이 길이 간직하고 갈 유산이라고 생각합니다.

아버지가 남기고 가신 족적과 정신적인 유산은 무엇인가를 사남매는 여러 날을 두고 이야기를 하였습니다. 아버지의 문장능력을 제일 닮은 동신의 표현으로는 설레고 즐거운 추억이었습니다. 어머니와 함께 서로 마음을 열고 대화와 소통을 하는 사남매를 보면서 흐뭇한 미소를 지으시는 아버님을 그려봅니다. 어머니에게 아버지 육성을 들으시려면 언제든지 들으시라고 유튜브에 올려있는 4·19혁명 인터뷰 동영상을 드렸습니다. 세상에서 가장 아름답고 소중한 것은 보이거나 만져지지 않는다. 단지 가슴으로만 느낄 수 있다는 말이 새삼 와 닿습니다.

어린 시절 머리맡에 놓여져 있던 고려당빵과, 항상 밤늦게 까지 지인들과 시국담론을 나누시던 모습을 회고해봅니다.

다시 풍운기자 방랑의 길로 못 다하신 저술을 하시리라 생각합니다. 이제 복사용지와 토너값은 걱정 안하셔도 된다고 어머니께 말씀드렸습니다. 사회복지 전문가인 현임이가 아버지 신용 카드를 바로 해지하였으니까요. 이제 복사비용을 하느님께서 지불하실 거니까요. 탈고하시는 날 저희가 모두 축하모임을 갖도록 하겠습니다. 생선은 누님 몫이라고 사남매 모두 약속하였습니다. 사남매 그리고 그동안 물심양면으로 짐을 나누어주신 매형, 매제 그리고 며느리와도 모두 다시 한 번 한 가족이 되었습니다.

아버지께서 그토록 사랑하시던 손자 손녀에게도 할아버지의 큰 자취에 대해 많이 이야기를 해주었습니다. 우리의 마음속에 항상 남아 계실 겁니다. 뵙고 싶습니다. 재신 올림.

『영원한 대기자 조용중』 간행기
4주기 맞아 추모의 뜻 모아 편찬

후배 언론인들에게 '영원한 언론인'으로 기억되는 고 조용중 선배 4주기에 고인의 글과 고인을 사모하는 후배들의 글을 모아 『조용중 추모문집』을 내어 우리시대 마지막 지사형 기자를 재조명하게 되니 기쁘다. 조용중 선배는 권력에 영합하지 않은 날카로운 글과 곧은 처신으로 동료 후배들의 존경을 받고 귀감이 되었던 언론인이다. 언론 외길을 걸은 『조용중 추모문집』이 후배들에게 작은 등불이 되기 바란다.

조용중 4주기 (2022년 2월24일)를 앞두고 2월초 남시욱 동아일보 화정평화재단이사장, 최서영 전 코리아 헤럴드 사장, 박석흥 전 문화일보 국장, 맹태균 전 경향신문편집위원, 육철수 관훈클럽 사무국장이 고인 추모문집 간행의 뜻을 모아 3월 4일 프레스센터에서 간행위원회가 발족했다. 홍순일 전 코리아타임스 논설주간, 송정숙 전 보사부장관, 김영일 전 연합통신 사장, 이병규 문화일보 회장, 정진석 한국외대 명예교수, 김진국 중앙 선데이 고문이 『조용중 추모문집』 간행위원회 창립에 참여하여, 간행위원장과 필진을 선정하고 수록할 고인의 원고도 결정했다.

간행위원회 첫 모임 (프레스센터, 2022. 4. 3)

◇ 간행위원장
남시욱 동아일보 화정평화재단 이사장

◇ 간행위위원
최서영(전 코리아헤럴드 사장), 홍순일(전 코리아타임스 논설주간),
송정숙(전 보사부 장관), 한종우(성곡언론문화재단 이사장),
김영일(전 국민일보 회장), 이병규(문화일보 회장),
정진석(외국어대 명예교수), 안병훈(전 조선일보 부사장),
박기병(대한언론인회 회장), 김진국(관훈클럽 정신영기금 이사장),
봉두완 (한미클럽 명예회장), 박석흥(전 문화일보 국장),
맹태균(전 경향신문 편집위원)

『조용중 추모문집』에는 고인을 기리는 동료 후배들의 추모 글과 조용중 선배가 남긴 논문 시론 등도 수록했다. 이병규 문화일보 회장이 조용중 선배가 문화일보에 기고했던 칼럼 중 대표적인 글을 뽑아 주고 육철수 관훈클럽 사무국장이 고인이 관훈저널과 관훈세미나에 발표했던 논단과 관련 사진들을 간추려 주어 『조용중 추모문집』을 빛나게 해주었다. 고인과 평생 교유했고 조용중 추모문집 간행위원이었던 한종우 성곡언론문화재단 이사장은 병원에 다녀와 추모 글을 쓰겠다고 말씀하시고 작고하셔서 애석하다. 조용중 선배가 경향신문 편집국장 때 지도했던 장명석 사장, 장준봉 사장, 손광식 주필, 이용승 편집국장이 모두 고인이 되어 『조용중 추모문집』 간행 작업에 참여 못한 것은 아쉽다.

평전 작업에 참여하신 필진이 모두 고인을 증언하는 귀중한 사실들을 증언해 주어 한국언론사 정리에도 도움이 될 것으로 기대한다. 정리되지 않았던 고인의 이력과 가족사가 유우봉 전 경향신문 기자의 노력으로 완성된 것도 고맙다. 조용중 선배의 조부 심산(心汕) 조성민(趙成珉)공은 독립운동에 참여했던 지사로서 만주 안동현과 의주 서대문 감옥에서 썼던 8편의 한시를 유우봉 기자가 발굴 했다. 조용중 평전에 기고한 30편 모두 고인에 대한 애정이 담긴 절절한 글들이라 재삼 고인을 추모하게 된다. 후배들이 존경하고 그리워하는 언론인들이 계속 나오길 바란다.

- 간행위원 박석흥

영원한 대기자 조용중

2022년 12월 1일 초판 발행

지 은 이 조용중 선생 추모문집간행위원회
펴 낸 이 최영선
펴 낸 곳 글방과 책방
편   집 이달영
디 자 인 최훈석

출판등록 제 2019-000064호(2019. 05. 19.)
주   소 서울특별시 종로구 인사동길 24, 3층
전   화 02)332-0365
I S B N   979-11-968226-4-4

• 잘못된 책은 구입하신 서점에서 바꿔 드립니다.
• 가격은 뒤표지에 있습니다.
• 이 책은 저작권법에 따라 보호받는 저작물이므로 무단전재와 무단복제를 금지합니다.
• 이 책 내용의 전부 또는 일부를 이용하려면 반드시 저작권자와 서면동의를 받아야 합니다.